FABRÍCIO DE OLIVEIRA BARROS

SUPER-REVISÃO DE
CONTABILIDADE
PARA CONCURSOS

COMO PASSAR

Wander Garcia – Coordenador da Coleção

2013 © Fabrício de Oliveira Barros

Coordenador: Wander Garcia
Autor: Fabrício de Oliveira Barros
Revisão: Maria Rodrigues Martins
Editor: Márcio Dompieri
Capa e Projeto gráfico: R2 Editorial
Diagramação: R2 Editorial – Danielle David

Ficha Catalográfica elaborada pelo

Sistema de Bibliotecas da UNICAMP / Diretoria de Tratamento da Informação

Bibliotecário: Helena Joana Flipsen – CRB-8ª / 5283

G165c	Barros, Fabrício de Oliveira.
	Super-revisão : Contabilidade /
	Fabrício de Oliveira Barros – Autor; Wander Garcia –
	Coordenador da coleção. -- Indaiatuba : Editora Foco, 2013.
	224 p.
	1. Ordem dos Advogados do Brasil. 2. Direito. 3. Exames -
	Questões. I. Título.
	CDD - 340
	- 371.261
ISBN 978-85-8242-000-3	

Índices para Catálogo Sistemático:

1. Ordem dos Advogados do Brasil	340
2. Direito	340
3. Exames - Questões	371.261

Direitos Autorais: as questões de concursos públicos, por serem atos oficiais, não são protegidas como direitos autorais, na forma do art. 8º, IV, da Lei 9.610/98. Porém, os comentários e a organização das questões são protegidos na forma da lei citada, ficando proibido o seu aproveitamento ou a reprodução total ou parcial dos textos. Os infratores serão processados na forma da lei."

Atualizações e erratas: a presente obra é vendida como está, sem garantia de atualização futura. Porém, atualizações voluntárias e erratas são disponibilizadas no site www.editorafoco.com.br, na seção *Atualizações*. Esforçamo-nos ao máximo para entregar ao leitor uma obra com a melhor qualidade possível e sem erros técnicos ou de conteúdo. No entanto, nem sempre isso ocorre, seja por motivo de alteração de software, interpretação ou falhas de diagramação e revisão. Sendo assim, disponibilizamos em nosso site a seção mencionada (*Atualizações*), na qual relateremos, com a devida correção, os erros encontrados na obra. Solicitamos, outrossim, que o leitor faça a gentiliza de colaborar com a perfeição da obra, comunicando eventual erro encontrado por meio de mensagem para contato@editorafoco.com.br.

2013

Proibida a reprodução total ou parcial.
Os infratores serão processados na forma da lei.
Todos os direitos reservados à
Editora Foco Jurídico Ltda
Al. José Amstalden 491 – Cj. 52
CEP 13331-100 – Indaiatuba – SP
E-mail: contato@editorafoco.com.br

www.editorafoco.com.br

APRESENTAÇÃO

A experiência diz que aquele que quer ser aprovado em um concurso público deve fazer três coisas: a) entender a teoria, b) ler a letra da lei, e c) treinar. As demais obras da coleção "Como Passar" cumprem muito bem os dois últimos papéis, pois trazem número expressivo de questões comentadas alternativa por alternativa, inclusive com a indicação de dispositivos legais a serem lidos. Porém, só o treinamento e a leitura de lei não são suficientes. É necessário também "entender a teoria".

Por isso, a presente obra foi construída exatamente para cumprir esse papel: trazer pra você uma Super-Revisão da Teoria, possibilitando uma preparação completa para você atingir seu objetivo, que é a aprovação no concurso público.

O estudo da contabilidade para concursos garante ao candidato um grande diferencial na disputa por um cargo público. Isso porque é considerada por muitos uma matéria de grande complexidade. Garantir o conhecimento necessário para se sair bem na matéria exige do candidato um amplo conhecimento da ciência contábil. Daí a ideia de fazer um livro que além de questões comentadas contenha também a base teórica para respondê-las.

Estudando pelo livro você certamente estará mais preparado para enfrentar o momento decisivo, que é o dia do seu concurso.

Bons estudos e sucesso!

SUMÁRIO

1. TEORIA DA CONTABILIDADE — 11

1.1. OBJETO DA CONTABILIDADE 11

1.2. OBJETIVO DA CONTABILIDADE 12

1.3. USUÁRIOS DA INFORMAÇÃO CONTÁBIL 12

1.4. POSIÇÃO PATRIMONIAL 12

    1.4.1. ATIVO 13

    1.4.2. PASSIVO 13

    1.4.3. PATRIMÔNIO LÍQUIDO 14

1.5. NATUREZA DAS CONTAS CONTÁBEIS 15

1.6. PARTIDAS DOBRADAS 17

    1.6.1. APRESENTAÇÃO GRÁFICA DAS PARTIDAS DOBRADAS 20

1.7. APURAÇÃO DO RESULTADO 22

1.8. CLASSIFICAÇÃO DOS FATOS CONTÁBEIS 24

1.9. FÓRMULAS DE LANÇAMENTO 27

1.10. TEORIA DAS CONTAS 28

    1.10.1. TEORIA PERSONALISTA 28

    1.10.2. TEORIA PATRIMONIALISTA 30

    1.10.3. TEORIA MATERIALISTA 30

1.11. CONVERGÊNCIA DA CONTABILIDADE BRASILEIRA ÀS NORMAS INTERNACIONAIS 31

1.12. EXERCÍCIOS DE FIXAÇÃO COMENTADOS 31

2. PRINCÍPIOS DE CONTABILIDADE · 35

2.1. PRINCÍPIO DA ENTIDADE 35

2.2. PRINCÍPIO DA CONTINUIDADE 36

2.3. PRINCÍPIO DA OPORTUNIDADE 36

2.4. PRINCÍPIO DO REGISTRO PELO VALOR ORIGINAL 37

2.5. PRINCÍPIO DA COMPETÊNCIA 40

2.6. PRINCÍPIO DA PRUDÊNCIA 41

2.7. EXERCÍCIOS DE FIXAÇÃO COMENTADOS 42

3. DEMONSTRAÇÕES FINANCEIRAS · 47

3.1. DEMONSTRAÇÕES CONTÁBEIS 47

    3.1.1. DEMONSTRAÇÕES OBRIGATÓRIAS 47

    3.1.2. BALANÇO PATRIMONIAL 49

        3.1.2.1. COMPOSIÇÃO DO ATIVO 50

        3.1.2.2. COMPOSIÇÃO DO PASSIVO EXIGÍVEL 53

        3.1.2.3. RESULTADOS DE EXERCÍCIOS FUTUROS 53

        3.1.2.4. PATRIMÔNIO LÍQUIDO 53

    3.1.3. DEMONSTRAÇÃO DO RESULTADO DO EXERCÍCIO (DRE) 57

        3.1.3.1. TRATAMENTO DAS PARTICIPAÇÕES SOCIETÁRIAS 60

    3.1.4. DEMONSTRAÇÃO DOS LUCROS E PREJUÍZOS ACUMULADOS (DLPA) 62

    3.1.5. DEMONSTRAÇÃO DOS FLUXOS DE CAIXA (DFC) 64

    3.1.6. DEMONSTRAÇÃO DO VALOR ADICIONADO (DVA) 67

    3.1.7. NOTAS EXPLICATIVAS 69

3.2. CRITÉRIOS DE AVALIAÇÃO DOS ITENS PATRIMONIAIS 70

    3.2.1. ELEMENTOS DO ATIVO 70

        3.2.1.1. DEPRECIAÇÃO, AMORTIZAÇÃO E EXAUSTÃO 71

        3.2.1.2. TESTE DE RECUPERABILIDADE (IMPAIRMENT) 74

        3.2.1.3. AVALIAÇÃO DE INVESTIMENTOS PERMANENTES 76

    3.2.2. ELEMENTOS DO PASSIVO 80

3.3. EXERCÍCIOS DE FIXAÇÃO COMENTADOS 81

4. CONTABILIDADE COMERCIAL 103

4.1. LIVROS CONTÁBEIS 103

    4.1.1. LIVROS OBRIGATÓRIOS 103

    4.1.2. LIVROS ESPECIAIS 103

    4.1.3. LIVROS AUXILIARES 104

4.2. TIPOS DE INVENTÁRIO 104

4.3. AVALIAÇÃO DE ESTOQUES 105

    4.3.1. PEPS 105

    4.3.2. UEPS 107

    4.3.3. MÉDIA PONDERADA MÓVEL 108

    4.3.4. PREÇO ESPECÍFICO 110

4.4. APURAÇÃO DO CMV NO INVENTÁRIO PERIÓDICO 110

    4.4.1. MOVIMENTAÇÃO ENTRE CONTAS DO ESTOQUE 110

4.5. IMPOSTOS SOBRE COMPRAS 110

    4.5.1. CONTABILIZAÇÃO DOS IMPOSTOS RECUPERÁVEIS 111

    4.5.2. OUTROS IMPOSTOS NÃO RECUPERÁVEIS 111

4.6. IMPOSTOS SOBRE VENDAS 112

    4.6.1. APURAÇÃO DO LUCRO BRUTO 112

    4.6.2. APURAÇÃO DO IMPOSTO A PAGAR (IMPOSTOS RECUPERÁVEIS) 113

    4.6.3. TRATAMENTO DO ISS 113

4.7. AÇÕES 114

4.8. DIVIDENDO OBRIGATÓRIO 115

4.9. DIFERENÇA ENTRE DUPLICATAS E NOTAS PROMISSÓRIAS 116

4.10. DESCONTO DE DUPLICATAS 117

4.11. TRANSFORMAÇÃO, INCORPORAÇÃO, CISÃO E FUSÃO 117

    4.11.1. TRANSFORMAÇÃO 117

    4.11.2. INCORPORAÇÃO 117

    4.11.3. CISÃO 118

    4.11.4. FUSÃO 118

4.12. EXERCÍCIOS DE FIXAÇÃO COMENTADOS 119

5. CONTABILIDADE DE CUSTOS 125

5.1. TERMINOLOGIA DE CUSTOS INDUSTRIAIS 125

5.2. CLASSIFICAÇÃO DOS CUSTOS EM RELAÇÃO À APROPRIAÇÃO AOS PRODUTOS 127

    5.2.1. CUSTOS DIRETOS 128

    5.2.2. CUSTOS INDIRETOS 128

5.3. CLASSIFICAÇÃO DOS CUSTOS EM RELAÇÃO AO NÍVEL DE PRODUÇÃO 129

    5.3.1. CUSTOS FIXOS 129

    5.3.2. CUSTOS VARIÁVEIS 130

5.4. APURAÇÃO DO CUSTO DOS PRODUTOS VENDIDOS (CPV) E DO RESULTADO
DO EXERCÍCIO 130

5.5. CUSTEIO POR ABSORÇÃO 131

    5.5.1. ROTEIRO DO CUSTEIO POR ABSORÇÃO 131

    5.5.2. DEPARTAMENTALIZAÇÃO 133

5.6. CUSTEIO VARIÁVEL 135

    5.6.1. MARGEM DE CONTRIBUIÇÃO 137

    5.6.2. LIMITAÇÕES NA CAPACIDADE DE PRODUÇÃO 139

5.7. CUSTEIO ABC 142

5.8. CUSTO PADRÃO 142

5.9. RELAÇÕES CUSTO/VOLUME/LUCRO 143

    5.9.1. PONTOS DE EQUILÍBRIO 144

5.10. EXERCÍCIOS DE FIXAÇÃO COMENTADOS 147

6. ANÁLISE DAS DEMONSTRAÇÕES FINANCEIRAS 171

6.1. ANÁLISE VERTICAL E HORIZONTAL 171

    6.1.1. ANÁLISE HORIZONTAL 171

    6.1.2. ANÁLISE VERTICAL 172

6.2. INDICADORES DE LIQUIDEZ 173

    6.2.1. CAPITAL CIRCULANTE LÍQUIDO 173

    6.2.2. CAPITAL DE GIRO PRÓPRIO 174

    6.2.3. ÍNDICE DE LIQUIDEZ CORRENTE 174

    6.2.4. ÍNDICE DE LIQUIDEZ IMEDIATA 177

6.2.5. ÍNDICE DE LIQUIDEZ SECA/ÁCIDA 177

6.2.6. ÍNDICE DE LIQUIDEZ GERAL 178

6.3. INDICADORES DE RENTABILIDADE 179

6.3.1. RETORNO SOBRE O PATRIMÔNIO LÍQUIDO 179

6.3.2. RETORNO SOBRE O INVESTIMENTO TOTAL 181

6.3.3. MARGEM DE LUCRO 181

6.4. INDICADORES DE ESTRUTURA E ENDIVIDAMENTO 182

6.4.1. IMOBILIZAÇÃO DO PATRIMÔNIO LÍQUIDO 182

6.4.2. PARTICIPAÇÃO DE CAPITAL DE TERCEIROS 182

6.4.3. COMPOSIÇÃO DO ENDIVIDAMENTO 182

6.5. ÍNDICE DE SOLVÊNCIA 182

6.6. ALAVANCAGEM OPERACIONAL E FINANCEIRA 183

6.6.1. GRAU DE ALAVANCAGEM OPERACIONAL 183

6.6.2. GRAU DE ALAVANCAGEM FINANCEIRA 183

6.7. INDICADORES DO CICLO OPERACIONAL 184

6.7.1. PRAZO MÉDIO DE ROTAÇÃO DOS ESTOQUES 184

6.7.2. PRAZO MÉDIO DE RECEBIMENTO DAS VENDAS 185

6.7.3. PRAZO MÉDIO DE PAGAMENTO DAS COMPRAS 185

6.7.4. ÍNDICE DE COBERTURA DE JUROS 186

6.8. NECESSIDADE DE INVESTIMENTO EM GIRO 187

6.8.1. DEFINIÇÃO DE ATIVO E PASSIVO CIRCULANTE CÍCLICO (OPERACIONAL) 187

6.8.2. FÓRMULA DA NECESSIDADE DE INVESTIMENTO EM GIRO 187

6.9. EXERCÍCIOS DE FIXAÇÃO COMENTADOS 189

1. Teoria da Contabilidade

Fabrício de Oliveira Barros

1.1. Objeto da Contabilidade

O objeto de estudo da Contabilidade é o **patrimônio**, que corresponde ao conjunto de Bens, Direitos e Obrigações referentes à azienda. Por azienda, entende-se toda entidade organizada passível de ter um patrimônio (Bens, Direitos e Obrigações), ou seja, são pessoas jurídicas com fins lucrativos, empresas informais, entidades sem fins lucrativos, empresas públicas, pessoas físicas e etc.

Os **bens** são itens avaliados em moeda capazes de satisfazer às necessidades das entidades, sejam essas pessoas físicas ou jurídicas.

Os **direitos** são os valores a receber de terceiros, gerados por meio de operações da entidade, e as obrigações representam as dívidas que a entidade contrata junto a terceiros.

Os **obrigações** são dívidas da empresa perante terceiros.

A seguir, estão apresentados exemplos de como o assunto é cobrado em questões de concursos públicos:

(Analista de Contabilidade - Perito/MPU – 2010 – CESPE) O patrimônio não é objeto de estudo exclusivo da Contabilidade, haja vista que ciências como a administração e a economia também se interessam pelo patrimônio, mas é a única que restringe o estudo do patrimônio a seus aspectos quantitativos.

O patrimônio é objeto de estudo exclusivo da Contabilidade. A economia estuda os fenômenos que envolvem a escassez e a administração estuda a atividade organizacional e empresarial. Apesar da clara correlação existente entre as três áreas, cada uma possui uma área de atuação distinta.
Gabarito: Errada

(Auditor Fiscal/SC – 2010 – FEPESE) O objeto da Contabilidade é:

(A) o patrimônio das entidades.
(B) a apuração do resultado das entidades.
(C) o planejamento contábil das entidades.
(D) o controle e o planejamento das entidades.
(E) o fornecimento de informações a seus usuários de modo geral.

O objeto de estudo da Contabilidade é o patrimônio, que compreende os Bens, Direitos e Obrigações da entidade.
Gabarito "A"

1.2. Objetivo da Contabilidade

O objetivo principal da Contabilidade é permitir aos seus usuários uma avaliação da situação econômica e financeira da empresa, além de permitir fazer inferências sobre tendências futuras.

1.3. Usuários da Informação Contábil

Além dos usuários internos à empresa (administradores, gestores, etc) a Contabilidade também atende às necessidades dos usuários externos, sendo os principais:

- ✔ **Sócios (acionistas ou quotistas):** interessados principalmente em informações condensadas sobre a rentabilidade do investimento;
- ✔ **Emprestadores de recursos (bancos, financeiras, etc):** interessados sobre informações quanto à capacidade da empresa em honrar suas dívidas;
- ✔ **Governo:** interessado em apurar os dados referentes a tributos;
- ✔ **Integrantes do mercado de capitais:** interessados principalmente em informações sobre as empresas de capital aberto;
- ✔ **Fornecedores:** interessados em informações que lhes permitam avaliar se as importâncias que lhes são devidas serão pagas nos respectivos vencimentos.

Cada usuário possui um interesse distinto, que pode ser atendido tanto por informações genéricas que podem ser úteis também a outros usuários ou por informações elaboradas para atender necessidades específicas.

A seguir, um exemplo de como o assunto é cobrado em questões de concursos públicos:

(Fiscal de Tributos/Rio Branco-AC – 2007 – CESPE) As informações de finalidades genéricas na Contabilidade visam atender o maior número possível de usuários. Para relatórios de finalidade específica, é preciso selecionar as informações relevantes para os vários tipos de usuários, de acordo com os respectivos modelos de predição e tomada de decisões.

A Contabilidade possui diversos usuários, tanto internos (administradores, gerentes, etc.) como externos (acionistas, emprestadores de recursos, credores em geral, integrantes do mercado de capitais, etc.). Cada usuário possui um interesse distinto, que pode ser atendido tanto por informações genéricas que podem ser úteis também a outros usuários ou por informações elaboradas para atender necessidades específicas.

Gabarito: Correta

1.4. Posição Patrimonial

O objeto de estudo da Contabilidade (o patrimônio) é apresentado pelo balanço patrimonial, que tem a seguinte estrutura:

Balanço Patrimonial	
Ativos (Bens de direitos)	Passivos (Obrigações)
	Patrimônio Líquido

1.4.1. Ativo

Compreende os bens, os direitos e as demais aplicações de recursos controlados pela entidade, capazes de gerar benefícios econômicos futuros, originados de eventos ocorridos. Os principais ativos são:

- ✔ Caixa
- ✔ Banco c/Movimento
- ✔ Aplicação de Liquidez Imediata
- ✔ Cheques em Cobrança
- ✔ Numerários em Trânsito
- ✔ Duplicatas a Receber
- ✔ Impostos a Recuperar
- ✔ Cheques a Receber
- ✔ Adiantamento a Fornecedores
- ✔ Adiantamento a Empregados
- ✔ Estoque
- ✔ Despesas Antecipadas
- ✔ Adiantamentos a Sócios
- ✔ Empréstimos a Coligadas/Controladas
- ✔ Investimentos
- ✔ Imóveis
- ✔ Móveis e Utensílios
- ✔ Veículos
- ✔ Embarcações
- ✔ Máquinas e Equipamentos
- ✔ Direitos Autorais
- ✔ Terrenos

1.4.2. Passivo

É composto pelas obrigações a pagar, ou seja, quantias que a empresa deve a terceiros. Os principais passivos são:

- ✔ Fornecedores
- ✔ Contas a Pagar (água, luz, condomínio, etc)

- ✔ Duplicatas a Pagar
- ✔ Salários a Pagar
- ✔ INSS a Recolher
- ✔ FGTS a Recolher
- ✔ Provisão p/ 13º Salário
- ✔ Dividendos a Pagar
- ✔ Imposto de Renda a Recolher
- ✔ Contribuição Social a Recolher
- ✔ Provisão p/Férias
- ✔ ICMS a Recolher
- ✔ PIS/ Receita Bruta a Recolher
- ✔ COFINS/ Receita Bruta a Recolher
- ✔ Empréstimos Bancários

A seguir, um exemplo de como o assunto é cobrado em questões de concursos públicos:

(Agente Tributário Estadual/MS – 2001 – ESAF) De acordo com a legislação vigente sobre classificação contábil, os empréstimos tomados de empresas coligadas ou controladas, com vencimento para 120 dias, devem ser classificados no Grupo Patrimonial, como:

(A) Ativo Circulante
(B) Passivo Circulante
(C) Ativo Realizável a Longo Prazo
(D) Passivo Exigível a Longo Prazo
(E) Ativo Permanente – Investimentos

Por se tratar de uma dívida que vencerá dentro do exercício social seguinte a dívida deverá ser contabilizada no Passivo Circulante, conforme definido no artigo 180 da lei 6.404/76.
Gabarito "B"

1.4.3. Patrimônio Líquido

Compreende os recursos próprios da entidade, e seu valor é a diferença positiva entre o valor do ativo e o valor do passivo. O Patrimônio Líquido é proveniente das seguintes fontes:

- ✔ **Investimentos dos sócios** – efetuados pelos proprietários na forma de ações ou quotas de participação, em dinheiro ou bens.
- ✔ **Lucros** – obtidos pelo resultado da empresa e não distribuídos aos sócios.

O resultado do exercício será registrado no Patrimônio Líquido.

A seguir, um exemplo de como o assunto é cobrado em questões de concursos públicos:

(Analista Judiciário - Contabilidade/TST – 2007 – CESPE) Considerando os princípios fundamentais de Contabilidade e os conceitos gerais referentes ao patrimônio, julgue os itens a seguir.

(1) Enquanto o patrimônio compreende o conjunto dos recursos e aplicações de uma entidade, o capital autorizado corresponde ao montante dos aportes com que os acionistas já se comprometeram no boletim de subscrição.

(2) A situação em que o passivo a descoberto é igual ao passivo caracteriza um processo de liquidação, em que há dívidas remanescentes à realização dos bens e direitos do ativo.

(3) Considere que uma empresa tenha a representação patrimonial mostrada na tabela a seguir (valores em R$ 1.000,00).

ativo	valor	passivo	valor
bens	850	obrigações	1.200
direitos	150	patrimônio líquido	200

Nessa situação, é correto afirmar que a empresa está insolvente, com falta de liquidez e a caminho da falência.

1: O capital autorizado é o limite estatutário de competência da assembléia geral ou do conselho de administração para aumentar, independentemente de reforma estatutária, o capital social. Ou seja, trata-se de um valor máximo pré--definido para o capital social.

2: A situação descrita na questão é caracterizada pela inexistência de ativos, por esse motivo o passivo a descoberto é igual ao passivo. Nesse caso a empresa não possui mais condições de operar, visto que não possui mais ativos para realizar suas atividades, situação que caracteriza um processo de liquidação.

3: Na situação apresentada pela questão, é notório o fato que a empresa está com passivo a descoberto, visto que os ativos somam um total de R$1.000 e os passivos R$1.200. Isso não quer dizer, no entanto, que a empresa esteja insolvente, com falta de liquidez ou a caminho da falência.

Nessa situação seria possível que parte das obrigações fossem de longo prazo, permitindo tempo para a empresa continuar suas atividades e aumentar seus ativos. Nessa mesma situação a empresa não estaria com falta de liquidez, visto que só pagaria seus passivos no longo prazo.

O que é possível falar sobre a empresa apresentada na questão é que ela não se encontra numa situação muito confortável, já que o montante de seus ativos é inferior às obrigações.

Gabarito: 1: Errada, 2: Correta, 3: Errada

1.5. Natureza das Contas Contábeis

A natureza das contas contábeis define que esta será devedora ou credora, indicando assim como a conta se comportará ao receber débitos e créditos.

✔ **Contas de natureza devedora**: são aquelas que os lançamentos a débito aumentam o seu saldo e os lançamentos a crédito diminuem o saldo. São essas as contas do ativo, despesas e redutoras do Patrimônio Líquido.

✔ **Contas de natureza credora**: são aquelas que os lançamentos a débito diminuem o seu saldo e os lançamentos a crédito aumentam o saldo. São essas as contas do passivo, Patrimônio Líquido, receitas e redutoras do ativo.

O quadro a seguir apresenta a natureza, o efeito de débitos e créditos nas contas patrimoniais:

Conta	Natureza	Efeito de Débito	Efeito de Crédito	Exemplo
Ativo	Devedora	Aumenta o saldo	Diminui o saldo	Contas a receber
Retificadora do ativo	Credora	Diminui o saldo	Aumenta o saldo	Depreciação
Passivo	Credora	Diminui o saldo	Aumenta o saldo	Contas a pagar
Retificadora do Passivo	Devedora	Aumenta o saldo	Diminui o saldo	Encargos financeiros a transcorrer
Receitas	Credora	Diminui o saldo	Aumenta o saldo	Receita de vendas
Despesas / Custos	Devedora	Aumenta o saldo	Diminui o saldo	Custo da Mercadoria Vendida, Despesa de salários
Patrimônio Líquido	Credora	Diminui o saldo	Aumenta o saldo	Capital Social, reservas
Retificadora do Patrimônio Líquido	Devedora	Aumenta o saldo	Diminui o saldo	Ações em tesouraria

A seguir, estão apresentados exemplos de como o assunto é cobrado em questões de concursos públicos:

(Analista judiciário - Contabilidade/TRT 24a Região – 2011 – FCC) Aumentam os saldos das contas de Patrimônio Líquido, Ativo e Passivo, os lançamentos nelas efetuados que representem, respectivamente:

(A) Crédito, Débito e Crédito.

(B) Crédito, Crédito e Débito.

(C) Débito, Débito e Crédito.

(D) Débito, Crédito e Débito.

(E) Crédito, Crédito e Crédito.

As contas do Patrimônio Líquido possuem natureza credora, do ativo natureza devedora e do passivo natureza credora. Sendo assim, para aumentar seus saldos é necessário efetuar lançamentos que representem, respectivamente, crédito, débito e crédito.

Gabarito "A"

(Analista judiciário - Contabilidade/TRT 24a Região – 2011 – FCC) Contas cujos saldos no Balanço Patrimonial são devedores:

(A) Capital Social Subscrito e ICMS a Recolher.

(B) Fornecedores e Honorários a Pagar.

(C) Duplicatas a Receber e Móveis e Utensílios.

(D) Lucros Acumulados e Contas a Pagar.

(E) Duplicatas a Pagar e Aluguéis a Pagar.

A: ambas com saldo credor (Patrimônio Líquido e passivo); B: ambas com saldo credor (passivo); C: ambas com saldo devedor (ativo); D: ambas com saldo credor (Patrimônio Líquido e passivo); E: ambas com saldo credor (passivo).
Gabarito "C"

1.6. Partidas Dobradas

A essência deste método, é que o registro de qualquer operação implica que um débito em uma ou mais contas deve corresponder um crédito equivalente, em uma ou mais contas, de forma que a soma dos valores debitados seja sempre igual à soma dos valores creditados. Cada valor de débito corresponde a um mesmo valor de crédito. O método das partidas dobradas foi criado por Lucca Paccioli, um monge que viveu na Europa, durante a Idade Média.

Consequências do método das partidas dobradas:

a) a soma dos saldos devedores é igual à soma dos saldos credores;

b) o ativo é igual ao passivo;

c) a soma dos bens mais direitos é igual à soma das obrigações mais PL;

d) as contas do ativo aumentam com débitos e do passivo com créditos;

e) as contas do ativo são reduzidas com créditos e do passivo com débitos;

f) toda despesa é debitada e toda receita é creditada;

g) todo custo é debitado e todo lucro é creditado.

Em decorrência das partidas dobradas, os fatos contábeis afetam duas ou mais contas contábeis. Apresentamos a seguir um exemplo de como se comporta o patrimônio de uma empresa, após a realização de alguns fatos contábeis.

1º Fato Contábil – Subscrição de R$10.000 pelos sócios em dinheiro.

Balanço Patrimonial			
Ativo		**Passivo**	
Caixa	10.000	**Patrimônio Líquido** Capital Social	10.000
TOTAL	**10.000**	**TOTAL**	**10.000**

2º Fato Contábil – Aquisição de veículo à vista por R$ 4.000.

Balanço Patrimonial			
Ativo		**Passivo**	
Caixa	6.000	**Patrimônio Líquido**	10.000
Veículos	4.000	Capital Social	
TOTAL	**10.000**	**TOTAL**	**10.000**

3º Fato Contábil – Compra de estoques para revenda a prazo por R$ 3.500.

Balanço Patrimonial			
Ativo		**Passivo**	
Caixa	3.900	Fornecedores	3.500
Estoque	3.500	**Patrimônio Líquido**	10.000
Veículos	4.000	Capital Social	
TOTAL	**13.500**	**TOTAL**	**13.500**

4º Fato Contábil – Compra de imóvel por R$ 6.200, pagando R$ 2.100 à vista e o restante financiado.

Balanço Patrimonial			
Ativo		**Passivo**	
Caixa	6.000	Fornecedores	3.500
Estoque	3.500	Contas a pagar	4.100
Veículos	4.000	**Patrimônio Líquido**	10.000
Imóveis	6.200	Capital Social	
TOTAL	**17.600**	**TOTAL**	**17.600**

A seguir, estão apresentados exemplos de como o assunto é cobrado em questões de concursos públicos:

(Fiscal de Tributos/PA – 2002 – ESAF) Assinale a opção correta.

(A) Todo acréscimo de valor em contas do Ativo corresponde, necessariamente, a um decréscimo de valor em contas do Passivo.

(B) Um decréscimo no valor de contas do Ativo corresponde, necessariamente, a um acréscimo de valor em contas do Passivo.

(C) Um acréscimo no valor de uma conta do Ativo corresponde, necessariamente, a um acréscimo de valor em conta do Passivo ou do Patrimônio Líquido.

(D) A um decréscimo no valor total do Ativo corresponde, necessariamente, um acréscimo no valor de uma, ou mais, contas do Passivo ou do Patrimônio Líquido.

(E) Um acréscimo no valor total do Ativo não corresponde, necessariamente, a um acréscimo no valor do Patrimônio Líquido.

COMO PASSAR – SUPER-REVISÃO DE CONTABILIDADE PARA CONCURSOS

1. TEORIA DA CONTABILIDADE

A: O acréscimo do ativo pode decorrer de acréscimo do passivo ou Patrimônio Líquido ou redução de outro ativo; B: O decréscimo do ativo pode decorrer de decréscimo do passivo ou Patrimônio Líquido ou aumento de outro ativo; C: O acréscimo do ativo pode decorrer de acréscimo do passivo ou Patrimônio Líquido ou redução de outro ativo; D: O decréscimo do ativo pode decorrer de decréscimo do passivo ou Patrimônio Líquido ou aumento de outro ativo; E: O acréscimo do ativo pode decorrer de acréscimo do passivo ou Patrimônio Líquido ou redução de outro ativo.

Gabarito "E"

(Auditor Fiscal da Receita Federal – 2010 – ESAF) A relação seguinte refere-se aos títulos contábeis constantes do livro Razão da empresa comercial Concórdia Sociedade Anônima, e respectivos saldos, em 31 de dezembro de 2008

01 – Bancos Conta Movimento	17.875,00
02 – Bancos Conta Empréstimos	50.000,00
03 – Conta Mercadorias	42.500,00
04 – Capital Social	105.000,00
05 – Móveis e Utensílios	280.000,00
06 – ICMS a Recolher	7.500,00
07 – Custo das Mercadorias Vendidas (CMV)	212.500,00
08 – Salários e Ordenados	10.000,00
09 – Contribuições de Previdência	3.750,00
10 – Despesas com Créditos de Liquidação Duvidosa	3.500,00
11 – Depreciação Acumulada	44.800,00
12 – Retenção de Lucros	51.200,00
13 – Vendas de Mercadorias	352.000,00
14 – Impostos e Taxas	2.200,00
15 – PIS e COFINS	8.625,00
16 – ICMS sobre Vendas	52.500,00
17 – Pró-labore	7.600,00
18 – Fornecedores	157.750,00
19 – PIS e COFINS a Recolher	1.800,00
20 – Duplicatas a Receber	100.000,00
21 – Encargos de Depreciação	32.000,00
22 – Provisão para Créditos de Liquidação Duvidosa	3.000,00

Ao elaborar o balancete geral de verificação, no fim do exercício social, com as contas e saldos apresentados, a empresa, certamente, encontrará:

(A) um balancete fechado em R$ 773.050,00.

(B) um saldo credor a menor em R$ 100.000,00.

(C) um saldo devedor a maior em R$ 25.600,00.

(D) um endividamento de R$ 167.050,00.

(E) um lucro com mercadorias de R$ 137.500,00.

Classificando as contas da questão temos o seguinte quadro:

Conta contábil	Débito	Crédito
01 – Bancos Conta Movimento	17.875,00	
02 – Bancos Conta Empréstimos		50.000,00
03 – Conta Mercadorias	42.500,00	
04 – Capital Social		105.000,00
05 – Móveis e Utensílios	280.000,00	
06 – ICMS a Recolher		7.500,00
07 – Custo das Mercadorias Vendidas (CMV)	212.500,00	
08 – Salários e Ordenados	10.000,00	
09 – Contribuições de Previdência	3.750,00	
10 – Despesas com Créditos de Liquidação Duvidosa	3.500,00	
11 – Depreciação Acumulada		44.800,00
12 – Retenção de Lucros		51.200,00
13 – Vendas de Mercadorias		352.000,00
14 – Impostos e Taxas	2.200,00	
15 – PIS e COFINS	8.625,00	
16 – ICMS sobre Vendas	52.500,00	
17 – Pró-labore	7.600,00	
18 – Fornecedores		157.750,00
19 – PIS e COFINS a Recolher		1.800,00
20 – Duplicatas a Receber	100.000,00	
21 – Encargos de Depreciação	32.000,00	
22 – Provisão para Créditos de Liquidação Duvidosa		3.000,00
TOTAL	**773.050,00**	**773.050,00**

Como pode ser observado, o balancete fechou com débitos e crédito no montante de R$773.050,00.

Gabarito "A"

1.6.1. Apresentação Gráfica das Partidas Dobradas

Para simplicar as resoluções das questões envolvendo lançamentos em diversas contas contábeis são utilizados razonetes, conforme apresentado a seguir:

Conta Contábil

Débitos	Créditos

Cada conta contábil terá o seu razonete, onde ficarão registrados os lançamentos a débito e crédito realizados nessa conta. Essa técnica permite que os lançamentos fiquem registrados individualmente e que seja apurado o saldo da conta a cada lançamento. Sendo assim, os lançamentos anteriormente apresentados ficariam assim representados em razonetes:

1º Fato Contábil – Subscrição de R$ 10.000 pelos sócios em dinheiro.

Caixa		Capital Social	
10.000			10.000

2º Fato Contábil – Aquisição de veículo a vista por R$ 4.000.

Caixa		Veículos	
	4.000	4.000	

3º Fato Contábil – Compra de estoques para revenda a prazo por R$ 3.500.

Estoque		Fornecedores	
3.500			3.500

4º Fato Contábil – Compra de imóvel por R$ 6.200, pagando R$ 2.100 à vista e o restante financiado.

Imóveis		Caixa		Contas a pagar	
6.200			2.100		4.100

Os lançamentos contábeis dos 4 fatos contábeis implicam no seguinte razonete para a conta Caixa:

	Caixa	
	10.000	4.000
		2.100
Saldo Final	3.900	

1.7. Apuração do Resultado

No final de cada exercício social, as contas de resultado devem ter seus saldos encerrados para apuração do resultado do exercício, ou seja, as contas de resultado (receitas e despesas) são contas transitórias.

O resultado do exercício é registrado no Patrimônio Líquido e apurado na Demonstração do Resultado do Exercício. O resultado é obtido do confronto entre contas de receitas e despesas dentro do período contábil.

Receitas – entrada de elementos para o ativo ou redução do passivo, tendo como contrapartida o aumento do Patrimônio Líquido.

Despesas – consumo de bens ou serviços que ajudam a produzir uma receita, diminuindo o ativo ou aumentando o passivo.

Custos – gasto relativo ao bem ou serviço utilizado na produção de outros bens ou serviços.

São exemplos de contas de receitas:

- ✔ Receita de Vendas de Mercadorias
- ✔ Receita de Serviços
- ✔ Juros Ativos
- ✔ Descontos Financeiros Obtidos, Rendimentos
- ✔ de Aplicações Financeiras
- ✔ Aluguéis Ativos
- ✔ Variações Monetárias Ativas
- ✔ Variações Cambiais Ativas
- ✔ Receitas de Dividendos
- ✔ Resultado Positivo de Equivalência Patrimonial

São exemplos de contas de despesas:

- ✔ Salários
- ✔ Férias
- ✔ 13º Salário
- ✔ FGTS
- ✔ Comissões de
- ✔ Fretes s/ Vendas
- ✔ Propaganda e Publicidade
- ✔ Juros Passivos
- ✔ Taxas Bancárias
- ✔ Descontos Financeiros Concedidos Indenizações
- ✔ Honorários

- ✔ Aluguéis
- ✔ Depreciação
- ✔ Amortização
- ✔ Exaustão
- ✔ Luz e Telefone
- ✔ Água e Esgoto
- ✔ Combustíveis
- ✔ Seguros
- ✔ Material de Expediente/Limpeza
- ✔ Serviços de Terceiros
- ✔ Impostos e Taxas
- ✔ Despesas c/ Provisões
- ✔ Variações Monetárias Passivas
- ✔ Variações Cambiais Passivas
- ✔ Resultado Negativo de Equivalência Patrimonial

A seguir, estão apresentados exemplos de como o assunto é cobrado em questões de concursos públicos:

(Auditor Fiscal da Receita Federal – 2003– ESAF) No sistema contábil abaixo apresentado só faltou anotar as despesas incorridas no período. Todavia, considerando as regras do método das partidas dobradas, podemos calcular o valor dessas despesas.

Componentes	Valores
Capital	R$ 1.300,00
Receitas	R$ 1.000,00
Dívidas	R$ 1.800,00
Dinheiro	R$ 1.100,00
Clientes	R$ 1.200,00
Fornecedores	R$ 1.350,00
Prejuízos Anteriores	R$ 400,00
Máquinas	R$ 1.950,00

Com base nos elementos apresentados, pode-se afirmar que o valor das despesas foi:

(A) R$ 200,00

(B) R$ 400,00

(C) R$ 800,00

(D) R$ 1.200,00

(E) R$ 1.400,00

Ao considerar que a única conta faltante para montar o Balanço Patrimonial da empresa é a de despesas, basta classificar adequadamente as contas e verificar que o valor das despesas é de R$ 800,00, conforme apresentado a seguir:

Ativo		Passivo	
Dinheiro	1.100	Dívidas	1.800
Clientes	1.200	Fornecedores	1.350
Máquinas	1.950	PL	
		Capital	1.300
		Receitas	1.000
		Prejuízos Anteriores	-400
		Despesas	-800
TOTAL	**4.250**	**TOTAL**	**4.250**

Gabarito "C"

(Analista judiciário – Contabilidade/TRT 24a Região – 2011 – FCC) Quando os estoques são vendidos, o valor contábil deve ser registrado como:

(A) receita do período, somente.

(B) ganho com ajuste a valor justo de um estoque classificado como disponível para venda.

(C) perda com ajuste a valor justo de um estoque classificado como disponível para venda.

(D) despesa no período (custo das mercadorias vendidas ou custo dos produtos vendidos), em que a respectiva receita é registrada.

(E) custo menos depreciação e menos perda de valor recuperável.

Quando da venda de estoques, a empresa efetuará a baixa do estoque contra a conta de custo das mercadorias vendidas. A receita de vendas será registrada contra a entrada de recursos ou registro do valor a receber. Cabe ressaltar que os estoques não sofreram depreciação, e serão registrados, conforme o artigo 183 da lei 6.404/76, pelo custo de aquisição ou produção, deduzido de provisão para ajustá-lo ao valor de mercado, quando este for inferior.
Gabarito "D"

1.8. Classificação dos Fatos Contábeis

Os fatos contábeis são todos os acontecimentos que provocam alterações qualitativas ou quantitativas no patrimônio da empresa. Exemplo: Aquisição de mercadoria para revenda, pagamento de energia elétrica, etc.

Os fatos contábeis são assim classificados:

✔ **Permutativos**: não alteram o valor do Patrimônio Líquido, mesmo que represente troca de valores entre contas desse grupo.

Ex: Compra de mercadorias à vista:
Débito – Mercadorias
Crédito – Caixa

✔ **Modificativos:** alteram o valor do Patrimônio Líquido para mais (aumentativo) ou para menos (diminutivo).

Exemplo de fato modificativo aumentativo: Prestação de serviços:

Débito – Caixa

Crédito – Receita de Prestação de Serviços (Resultado)

Exemplo de fato modificativo diminutivo: Apropriação de despesa com energia elétrica:

Débito – Despesa de Energia Elétrica

Crédito – Caixa

✔ **Mistos:** fatos simultaneamente permutativos e modificativos.

Ex: Recebimento de duplicatas com juros:

Débito – Caixa

Crédito – Receita de Juros

Crédito – Duplicatas a Receber

A seguir, estão apresentados exemplos de como o assunto é cobrado em questões de concursos públicos:

(Auditor Fiscal/PE – 2009 – UPENET/IAUPE) Sobre as afirmações abaixo, assinale a alternativa que contém a afirmação CORRETA.

(A) Os fatos contábeis podem ser permutativos, modificativos e mistos.

(B) Os fatos administrativos, por não alterarem a composição do patrimônio, não são registrados na Contabilidade.

(C) Os atos administrativos, por alterarem a composição do patrimônio, são registrados na Contabilidade.

(D) Dentre os vários processos de escrituração, o mais usado atualmente é o maquinizado.

(E) O método das partidas dobradas, apesar de já ser conhecido desde o século XIII, só agora, a partir do século XX, é que teve sua aplicabilidade.

A: Os fatos contábeis são classificados como permutativos (movimentação entre contas contábeis sem alterar o valor do PL), modificativos (alteram o valor do PL) e mistos (simultaneamente permutativo e modificativo); B: Fatos administrativos (ex: aquisição de estoques) alteram o patrimônio e, portanto, devem ser registrados na Contabilidade; C: Atos administrativos (ex: trâmite de correspondências) não alteram o patrimônio e, portanto, devem ser registrados na Contabilidade; D: O processo de escrituração mais utilizado atualmente é o informatizado; E: Desde a criação do método das partidas dobradas pelo frei, Luca Paccioli, a metodologia é adotada.

Gabarito "A"

(Analista Judiciário - Contabilidade/TST – 2007 – CESPE) O lançamento representado a seguir configura um fato permutativo.

D – lucros acumulados
C – capital a integralizar

As duas contas movimentadas pelo lançamento contábil apresentado pertencem ao Patrimônio Líquido. Sendo assim, não houve alteração do valor do Patrimônio Líquido, apenas uma movimentação de valores entre as contas, uma permuta de valores entre as contas.

Gabarito: Correta

(Agente Tributário Estadual/MS – 2001 – ESAF) O fato contábil decorrente da quitação ou liquidação de um crédito de curto prazo causa no patrimônio o seguinte efeito:

(A) diminuição do Ativo disponível e do Passivo Circulante

(B) aumento do Ativo disponível e do Passivo Circulante

(C) diminuição e aumento no Passivo Circulante, simultaneamente

(D) diminuição e aumento no Ativo Circulante, simultaneamente

(E) não haverá alterações, pois o fato é permutativo

Ao dizer que a empresa tinha um crédito a questão referia-se ao sentido comercial, onde crédito está associado a valores a receber. Sendo assim, essa operação reduzirá o contas a receber e aumentará as disponibilidades, ambas as contas dentro do Ativo Circulante.

Gabarito "D"

(Agente Fiscal de Rendas/SP – 2006 – FCC) A classe das variações patrimoniais que somente modifica a natureza dos componentes patrimoniais sem repercutirem no montante do Patrimônio Líquido são denominadas:

(A) modificativas ou qualitativas.

(B) relativas ou qualitativas.

(C) permutativas ou modificativas.

(D) qualitativa ou permutativas.

(E) quantitativas ou relativas.

As variações patrimoniais que não afetam o Patrimônio Líquido são chamadas de permutativas ou qualitativas. Quando a variação patrimonial afeta o Patrimônio Líquido, é chamada de modificativa, e pode ser aumentativa ou diminutiva.

Gabarito "D"

(Analista de Comércio Exterior/MDIC – 2008 – CESPE) Caso um bem do ativo imobilizado, adquirido e registrado por R$ 300.000,00, já tiver acumulado uma depreciação correspondente a 40% de sua vida útil, nessa ocasião, a venda à vista desse bem por R$ 150.000,00 caracterizará um fato contábil misto diminutivo.

Nesse caso, Os lançamentos da situação apresentada no item são assim representados:

	Imobilizado				Depreciação acumulada		
Saldo Inicial	300.000,00	300.000,00	(1)	(1)	120.000,00	120.000,00	Saldo Inicial

	Caixa			Resultado (Perda na alienação)	
(1)	150.000,00		(1)	30.000,00	

Considerando que a depreciação acumulada correspondia a 40% do valor do ativo imobilizado, temos então um saldo de R$120.000,00 (40% x R$ 300.000,00).

O lançamento (1) representa a venda do ativo imobilizado. Nesse caso, a depreciação acumulada do bem deve ser zerada juntamente com a conta do ativo. Ao lançarmos a baixa do ativo e da depreciação e lançar a entrada do valor de venda no caixa ficará faltando um lançamento a débito no valor de R$ 30.000,00 para completar o total de débitos e créditos. Esse lançamento a débito representa a perda na alienação do imobilizado e está dentro do grupo de resultado não operacional.

Como o valor do Patrimônio Líquido foi alterado para menos podemos afirmar que o fato contábil foi modificativo diminutivo. Houve também um lançamento de troca de ativos, pois o ativo imobilizado foi trocado por caixa, representando um fato contábil permutativo. Esses fatos simultaneamente caracterizam um fato misto diminutivo.

Gabarito: Correta.

1.9. Fórmulas de Lançamento

A classificação das partidas dobradas em fórmulas está assim definida:

✔ **Lançamentos de primeira fórmula** – um débito e um crédito;

✔ **Lançamentos de segunda fórmula** – um débito e mais de um crédito;

✔ **Lançamentos de terceira fórmula** – mais de um débito e um crédito;

✔ **Lançamentos de quarta fórmula** – mais de um débito e mais de um crédito.

A seguir, estão apresentados exemplos de como o assunto é cobrado em questões de concursos públicos:

(Analista Judiciário - Contabilidade/TST – 2007 – CESPE) De acordo com o sistema de partidas dobradas, um lançamento de primeira fórmula cujo registro a débito diminua o passivo pode ter como contrapartida um registro a crédito diminuindo o ativo.

O lançamento de primeira fórmula consiste em possuir apenas um débito e um crédito. Nesse caso, é realmente possível um lançamento cujo débito reduza o passivo e o crédito reduza o ativo, como por exemplo, o pagamento de um empréstimo ou de qualquer outro passivo.

Gabarito: Correta

(Auditor Fiscal/PE – 2009 – UPENET/IAUPE) No pagamento de uma obrigação tributária já registrada em seu passivo, a empresa ultrapassou o prazo de vencimento, tendo que resgatá-la com os respectivos acréscimos legais cabíveis. Essa operação caracteriza-se como um fato contábil

(A) modificativo diminutivo.

(B) permutativo.

(C) modificativo aumentativo.

(D) misto aumentativo.

(E) misto diminutivo.

A: Reduz o valor do Patrimônio Líquido; B: Movimentação entre contas contábeis sem alterar o valor do PL; C: Aumenta o valor do Patrimônio Líquido; D: Simultaneamente permutativo e modificativo aumentativo; E: Simultaneamente permutativo e modificativo diminutivo. Representa o fato descrito na questão pelo fato de haver um lançamento permutativo, representado pela baixa da obrigação e do caixa, e modificativo diminutivo, representado pela despesa de juros que reduz o patrimônio.

Gabarito "E"

(Auditor Fiscal/SC – 2010 – FEPESE) Analise as afirmativas abaixo e assinale com (V) as verdadeiras e (F) as falsas.

( ) O patrimônio é um conjunto de Bens, Direitos e Obrigações com terceiros, à disposição de uma pessoa jurídica ou pessoa física, necessários ao atendimento de seus objetivos.

( ) Além de dar a conhecer os elementos formadores do lucro/prejuízo de um período (de um exercício social) a Demonstração do Resultado do Exercício (DRE) permite conhecer como o lucro foi destinado.

( ) Os fatos permutativos são aqueles que não alteram o Patrimônio Líquido, alterando apenas qualitativamente os valores dos bens e direitos.

( ) Os fatos mistos provocam alterações quantitativas no ativo, no passivo e no Patrimônio Líquido, simultaneamente.

( ) A "despesa com salários" provoca redução no valor do Patrimônio Líquido somente no momento em que os salários são pagos.

Assinale a alternativa que indica a sequência **correta** de cima para baixo.

(A) V – V – F – F – V

(B) V – F – V – F – F

(C) V – F – F – V – F

(D) F – F – V – V – F

(E) F – F – F – V – V

I: Verdadeiro, conceito exato segundo a teoria contábil; II: Falso, a destinação do lucro é apresentada na demonstração das mutações do Patrimônio Líquido (DMPL) ou na demonstração de lucros e prejuízos acumulados (DLPA), e não na Demonstração do Resultado do Exercício; III: Falso, os fatos permutativos são aqueles que não alteram o Patrimônio Líquido, alterando apenas quantitativamente os valores dos bens e direitos; IV:Verdadeiro, conceito exato de fato misto (permutativo e modificativo); V: Falso, a apropriação da despesa com salários provoca a redução do Patrimônio Líquido. O pagamento da obrigação reduz o ativo e o passivo.

Gabarito "C"

(Auditor Fiscal/PE – 2009 – UPENET/IAUPE) Os lançamentos de 4ª fórmula são caracterizados pela existência de:

(A) mais de uma conta devedora e apenas uma conta credora.

(B) uma única conta devedora e mais de uma conta credora.

(C) duas ou mais contas devedoras e, no máximo, duas contas credoras.

(D) mais de uma conta devedora e mais de uma conta credora.

(E) uma única conta devedora e uma única conta credora.

A classificação das partidas dobradas em fórmulas está assim definida:
Lançamentos de primeira fórmula – um débito e um crédito;
Lançamentos de segunda fórmula – um débito e mais de um crédito;
Lançamentos de terceira fórmula – mais de um débito e um crédito;
Lançamentos de quarta fórmula – mais de um débito e mais de um crédito.

Gabarito "D"

1.10. Teoria das Contas

1.10.1. Teoria Personalista

Na teoria personalista cada conta assume a configuração de uma pessoa no seu relacionamento com a empresa ou entidade, representando assim um direito ou obrigação do agente. As contas são classificadas da seguinte forma:

✔ **Agentes Consignatários**: são as pessoas a quem o proprietário confia a guarda dos bens da empresa. As contas dos agentes consignatários representam os bens da empresa;

✔ **Agentes Correspondentes**: são as pessoas que não pertencem à empresa. As contas dos agentes correspondentes representam os direitos e obrigações da entidade perante terceiros (Exemplo: Contas a pagar, contas a receber, etc);

✔ **Proprietários**: são as contas do Patrimônio Líquido e suas variações, inclusive as receitas e despesas. O proprietário é o titular do patrimônio da empresa e a pessoa com a qual os agentes consignatários e correspondentes se relacionam.

A seguir, estão apresentados exemplos de como o assunto é cobrado em questões de concursos públicos:

(Auditor Fiscal da Receita Federal – 2010 – ESAF) Exemplificamos, abaixo, os dados contábeis colhidos no fim do período de gestão de determinada entidade econômico-administrativa:

- Dinheiro Existente	R$ 200,00
- Dívidas Diversas	R$ 730,00
- Rendas Obtidas	R$ 680,00
- Mobília	R$ 600,00
- Consumo Efetuado	R$ 240,00
- Capital Registrado	R$ 650,00
- Máquinas	R$ 400,00
- Contas a Receber	R$ 540,00
- Empréstimos Bancários	R$ 500,00
- Contas a Pagar	R$ 700,00
- Automóveis	R$ 800,00
- Casa Construída	R$ 480,00

Segundo a Teoria Personalística das Contas e com base nas informações contábeis acima, pode-se dizer que, neste patrimônio, está sob responsabilidade dos agentes consignatários o valor de:

(A) R$ 1.930,00.
(B) R$ 3.130,00.
(C) R$ 2.330,00.
(D) R$ 3.020,00.
(E) R$ 2.480,00.

Na teoria personalista cada conta assume a configuração de uma pessoa no seu relacionamento com a empresa ou entidade. As contas classificadas como de agentes consignatários são as que representam os bens da empresa, conforme elencadas a seguir:

- Dinheiro Existente	R$	200,00
- Mobília	R$	600,00
- Máquinas	R$	400,00
- Automóveis	R$	800,00
- Casa Construída	R$	480,00
TOTAL	R$	2.480,00

Gabarito "E"

(Técnico da Receita Federal – 2002.1 – ESAF) Estudiosos notáveis da Contabilidade têm-na contemplado com diversas teorias e proposições. Três dessas teorias sobrevivem e, hoje, são consideradas principais. Uma delas, conhecida como Teoria Personalista ou Personalística, classifica todas as contas em:

(A) contas patrimoniais e contas diferenciais.
(B) contas integrais e contas diferenciais.
(C) contas patrimoniais e contas de resultado.
(D) contas de agentes consignatários e contas de proprietário.
(E) contas de agentes e contas de proprietário.

Na teoria personalista cada conta assume a configuração de uma pessoa no seu relacionamento com a empresa ou entidade. As contas são classificadas da seguinte forma:

Agentes Consignatários: representam os bens da empresa;

Agentes Correspondentes: representam os direitos e obrigações da entidade perante terceiros;

Proprietários – são as contas do Patrimônio Líquido e suas variações, inclusive as receitas e despesas.

Gabarito "E"

1.10.2. Teoria Patrimonialista

A teoria patrimonialista entende que o patrimônio é o objeto da Contabilidade sendo sua finalidade o seu controle.

Por essa teoria, as contas são classificadas em dois grupos:

- ✔ **Contas patrimoniais**: são as contas que representam os bens, direitos, obrigações e a situação líquida das entidades, ou seja: Ativo, Passivo e Patrimônio Líquido. Estas contas permanecem com o seu saldo no momento da apuração do resultado;

- ✔ **Contas de resultado**: são as contas que representam as receitas e despesas. Estas contas devem ser sempre encerradas (tornar o saldo zero e transferi-lo à apuração do resultado) na apuração do resultado ou do exercício social, são incorporadas ao Balanço Patrimonial via PL;

1.10.3. Teoria Materialista

Conforme o próprio nome nos diz, essas contas representam uma relação com a materialidade, ou seja, estas contas só devem existir enquanto existirem também os elementos materiais por ela representados na entidade.

Por essa teoria, as contas são classificadas em dois grupos:

- ✔ **Contas Integrais**: são aquelas representativas de Bens, Direitos e Obrigações;

- ✔ **Contas Diferenciais**: são as representativas de receitas, despesas e Patrimônio Líquido.

A seguir, um exemplo de como o assunto é cobrado em questões de concursos públicos:

(Auditor Fiscal/SC – 2010 – FEPESE) Segundo a teoria materialista, as contas são classificadas em:

(A) Materiais e imateriais.

(B) Materiais e diferenciais

(C) Patrimoniais e de resultado.

(D) Contas ativas e resultado.

(E) Integrais e diferenciais.

A teoria materialista divide as contas em: diferenciais ou de resultados e integrais ou patrimoniais. Contas diferenciais ou de resultados são aquelas que acarretam diferenças no patrimônio, isto é, acarretam uma variação na situação líquida do patrimônio. Contas integrais ou patrimoniais são aquelas que integram o patrimônio, isto é, todas as contas que representam Bens, Direitos e Obrigações.

Gabarito "E"

1.11. Convergência da Contabilidade Brasileira às Normas internacionais

Devido ao avanço da tecnologia e amadurecimento dos mercados no Brasil e no mundo, cada vez mais transações comerciais e financeiras são realizadas entre diferentes nações, aumentando assim a necessidade da adoção de uma linguagem única para fortalecer o processo de julgamento e decisão no mundo dos negócios.

Neste sentido, o *IASB – International Accounting Standard Board*, emite pronunciamentos denominados *IFRS – International Financial Reporting Standards*, além de manter e revisar pronunciamentos já existente, os *IAS - International Accounting Standards*.

Muitos países têm adotado estes pronunciamentos com o intuito de padronizar mundialmente a linguagem contábil, o que permite uma melhor comparação e avaliação na realização de negócios. Segundo o IASB, as normas internacionais de contabilidade já são adotadas em 5 continentes, envolvendo mais de 120 países. O Brasil encontra-se em processo de adoção.

O Brasil está em processo de convergência às normas do IASB, visto que criou o Comitê de Pronunciamentos Contábeis – CPC, cujo objetivo é estudar, preparar e emitir "Pronunciamentos Técnicos sobre procedimentos de Contabilidade e a divulgação de informações dessa natureza, para permitir a emissão de normas pela entidade reguladora brasileira, visando à centralização e uniformização do seu processo de produção, levando sempre em conta a convergência da Contabilidade Brasileira aos padrões internacionais. Trata-se portanto de uma entidade responsável pela emissão de Pronunciamentos Técnicos, Orientações e Interpretações.

Destaca-se como vantagens da aplicação das normas internacionais: o acesso facilitado aos mercados estrangeiros, o reforço da credibilidade das sociedades estrangeiras no mercado nacional, a comparabilidade de forma global dos dados contábeis, maior transparência e melhor compreensão pelos usuários em virtude da utilização de idioma comum para as contas e maior facilidade na regulação do mercado de capitais.

Sendo assim, cada vez mais as bancas de concurso irão cobrar os pronunciamentos do CPC. Para obter na íntegra os pronunciamentos sugerimos acessar o site: www.cpc.org.br.

1.12. Exercícios de Fixação Comentados

(Analista Judiciário - Contabilidade/STM – 2010 – CESPE) Com relação à Ciência Contábil e suas características, julgue os itens que se seguem.

(1) No Brasil, a Ciência Contábil, desde as últimas alterações na Lei n.º 6.404/1976, vem se afastando da escola italiana, ao mesmo tempo em que se aproxima da escola norte americana.

(2) O objeto da Contabilidade é o patrimônio, constituído pelo conjunto de Bens, Direitos e Obrigações próprios de determinado ente.

(3) Patrimônio Líquido é o conjunto de recursos controlados e utilizados pela entidade, fruto de suas transações passadas e cujo objetivo é a geração de benefícios futuros.

1: O Brasil não possui uma escola de pensamento contábil genuinamente brasileira. Pode-se dizer que em um primeiro instante, a nossa Contabilidade foi baseada no método italiano e posteriormente migrou para o método norte-americano, no qual persiste até os dias atuais. A Contabilidade no Brasil ainda sofre grande influência da legislação tributária, notadamente da legislação do imposto de renda. Pode-se afirmar com certeza que em algumas organizações, principalmente nas micro e pequenas empresas, na maior parte do tempo o contador se dedica a questões tributárias. Nas médias e grandes empresas normalmente existe um departamento ligado a questões fiscais para tratar do assunto. Assim a Contabilidade se subdivide em Contabilidade financeira, Contabilidade fiscal, Contabilidade gerencial, Contabilidade de custos etc.

2: O artigo 2º da resolução CFC 750 define que o objeto da Contabilidade é o patrimônio das entidades. O patrimônio é formado pelos Bens, Direitos e Obrigações da entidade.

3: A questão apresentou o conceito de ativos.

Gabarito: 1: Errada, 2: Correta, 3: Errada

(Analista Judiciário – Contabilidade/TST – 2007 – CESPE) Com referência aos fatos contábeis e à representação dos fenômenos patrimoniais e suas variações, julgue os itens que se seguem.

(1) A conta adiantamentos de clientes tem por função o registro da receita diferida com o recebimento antecipado e definitivo do valor da venda de produtos ou serviços já fabricados e estocados, pendentes de entrega.

(2) Com o lançamento representado a seguir ocorre o reconhecimento da receita pelo regime de competência, relativo a serviços já prestados e registrados.

D – Duplicatas a receber

C – Serviços a faturar

1: A conta adiantamentos de clientes registra o recebimento dos clientes que contrataram os bens ou serviços, de parcelas em dinheiro antecipadamente à produção dos bens ou execução de tais serviços. Se os produtos já estão fabricados, pendentes apenas de entrega, não há que se falar em adiantamento de clientes.

2: O reconhecimento da receita pelo regime de competência é registrado na Contabilidade com o crédito na conta de receita, o que não ocorreu no lançamento apresentado.

Gabarito: 1: Errada, 2: Errada

(Analista Judiciário – Contabilidade/TST – 2007 – CESPE) No caso de uma inversão de lançamento, o balancete continua fechando, e, em qualquer caso, os totais não se alteram.

A inversão de um lançamento consiste em debitar a conta anteriormente creditada e creditar a conta anteriormente debitada, anulando assim o efeito do primeiro lançamento. No caso do lançamento de uma inversão o balancete continuaria fechando, uma vez que seriam efetuados débitos e créditos no mesmo valor (premissa que assegura o fechamento do balancete). Já os totais das contas, ou mesmo dos grupos de contas, se alterariam pois o lançamento da inversão debitará ou creditará seus saldos.

Gabarito: Errada

(Analista Judiciário - Contabilidade/STF – 2008 – CESPE) De forma simplificada, o conceito de sistema está associado a um conjunto de elementos ordenados com determinado fim. A respeito dos sistemas de informação gerencial e contábil — SIG e SIC —, em uma empresa, assinale a opção correta.

(A) As informações de natureza contábil são de origem externa e expressas em valores monetários.

(B) Um dos requisitos exigidos para os sistemas de informações é definir o nível de acesso permitido a cada indivíduo na organização.

(C) O sistema de informações contábil, por ser o mais abrangente, compreende os demais sistemas de informações que fluem no âmbito de uma empresa.

(D) A tomada de decisões depende exclusivamente de informações que constem dos registros formais.

A letra "A" está incorreta pois as informações contábeis são de origem interna, ou seja, produzidos pela própria empresa através dos registros de suas operações.

A incorreção da letra "C" está no fato de que o sistema contábil não é o mais abrangente dentre os diversos utilizados pelas empresas. O sistema contábil é alimentado por dados dos demais sistemas, registrando apenas dados consolidados e de impacto no patrimônio da empresa.

Na letra "D" a incorreção reside no fato de que os administradores utilizam as mais variadas informações, internas ou externas, formais ou informais, atuais ou históricas.

A letra "B" está correta pois é o nível de acesso dos usuários que garante a segurança da informação. Cada usuário terá um perfil que o permitirá realizar apenas operações referentes a sua área de atuação.

Gabarito "B"

(Analista Administrativo - Contabilidade/ANTAQ – 2009 – CESPE) Na sistemática legal de reconhecimento dos efeitos inflacionários introduzida em 1976 pela Lei das Sociedades por Ações, procurava-se preservar a expressão monetária dos chamados itens monetários dos balanços e identificar, em cada conta de resultado, os ganhos e as perdas resultantes das modificações do poder de compra da moeda.

Os efeitos da inflação não afetam os itens monetários, pois esses são demonstrados em valores de poder aquisitivo atual. Já os itens não monetários, como o ativo imobilizado e estoques, são representados nas demonstrações financeiras por valores formados em exercícios sociais anteriores. É por esse motivo que, ao contrário do descrito na questão, os itens não monetários são atualizados pelos índices de medição da inflação.

Gabarito: Errada

(Analista Judiciário - Contabilidade/STM – 2010 – CESPE) Considere que determinada companhia metalúrgica fabricante de artefatos para cozinha tenha adquirido cinco toneladas de chapas de aço pelo valor de R$ 250.000,00, a serem pagos em trinta dias. Com base nessa situação, julgue os itens subsequentes.

(1) Tal transação afeta positivamente a situação patrimonial líquida da entidade.

(2) O momento adequado para contabilização da transação mencionada independe da data de entrada da mercadoria na metalúrgica.

(3) Nessa situação, configura-se um fato contábil modificativo aumentativo.

(4) Caso a transação esteja isenta de impostos, o evento será adequadamente representado na Contabilidade por um lançamento de primeira fórmula.

1: A transação não afeta o Patrimônio Líquido, visto que aumenta o estoque (pela aquisição do bem) e aumenta o passivo exigível (pelo registro da dívida). Trata-se, portanto, de um fato contábil permutativo.

2: O momento adequado da contabilização é quando ocorre a contratação da compra, independente do momento que ocorrerá o pagamento ou o recebimento dos bens.

3: A situação configura um fato contábil permutativo, visto que movimenta contas contábeis sem afetar o valor do Patrimônio Líquido.

4: Lançamentos de primeira fórmula são aqueles formados por um débito e um crédito. O lançamento da questão será débito na conta estoques e crédito na conta fornecedores.

Gabarito 1: Errada, 2: Correta, 3: Errada, 4: Correta

2. Princípios de Contabilidade

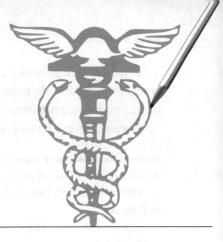

Fabrício de Oliveira Barros

A resolução CFC nº 750/93 define quais são os princípios fundamentais de Contabilidade. Os princípios fundamentais de Contabilidade representam a essência das doutrinas e teorias relativas à Ciência da Contabilidade, consoante o entendimento predominante nos universos científico e profissional de nosso País.

São princípios fundamentais de Contabilidade:

- ✔ o da ENTIDADE;
- ✔ o da CONTINUIDADE;
- ✔ o da OPORTUNIDADE;
- ✔ o do REGISTRO PELO VALOR ORIGINAL;
- ✔ o da COMPETÊNCIA;
- ✔ o da PRUDÊNCIA.

A resolução CFC nº 1.282/10 alterou significativamente o texto da resolução CFC nº 750/93. Dentre as alterações pode-se destacar o fato de ter revogado o Princípio da Atualização Monetária.

Na aplicação dos princípios de Contabilidade há situações concretas e a essência das transações deve prevalecer sobre seus aspectos formais. Isto significa que a Contabilidade deve traduzir primordialmente o efeito econômico da transação, ou seja, aquilo que de fato as transações representam para o patrimônio (essência das transações) deve prevalecer sobre os seus aspectos formais ou aparentes.

2.1. Princípio da Entidade

O princípio da entidade reconhece o patrimônio como objeto da Contabilidade e afirma a autonomia patrimonial, a necessidade da diferenciação de um patrimônio particular no universo dos patrimônios existentes, independentemente de pertencer a uma pessoa, um conjunto de pessoas, uma sociedade ou instituição de qualquer natureza ou finalidade, com ou sem fins lucrativos. Por consequência, nesta acepção, o patrimônio não se confunde com aqueles dos seus sócios ou proprietários, no caso de sociedade ou instituição.

O patrimônio pertence à entidade, mas a recíproca não é verdadeira. A soma ou agregação contábil de patrimônios autônomos não resulta em nova entidade, mas numa unidade de natureza econômico-contábil.

A seguir, um exemplo de como o assunto é cobrado em questões de concursos públicos:

(Auditor do Tesouro Municipal/Fortaleza-CE – 2003 – ESAF) Assinale o princípio fundamental da Contabilidade que reconhece o Patrimônio como objeto da Contabilidade e afirma a autonomia patrimonial e a necessidade de diferenciação de um patrimônio particular no universo dos patrimônios existentes.

(A) Entidade

(B) Registro pelo Valor Original

(C) Prudência

(D) Continuidade

(E) Atualização Monetária

O artigo 4º da resolução CFC Nº 750/93 define que "o princípio da ENTIDADE reconhece o patrimônio como objeto da Contabilidade e afirma a autonomia patrimonial, a necessidade da diferenciação de um patrimônio particular no universo dos patrimônios existentes, independentemente de pertencer a uma pessoa, um conjunto de pessoas, uma sociedade ou instituição de qualquer natureza ou finalidade, com ou sem fins lucrativos".

Gabarito "A"

2.2. Princípio da Continuidade

O princípio da continuidade pressupõe que a entidade continuará em operação no futuro e, portanto, a mensuração e a apresentação dos componentes do patrimônio levam em conta esta circunstância.

A seguir, um exemplo de como o assunto é cobrado em questões de concursos públicos:

(Analista judiciário - Contadoria/TRF 4a Região – 2010 – FCC) O princípio contábil que se relaciona diretamente à quantificação dos componentes patrimoniais e à formação do resultado, além de constituir dado importante para aferir a capacidade futura de geração de resultados é o Princípio

(A) da continuidade.

(B) do registro pelo valor original.

(C) da oportunidade.

(D) da entidade.

(E) da prudência.

O artigo 5º resolução CFC 750/93 define que o princípio da continuidade pressupõe que a entidade continuará em operação no futuro e, portanto, a mensuração e a apresentação dos componentes do patrimônio levam em conta esta circunstância.

Gabarito "A"

2.3. Princípio da Oportunidade

O princípio da oportunidade refere-se ao processo de mensuração e apresentação dos componentes patrimoniais para produzir informações íntegras e tempestivas.

A falta de integridade e tempestividade na produção e na divulgação da informação contábil pode ocasionar a perda de sua relevância, por isso é necessário ponderar a relação entre a oportunidade e a confiabilidade da informação.

Este princípio abarca dois aspectos distintos, mas complementares: a integridade e a tempestividade. A integridade refere-se à necessidade de as variações serem reconhecidas na sua totalidade, ou seja, sem qualquer falta ou excesso. A tempestividade exige que as variações sejam registradas no momento em que ocorrerem, mesmo na hipótese de alguma incerteza.

A seguir, um exemplo de como o assunto é cobrado em questões de concursos públicos:

(Analista judiciário - Contabilidade/TRT 24a Região – 2011 – FCC) O princípio contábil que determina que o registro das variações patrimoniais, desde que tecnicamente estimável, deve ser feito mesmo na hipótese de somente existir razoável certeza de sua ocorrência, é o Princípio da:

(A) Continuidade.

(B) Exclusividade.

(C) Oportunidade.

(D) Entidade.

(E) Prudência.

Apesar da questão ter utilizado uma terminologia revogada, ela define o princípio da oportunidade, que segundo o artigo 6º da resolução CFC 750 refere-se ao processo de mensuração e apresentação dos componentes patrimoniais para produzir informações íntegras e tempestivas.

Gabarito "C"

2.4. Princípio do Registro pelo Valor Original

O Princípio do registro pelo valor original determina que os componentes do patrimônio devem ser inicialmente registrados pelos valores originais das transações, expressos em moeda nacional.

As seguintes bases de mensuração devem ser utilizadas em graus distintos e combinadas, ao longo do tempo, de diferentes formas:

I. Custo histórico. Os ativos são registrados pelos valores pagos ou a serem pagos em caixa ou equivalentes de caixa ou pelo valor justo dos recursos que são entregues para adquiri-los na data da aquisição. Os passivos são registrados pelos valores dos recursos que foram recebidos em troca da obrigação ou, em algumas circunstâncias, pelos valores em caixa ou equivalentes de caixa, os quais serão necessários para liquidar o passivo no curso normal das operações;

II. Variação do custo histórico. Uma vez integrado ao patrimônio, os componentes patrimoniais, ativos e passivos, podem sofrer variações decorrentes dos seguintes fatores:

a) Custo corrente. Os ativos são reconhecidos pelos valores em caixa ou equivalentes de caixa, os quais teriam de ser pagos se esses ativos ou ativos equivalentes fossem adquiridos na data ou no período das demonstrações contábeis. Os passivos são reconhecidos pelos valores em caixa ou equivalentes de caixa, não descontados, que seriam necessários para liquidar a obrigação na data ou no período das demonstrações contábeis;

b) Valor realizável. Os ativos são mantidos pelos valores em caixa ou equivalentes de caixa, os quais poderiam ser obtidos pela venda em uma forma ordenada. Os passivos são mantidos pelos valores em caixa e equivalentes de caixa, não descontados, que se espera seriam pagos para liquidar as correspondentes obrigações no curso normal das operações da entidade;

c) Valor presente. Os ativos são mantidos pelo valor presente, descontado do fluxo futuro de entrada líquida de caixa que se espera seja gerado pelo item no curso normal das operações da entidade. Os passivos são mantidos pelo valor presente, descontado do fluxo futuro de saída líquida de caixa que se espera seja necessário para liquidar o passivo no curso normal das operações da entidade;

d) Valor justo. É o valor pelo qual um ativo pode ser trocado, ou um passivo liquidado, entre partes conhecedoras, dispostas a isso, em uma transação sem favorecimentos;

e) Atualização monetária. Os efeitos da alteração do poder aquisitivo da moeda nacional devem ser reconhecidos nos registros contábeis mediante o ajustamento da expressão formal dos valores dos componentes patrimoniais.

São resultantes da adoção da atualização monetária:

I. a moeda, embora aceita universalmente como medida de valor, não representa unidade constante em termos do poder aquisitivo;

II. para que a avaliação do patrimônio possa manter os valores das transações originais, é necessário atualizar sua expressão formal em moeda nacional, a fim de que permaneçam substantivamente corretos os valores dos componentes patrimoniais e, por consequência, o do Patrimônio Líquido; e

III. a atualização monetária não representa nova avaliação, mas tão somente o ajustamento dos valores originais para determinada data, mediante a aplicação de indexadores ou outros elementos aptos a traduzir a variação do poder aquisitivo da moeda nacional em um dado período.

Este princípio ordena que os componentes do patrimônio tenham seu registro inicial efetuado pelos valores ocorridos na data das transações havidas com o mundo exterior à entidade, pois este é o consenso entre os agentes econômicos externos e a entidade.

A seguir, estão apresentados exemplos de como o assunto é cobrado em questões de concursos públicos:

(Analista Judiciário - Contabilidade/STF – 2008 – CESPE) Ocorrendo o registro dos ajustes a valor de mercado dos ativos advindos de operações de longo prazo, o princípio do registro pelo valor original não será obedecido.

O princípio do registro pelo valor original define que os componentes patrimoniais devem ter seu registro inicial efetuado pelo valor das transações. Existe a possibilidade de modificação desse valor com o passar do tempo, o que não representa modificação do valor original. É o caso da depreciação, amortização, provisões, etc. Esses ajustes, entretanto,

COMO PASSAR – SUPER-REVISÃO DE CONTABILIDADE PARA CONCURSOS
2. PRINCÍPIOS DE CONTABILIDADE

deveriam ser apenas para ajustar o valor dos ativos para menor, em obediência ao princípio da prudência. O uso do valor de mercado não obedece a essa limitação por poder ajustar o ativo para maior ou para menor, representando uma não obediência ao princípio.

Gabarito: Correta

(Auditor do Tesouro Municipal/Recife-PE – 2003 – ESAF) Com relação aos princípios fundamentais de Contabilidade, assinale a opção **incorreta**.

(A) Do princípio do REGISTRO PELO VALOR ORIGINAL resulta que a avaliação dos componentes patrimoniais deve ser feita com base nos valores de entrada, considerando-se como tais os resultantes do consenso com os agentes externos ou da imposição destes.

(B) Do princípio do REGISTRO PELO VALOR ORIGINAL resulta que, uma vez integrados no patrimônio, os bens, direitos ou obrigações não poderão ter alterados seus valores intrínsecos, admitindo-se, tão somente sua decomposição em elementos e/ou sua agregação, parcial ou integral, a outros elementos patrimoniais.

(C) Do princípio do REGISTRO PELO VALOR ORIGINAL resulta que o valor original será mantido enquanto o componente permanecer como parte do patrimônio, inclusive quando da saída deste.

(D) Do princípio do REGISTRO PELO VALOR ORIGINAL resulta que o uso da moeda do País na tradução do valor dos componentes patrimoniais constitui imperativo de homogeneização quantitativa dos mesmos.

(E) Do princípio do REGISTRO PELO VALOR ORIGINAL resulta que é inadequada a utilização de qualquer tipo de CORREÇÃO ou ATUALIZAÇÃO MONETÁRIA.

Quando da aplicação da prova a questão era válida. No entanto, se tornou inválida devido a alterações trazidas pela resolução CFC Nº 1.282/2010 no artigo 7º da resolução CFC Nº 750/93. Cabe, no entanto, a oportunidade de apresentar o novo texto do artigo, a seguir:

Art. 7º O princípio do registro pelo valor original determina que os componentes do patrimônio devem ser inicialmente registrados pelos valores originais das transações, expressos em moeda nacional.

§ 1º As seguintes bases de mensuração devem ser utilizadas em graus distintos e combinadas, ao longo do tempo, de diferentes formas:

I. Custo histórico. Os ativos são registrados pelos valores pagos ou a serem pagos em caixa ou equivalentes de caixa ou pelo valor justo dos recursos que são entregues para adquiri-los na data da aquisição. Os passivos são registrados pelos valores dos recursos que foram recebidos em troca da obrigação ou, em algumas circunstâncias, pelos valores em caixa ou equivalentes de caixa, os quais serão necessários para liquidar o passivo no curso normal das operações; e

II. Variação do custo histórico. Uma vez integrado ao patrimônio, os componentes patrimoniais, ativos e passivos, podem sofrer variações decorrentes dos seguintes fatores:

a) Custo corrente. Os ativos são reconhecidos pelos valores em caixa ou equivalentes de caixa, os quais teriam de ser pagos se esses ativos ou ativos equivalentes fossem adquiridos na data ou no período das demonstrações contábeis. Os passivos são reconhecidos pelos valores em caixa ou equivalentes de caixa, não descontados, que seriam necessários para liquidar a obrigação na data ou no período das demonstrações contábeis;

b) Valor realizável. Os ativos são mantidos pelos valores em caixa ou equivalentes de caixa, os quais poderiam ser obtidos pela venda em uma forma ordenada. Os passivos são mantidos pelos valores em caixa e equivalentes de caixa, não descontados, que se espera seriam pagos para liquidar as correspondentes obrigações no curso normal das operações da entidade;

c) Valor presente. Os ativos são mantidos pelo valor presente, descontado do fluxo futuro de entrada líquida de caixa que se espera seja gerado pelo item no curso normal das operações da entidade. Os passivos são mantidos pelo valor presente, descontado do fluxo futuro de saída líquida de caixa que se espera seja necessário para liquidar o passivo no curso normal das operações da entidade;

d) Valor justo. É o valor pelo qual um ativo pode ser trocado, ou um passivo liquidado, entre partes conhecedoras, dispostas a isso, em uma transação sem favorecimentos;

e) Atualização monetária. Os efeitos da alteração do poder aquisitivo da moeda nacional devem ser reconhecidos nos registros contábeis mediante o ajustamento da expressão formal dos valores dos componentes patrimoniais.

§ 2º São resultantes da adoção da atualização monetária:

I. a moeda, embora aceita universalmente como medida de valor, não representa unidade constante em termos do poder aquisitivo;

II. para que a avaliação do patrimônio possa manter os valores das transações originais, é necessário atualizar sua expressão formal em moeda nacional, a fim de que permaneçam substantivamente corretos os valores dos componentes patrimoniais e, por consequência, o do Patrimônio Líquido; e

III. a atualização monetária não representa nova avaliação, mas tão somente o ajustamento dos valores originais para determinada data, mediante a aplicação de indexadores ou outros elementos aptos a traduzir a variação do poder aquisitivo da moeda nacional em um dado período.

Gabarito "E"

2.5. Princípio da Competência

O Princípio da Competência determina que os efeitos das transações e outros eventos sejam reconhecidos nos períodos a que se referem, independentemente do recebimento ou pagamento, e pressupõe a simultaneidade da confrontação de receitas e de despesas correlatas.

A competência é o princípio que estabelece quando um determinado componente deixa de integrar o patrimônio, sendo as variações mais relevantes aquelas relacionadas ao registro da receita e da despesa.

A receita é considerada realizada:

✔ no momento em que há a venda de bens e direitos da entidade, com a transferência da sua propriedade para terceiros, efetuando estes o pagamento em dinheiro ou assumindo compromisso firme de fazê-lo num prazo qualquer.

✔ na extinção parcial ou total de uma exigibilidade (Exemplo: Perdão de uma multa);

✔ no surgimento do ativo sem o respectivo passivo, como no caso de recebimento de multas por atraso no pagamento de um título pelo cliente;

✔ no recebimento de doações.

Consideram-se incorridas as despesas:

✔ quando deixar de existir o correspondente valor ativo, por transferência de sua propriedade para terceiros

✔ pela diminuição ou extinção do valor econômico de um ativo;

✔ pelo surgimento de um passivo, sem o correspondente ativo.

2.6. Princípio da Prudência

O princípio da prudência determina a adoção do menor valor para os componentes do ativo e do maior para os do passivo, sempre que se apresentem alternativas igualmente válidas para a quantificação das mutações patrimoniais que alterem o Patrimônio Líquido.

O princípio da prudência pressupõe o emprego de certo grau de precaução no exercício dos julgamentos necessários às estimativas em certas condições de incerteza, no sentido de que ativos e receitas não sejam superestimados e que passivos e despesas não sejam subestimados, atribuindo maior confiabilidade ao processo de mensuração e apresentação dos componentes patrimoniais.

A seguir, estão apresentados exemplos de como o assunto é cobrado em questões de concursos públicos:

(Técnico da Receita Federal – 2003 – ESAF) Com relação aos princípios fundamentais de Contabilidade, assinale a opção incorreta.

(A) O princípio da PRUDÊNCIA determina a adoção do menor valor para os componentes do ATIVO e do maior, para os do PASSIVO, sempre que se apresentem alternativas igualmente válidas para a quantificação das mutações patrimoniais que alterem o Patrimônio Líquido.

(B) O princípio da PRUDÊNCIA impõe a escolha da hipótese de que resulte menor Patrimônio Líquido, quando se apresentarem opções igualmente aceitáveis diante dos demais princípios fundamentais de Contabilidade.

(C) O princípio da PRUDÊNCIA somente se aplica às mutações posteriores, constituindo-se ordenamento indispensável à correta aplicação do Princípio da COMPETÊNCIA.

(D) A aplicação do princípio da PRUDÊNCIA ganha ênfase quando, para definição dos valores relativos às variações patrimoniais, devem ser feitas estimativas que envolvem incertezas de grau variável.

(E) O princípio da PRUDÊNCIA refere-se, simultaneamente, à tempestividade e à integridade do registro do patrimônio e das suas mutações, determinando que este seja feito de imediato e com a extensão correta, independentemente das causas que originaram o registro.

A: De acordo com o artigo 10º da resolução CFC N.º 750/93; B: Item de acordo com o § 1º do artigo 10º da resolução CFC N.º 750/93 antes de ser revogado pela resolução CFC Nº 1.282/2010. Ainda assim, pelo caput do artigo, é possível concluir que o item está correto; C: Item de acordo com o § 2º do artigo 10º da resolução CFC N.º 750/93 antes de ser revogado pela resolução CFC Nº 1.282/2010. Ainda assim, pelo caput do artigo, é possível concluir que o item está correto; D: De acordo com o § 3º do artigo 10º da resolução CFC N.º 750/93 antes de ser revogado pela resolução CFC Nº 1.282/2010. Ainda assim, pelo caput do artigo, é possível concluir que o item está correto; E: O item está incorreto, pois as causas que originaram as mutações precisam ser consideradas para fins de registro contábil.

Gabarito "E"

(Auditor Fiscal da Receita Federal – 2003– ESAF) Quando o Contador registra, no fim do exercício, uma variação cambial para atualizar a dívida em moeda estrangeira; quando faz provisão para crédito de liquidação duvidosa; ou quando faz um lançamento de ajuste do estoque ao preço de mercado está apenas:

(A) cumprindo a sua obrigação profissional.

(B) executando o regime contábil de competência.

(C) cumprindo o princípio fundamental da prudência.

(D) satisfazendo o princípio fundamental da entidade.

(E) seguindo a convenção do conservadorismo.

Ao realizar os procedimentos apresentados pela questão, a empresa está cumprindo o princípio da prudência, que segundo o artigo 10º da resolução CFC Nº 750/93, determina a adoção do menor valor para os componentes do ativo e do maior para os do passivo, sempre que se apresentem alternativas igualmente válidas para a quantificação das mutações patrimoniais que alterem o Patrimônio Líquido.

Gabarito "C"

(Fiscal de Tributos/PA – 2002 – ESAF) A escolha da hipótese que resulte em menor Patrimônio Líquido quando se apresentarem opções, igualmente aceitáveis diante dos demais princípios fundamentais de Contabilidade, refere-se ao princípio da

(A) materialidade

(B) consistência

(C) integridade

(D) prudência

(E) entidade

O § 1º do artigo 10 da resolução CFC Nº 750/93 determina a adoção do menor valor para os componentes do ativo e do maior para os do passivo, o que resultará consequentemente no menor Patrimônio Líquido.

Gabarito "D"

(Auditor Fiscal/PB – 2006 – FCC) O princípio contábil que impõe a escolha de hipótese que resulte menor Patrimônio Líquido, quando se apresentarem opções igualmente aceitáveis diante dos demais Princípios Fundamentais da Contabilidade, é o Princípio da

(A) Oportunidade.

(B) Competência.

(C) Entidade.

(D) Continuidade.

(E) Prudência.

Segundo o artigo 10 da resolução CFC Nº 750/93 "o princípio da prudência determina a adoção do menor valor para os componentes do ativo e do maior valor para os do passivo, sempre que se apresentem alternativas igualmente válidas para a quantificação das mutações patrimoniais que alterem o Patrimônio Líquido".

Gabarito "E"

2.7. Exercícios de Fixação Comentados

(Auditor Fiscal da Receita Federal – 2010 – ESAF) O Conselho Federal de Contabilidade, considerando que a evolução ocorrida na área da Ciência Contábil reclamava a atualização substantiva e adjetiva de seus princípios, editou, em 29 de dezembro de 1993, a Resolução 750, dispondo sobre eles. Sobre o assunto, abaixo estão escritas cinco frases. Assinale a opção que indica uma afirmativa falsa.

(A) A observância dos princípios fundamentais de Contabilidade é obrigatória no exercício da profissão e constitui condição de legitimidade das Normas Brasileiras de Contabilidade (NBC).

(B) Os princípios fundamentais de Contabilidade, por representarem a essência das doutrinas e teorias relativas à Ciência da Contabilidade, a ela dizem respeito no seu sentido mais amplo de ciência social,cujo objeto é o patrimônio das entidades.

(C) O princípio da entidade reconhece o patrimônio como objeto da Contabilidade e afirma a autonomia patrimonial e a desnecessidade da diferenciação de um patrimônio particular no universo dos patrimônios existentes.

COMO PASSAR – SUPER-REVISÃO DE CONTABILIDADE PARA CONCURSOS
2. PRINCÍPIOS DE CONTABILIDADE

(D) O patrimônio pertence à entidade, mas a recíproca não é verdadeira. A soma ou agregação contábil de patrimônios autônomos não resulta em nova entidade, mas numa unidade de natureza econômico-contábil.

(E) São princípios fundamentais de Contabilidade: o da entidade; o da continuidade; o da oportunidade; o do registro pelo valor original; o da atualização monetária;o da competência e o da prudência.

A: De acordo com o § 1º do artigo 1º da resolução CFC N.º 750/93, destacando que após a edição da resolução CFC N.º 1.282/2010 os princípios passaram a ser denominados "PRINCÍPIOS DE CONTABILIDADE"; B: De acordo com o artigo 2º da resolução CFC N.º 750/93; C: Segundo o artigo 4º da resolução CFC N.º 750/93 "o princípio da entidade reconhece o patrimônio como objeto da Contabilidade e afirma a autonomia patrimonial, a necessidade da diferenciação de um patrimônio particular no universo dos patrimônios existentes"; D: De acordo com o parágrafo único do artigo 4º da resolução CFC N.º 750/93; E: De acordo com o artigo 3º da resolução CFC N.º 750/93, exceto pelo princípio da atualização monetária que foi retirado pela resolução CFC N.º 1.282/2010.

Gabarito "C"

(Auditor Fiscal/MG – 2005 – ESAF) Assinale a opção que contém afirmativa correta sobre princípios fundamentais de Contabilidade.

(A) Quando se apresentarem opções igualmente aceitáveis, o princípio da competência impõe a escolha da hipótese de que resulte menor Patrimônio Líquido.

(B) Diante de alternativas igualmente válidas, o princípio da competência impõe a adoção do menor valor para o ativo e do maior valor para o passivo.

(C) As receitas e as despesas devem ser incluídas na apuração do resultado do período em que ocorrerem, segundo afirma o princípio da prudência.

(D) O reconhecimento simultâneo das receitas e despesas correlatas é consequência natural do respeito ao período em que ocorrer sua geração, mas não atende ao princípio da continuidade.

(E) O princípio da entidade reconhece o patrimônio como objeto da Contabilidade e afirma a autonomia patrimonial diferenciando o patrimônio particular no universo dos patrimônios existentes.

A: O princípio da prudência que impõe a escolha que resulte no menor valor para o ativo e no maior para o passivo, o que implica um menor Patrimônio Líquido; B: O princípio da prudência que impõe a adoção do menor valor para o ativo e do maior para o passivo; C: A inclusão das receitas e despesas ao exercício que ocorrerem é definido pelo princípio da competência; D: A adoção do correto registro das receitas e despesas em nada interfere no princípio da continuidade; E: Conforme o artigo 4º da resolução CFC Nº 750/93.

Gabarito "E"

(Auditor do Tesouro Municipal/Recife-PE – 2003 – ESAF) Com relação aos princípios fundamentais de Contabilidade, assinale a opção incorreta.

(A) O princípio da ENTIDADE reconhece o patrimônio como objeto da Contabilidade e afirma a autonomia patrimonial, a necessidade da diferenciação de um patrimônio particular no universo dos patrimônios existentes.

(B) O princípio do REGISTRO PELO VALOR ORIGINAL preconiza que os componentes do patrimônio devem ser registrados pelos valores originais das transações com o mundo exterior, expressos a valor presente na moeda do País, que serão mantidos na avaliação das variações patrimoniais posteriores, inclusive quando configurarem agregações ou decomposições no interior da ENTIDADE.

(C) O princípio da CONTINUIDADE influencia o valor econômico dos ativos e, em muitos casos, o valor ou o vencimento dos passivos, especialmente quando a extinção da ENTIDADE tem prazo determinado, previsto ou previsível.

(D) O princípio da OPORTUNIDADE refere-se, simultaneamente, à tempestividade e à integridade do registro do patrimônio e das suas mutações, determinando que este seja feito de imediato e com a extensão correta, independentemente das causas que as originaram.

(E) O princípio da PRUDÊNCIA indica que as receitas e as despesas devem ser incluídas na apuração do resultado do período em que ocorrerem, sempre simultaneamente quando se correlacionarem, independentemente de recebimento ou pagamento.

A: Conforme artigo 4º da resolução CFC Nº 750/93; B: Conforme artigo 4º da resolução CFC Nº 750/93; C: Conforme o artigo 5º da resolução CFC Nº 750/93; D: Conforme artigo 6º da resolução CFC Nº 750/93; E: A descrição do item refere-se ao princípio da competência.
Gabarito "E"

(Auditor Fiscal da Receita Federal – 2002.1 – ESAF) Abaixo es tão cinco assertivas relacionadas com os princípios fundamentais de Contabilidade. Assinale a opção que expressa uma afirmação verdadeira.

(A) A observância dos princípios fundamentais de Contabilidade é obrigatória no exercício da profissão, mas não constitui condição de legitimidade das Normas Brasileiras de Contabilidade.

(B) O princípio da entidade reconhece o patrimônio como objeto da Contabilidade e afirma a autonomia patrimonial, exceto no caso de sociedade ou instituição, cujo patrimônio pode confundir-se com o dos sócios ou proprietários.

(C) Da observância do princípio da oportunidade resulta que o registro deve ensejar o reconhecimento universal das variações ocorridas no patrimônio da entidade, em um período de tempo determinado.

(D) A apropriação antecipada das prováveis perdas futuras, antes conhecida como Convenção do Conservadorismo, hoje é determinada pelo princípio da competência.

(E) A observância do princípio da continuidade não influencia a aplicação do Princípio da Competência, pois o valor econômico dos ativos e dos passivos já contabilizados não se altera em função do tempo.

A: O § 1º do artigo 1º da resolução CFC Nº 750/93, com a nova redação dada pela resolução CFC Nº 1.282/2010 define que "a observância dos Princípios de Contabilidade é obrigatória no exercício da profissão e constitui condição de legitimidade das Normas Brasileiras de Contabilidade (NBC); B: Em nenhuma hipótese o patrimônio da empresa pode se confundir com o patrimônio do sócio; C: Item correto pois o princípio da oportunidade determina que as alterações no patrimônio da empresa sejam registradas de imediato e com a extensão correta; D: É conhecido como princípio da prudência; E: O valor dos ativos e passivos podem se alterar em função da continuidade das atividades da empresa.
Gabarito "C"

(Fiscal de Tributos/PA – 2002 – ESAF) O reconhecimento da valoração de estoques vinícolas, em decorrência da ação do tempo, está ligado ao princípio contábil do(a):

(A) Realização da Receita
(B) Competência de Exercício
(C) Continuidade de Exercício
(D) Entidade Contábil
(E) Custo como Base de Valor

Apesar de o § 3º do artigo 9º da resolução CFC Nº 750/93 não mais apresentar as circunstâncias em que devem ser consideradas realizadas as receitas em função da edição da resolução CFC Nº 1.282/2010, a situação descrita na questão apresenta a realização da receita pela geração natural de novos ativos independentemente da intervenção de terceiros.
Gabarito "A"

(Agente Tributário Estadual/MS – 2006 – FGV) De acordo com a Resolução CFC 750/93, assinale a alternativa correta.

(A) O princípio da continuidade estabelece que a empresa não poderá ser liquidada.

(B) O princípio da prudência estabelece que, havendo dúvida entre dois valores igualmente válidos, deverá ser considerado o maior valor para o Ativo.

(C) O princípio da prudência estabelece que, havendo dúvida entre dois valores igualmente válidos, deverá ser considerado o maior valor para o Passivo.

(D) O princípio da oportunidade estabelece que o contador deverá escolher a prática contábil que melhor atenda aos interesses da empresa.

(E) O princípio da objetividade estabelece que o contador só poderá reconhecer os atos e fatos que afetam o patrimônio da empresa se esses forem comprovados mediante nota fiscal ou contrato lavrado em cartório.

O princípio da prudência, segundo o artigo 10 da resolução CFC Nº 750/93, determina a adoção do menor valor para os componentes do ativo e do maior para os do passivo, sempre que se apresentem alternativas igualmente válidas para a quantificação das mutações patrimoniais que alterem o Patrimônio Líquido.

Gabarito "C"

(Analista judiciário - Contabilidade/TRT 3a Região – 2009 – FCC) A constituição da provisão para devedores duvidosos está relacionada com os princípios

(A) da entidade e da objetividade.

(B) da continuidade e da atualização monetária.

(C) do registro pelo valor original e da materialidade.

(D) da consistência e da oportunidade.

(E) da competência e da prudência.

A constituição de provisão para devedores duvidosos tem como objetivo ajustar o ativo ao seu valor provável de realização (princípio da prudência) e permitir com que o registro das perdas seja registrado no exercício onde a perda se torna provável e não apenas quando se concretizar (princípio da competência).

Gabarito "E"

(Analista judiciário - Contabilidade/TRE-AM – 2009 – FCC) Considere as seguintes assertivas:

I. As receitas e despesas devem ser consideradas, pelas empresas, para apuração do resultado do período a que se referirem, no momento de sua ocorrência.

II. Sempre que apresentarem alternativas igualmente válidas para a quantificação das mutações patrimoniais que alterem o Patrimônio Líquido, as empresas deverão adotar o menor valor para os componentes do ativo e o maior para os do passivo.

III. As empresas devem registrar os seus componentes patrimoniais pelos valores originais das transações com o mundo exterior, expressos a valor presente na moeda do país.

As assertivas referem-se, respectivamente, aos princípios contábeis

(A) da competência, da continuidade e da oportunidade.

(B) do registro pelo valor original, da entidade e da continuidade.

(C) da competência, da atualização monetária e da prudência.

(D) da oportunidade, da competência e da prudência.

(E) da competência, da prudência e do registro pelo valor original.

I: Princípio da competência, conforme o artigo 9 da resolução CFC 750/93; II: princípio da prudência, conforme o artigo 10 da resolução CFC 750/93; III: Princípio do registro pelo valor original, conforme o artigo 7 da resolução CFC 750/93.

Gabarito "E"

(Fiscal de Tributos Estaduais/AL – 2002 – CESPE) Com relação aos princípios fundamentais de Contabilidade, julgue os itens a seguir.

(1) Na aplicação dos princípios fundamentais de Contabilidade a situações concretas, a essência das transações deve prevalecer sobre os aspectos formais.

(2) A continuidade ou não da entidade não deve ser necessariamente considerada quando da classificação e avaliação das mutações patrimoniais quantitativas e qualitativas.

(3) A avaliação dos componentes patrimoniais deve ser feita com base nos valores de entrada, considerando-se como tais os resultantes do consenso com os agentes externos ou da imposição destes.

(4) De acordo com o regime de competência, as receitas consideram-se realizadas, nas transações com terceiros, quando estes efetuam o pagamento.

(5) Desde que tecnicamente estimável, o registro das variações patrimoniais deve ser feito mesmo na hipótese de somente existir razoável certeza de sua ocorrência.

1: A proposição da questão está de acordo com o definido no § 2º do artigo 1º da resolução CFC 750/93, conforme apresentado a seguir: § 2º - Na aplicação dos princípios fundamentais de Contabilidade há situações concretas, a essência das transações deve prevalecer sobre seus aspectos formais;
2: A proposição da questão está em desacordo com o definido no do artigo 5º da resolução CFC 750/93, conforme apresentado a seguir: Art. 5º - O princípio da continuidade pressupõe que a Entidade continuará em operação no futuro e, portanto, a mensuração e a apresentação dos componentes do patrimônio levam em conta esta circunstância;
3: A proposição da questão está em desacordo com o definido no artigo 7º da resolução CFC 750/93, conforme apresentado a seguir: Art. 7º - O princípio do registro pelo valor original determina que os componentes do patrimônio devem ser inicialmente registrados pelos valores originais das transações, expressos em moeda nacional;
4: O item está errado, pois o pagamento não é o único momento em que as receitas são consideradas realizadas;
5: A questão descreve o princípio da oportunidade.

Gabarito: 1: Correta, 2: Errada, 3: Correta, 4: Errada, 5: Correta

(Analista de Contabilidade - Perito/MPU – 2010 – CESPE) Para o Conselho Federal de Contabilidade brasileiro, os conceitos de entidade contábil e de continuidade, mais do que princípios, são postulados, axiomas com base nos quais se constrói a teoria contábil.

Inicialmente, vamos diferenciar postulados, princípios e convenções.
Apesar de a teoria contábil definir os conceitos de entidade e continuidade como postulados, que seriam a base da doutrina contábil e, portanto, superiores aos princípios, a resolução CFC 750/93 não apresenta esse conceito. Sendo assim, no Brasil, entidade e continuidade são princípios.

Gabarito: Errada

(Analista de Comércio Exterior/MDIC – 2008 – CESPE) Com base nos princípios contábeis fundamentais e nos tipos de fatos contábeis, julgue os itens a seguir.

(1) Se uma empresa exportadora possuir créditos vincendos em moeda estrangeira e o real estiver valorizando-se em relação a essa moeda, nessa hipótese, combinando-se o entendimento sobre os princípios da oportunidade, do registro pelo valor original, da competência e da atualização monetária, é correto concluir que esses créditos, à data do balanço, deverão sofrer um ajuste para menor em sua escrituração.

1: A valorização do real significa um ganho no poder de compra dessa moeda em relação às demais. Quando o real se valoriza em relação a outra moeda significa que essa se desvaloriza em relação ao real. Para representar uma empresa com créditos em moeda estrangeira vamos imaginar uma empresa que tenha contas a receber em dólar no montante de US$1.000,00. Se a moeda americana se desvalorizar e passar de R$2,00 para R$1,50 o contas a receber em dólar passará de R$2.000,00 para R$1.500,00, sendo necessário um ajuste a menor no montante de R$500,00.

Gabarito: 1: Correta

3. DEMONSTRAÇÕES FINANCEIRAS

Fabrício de Oliveira Barros

Grande parte das questões de Contabilidade para concurso cobram conceitos apresentados na lei 6.404/76. Com base na análise das questões deste material é possível concluir que as partes mais cobradas são os artigos 175 a 205, 226 e 248 a 250. Esses são, portanto, os artigos que merecem maior atenção. Cabe esclarecer que outros artigos da lei também foram cobrados, o que exige do candidato conhecer toda a lei.

É possível observar também que grande parte das questões cobradas focou as alterações trazidas pela lei 11.638/2007.

3.1. Demonstrações Contábeis

3.1.1. Demonstrações Obrigatórias

O artigo 176 da lei 6.404/76 apresenta as disposições gerais sobre as demonstrações financeiras. Para definir quais demonstrativos são obrigatórios para cada tipo de companhia, basta combinar o começo desse artigo com o § 6º.

> Art. 176. Ao fim de cada exercício social, a diretoria fará elaborar, com base na escrituração mercantil da companhia, as seguintes demonstrações financeiras, que deverão exprimir com clareza a situação do patrimônio da companhia e as mutações ocorridas no exercício:
>
> I - balanço patrimonial;
>
> II - demonstração dos lucros ou prejuízos acumulados;
>
> III - Demonstração doResultado do Exercício; e
>
> IV – Demonstração dos Fluxos de Caixa; e
>
> V – se companhia aberta, Demonstração do Valor Adicionado...
>
> § 6º A companhia fechada com Patrimônio Líquido, na data do balanço, inferior a R$ 2.000.000,00 (dois milhões de reais) não será obrigada à elaboração e publicação da Demonstração dos Fluxos de Caixa.

As informações desse trecho do artigo 176 podem ser esquematizadas conforme apresentado no quadro a seguir:

Demonstrativo	Companhia fechada com Patrimônio Líquido inferior a R$ 2 milhões	Companhia fechada com Patrimônio Líquido superior ou igual a R$ 2 milhões	Companhia aberta
Balanço Patrimonial	SIM	SIM	SIM
Demonstração do Resultado do Exercício (DRE)	SIM	SIM	SIM
Demonstração dos Lucros e Prejuízos Acumulados (DLPA)	SIM	SIM	SIM
Demonstração dos Fluxos de Caixa (DFC)	NÃO	SIM	SIM
Demonstração do Valor Adicionado (DVA)	NÃO	NÃO	SIM

A seguir, um exemplo de como o assunto é cobrado em questões de concursos públicos:

(Auditor Fiscal da Receita Federal – 2010 – ESAF) A Lei n. 6.404/76, com suas diversas atualizações, determina que, ao fim de cada exercício social, com base na escrituração mercantil da companhia, exprimindo com clareza a situação do patrimônio e as mutações ocorridas no exercício, a diretoria fará elaborar as seguintes demonstrações financeiras:

(A) Balanço Patrimonial; Demonstração dos Lucros ou Prejuízos Acumulados; Demonstração do Resultado do Exercício; Demonstração das Origens e Aplicações de Recursos; Demonstração dos Fluxos de Caixa; e, se companhia aberta, Demonstração do Valor Adicionado.

(B) Balanço Patrimonial; Demonstração dos Lucros ou Prejuízos Acumulados; Demonstração do Resultado do Exercício; Demonstração dos Fluxos de Caixa; e Demonstração do Valor Adicionado.

(C) Balanço Patrimonial; Demonstração dos Lucros ou Prejuízos Acumulados; Demonstração do Resultado do Exercício; Demonstração das Origens e Aplicações de Recursos; e Demonstração das Mutações do Patrimônio Líquido.

(D) Balanço Patrimonial; Demonstração dos Lucros ou Prejuízos Acumulados; Demonstração do Resultado do Exercício; Demonstração das Origens e Aplicações de Recursos; e, se companhia aberta, Demonstração das Mutações do Patrimônio Líquido.

(E) Balanço Patrimonial; Demonstração dos Lucros ou Prejuízos Acumulados; Demonstração do Resultado do Exercício; Demonstração dos Fluxos de Caixa; e, se companhia aberta, Demonstração do Valor Adicionado.

Segundo o artigo 176 da lei 6.404/76 "ao fim de cada exercício social, a diretoria fará elaborar, com base na escrituração mercantil da companhia, as seguintes demonstrações financeiras, que deverão exprimir com clareza a situação do patrimônio da companhia e as mutações ocorridas no exercício: Balanço Patrimonial; Demonstração dos Lucros ou Prejuízos acumulados; Demonstração do Resultado do Exercício; Demonstração dos Fluxos de Caixa; e, se companhia aberta, Demonstração do Valor Adicionado".

Gabarito "E"

3.1.2. Balanço Patrimonial

O balanço patrimonial é a demonstração contábil destinada a evidenciar, quantitativa e qualitativamente, numa determinada data, a posição patrimonial e financeira da entidade.

A Lei 6.404/76 define no artigo 178 que no balanço as contas serão classificadas segundo os elementos do patrimônio que registrem, e agrupadas de modo a facilitar o conhecimento e a análise da situação financeira da companhia. Além disso, serão dispostas em ordem decrescente de grau de liquidez dos elementos nelas registrados.

O balanço patrimonial tem a seguinte estrutura:

Ativo	Passivo
Ativo Circulante	Passivo Circulante
Ativo Não Circulante	Passivo Não Circulante
Realizável a Longo Prazo	
Investimentos	**Patrimônio Líquido**
Imobilizado	Capital Social
Intangível	Ajustes de Avaliação Patrimonial
Diferido	Reservas de Capital
	Reservas de Lucros
	Ações em Tesouraria
	Prejuízos Acumulados
TOTAL	**TOTAL**

A seguir, um exemplo de como o assunto é cobrado em questões de concursos públicos:

(Auditor Fiscal/PE – 2009 – UPENET/IAUPE) A demonstração financeira que evidencia ativo, passivo e Patrimônio Líquido é o(a)

(A) balanço patrimonial.

(B) demonstração de lucros acumulados.

(C) demonstração do fluxo de caixa.

(D) demonstração de resultado do exercício.

(E) demonstração de valor adicionado.

A: Evidencia ativo, passivo e Patrimônio Líquido; B: Evidencia o lucro do período, sua distribuição e a movimentação ocorrida no saldo da conta de lucros ou prejuízos acumulados; C: Provê informações relevantes sobre os pagamentos e recebimentos ocorridos durante um determinado período; D: Apresenta as operações realizadas pela empresa de forma a destacar o resultado do exercício; E: Informa a capacidade de geração de valor e a forma de distribuição das riquezas.

Gabarito "A"

3.1.2.1. Composição do Ativo

As contas que compõem o ativo serão classificadas do seguinte modo:

✔ **Ativo Circulante**: as disponibilidades, os direitos realizáveis no curso do exercício social subsequente e as aplicações de recursos em despesas do exercício seguinte. Ex: caixa, bancos, estoques, etc. Disponibilidades elementos do ativo que representam dinheiro ou que possam ser convertidos em dinheiro imediatamente.

✔ **Ativo realizável a longo prazo**: os direitos realizáveis após o término do exercício seguinte, assim como os derivados de vendas, adiantamentos ou empréstimos a sociedades coligadas ou controladas, diretores, acionistas ou participantes no lucro da companhia, que não constituírem negócios usuais na exploração do objeto da companhia. Ex: empréstimos a sócios (mesmo que de curta duração), contas a receber de clientes vencíveis após o término do exercício seguinte, etc.

✔ **Investimentos**: as participações permanentes em outras sociedades e os direitos de qualquer natureza, não classificáveis no Ativo Circulante, e que não se destinem à manutenção da atividade da companhia ou da empresa. Ex: obras de arte, terrenos que não estão sendo usados na atividade da empresa, etc.

✔ **Ativo imobilizado**: os direitos que tenham por objeto bens corpóreos destinados à manutenção das atividades da companhia ou da empresa ou exercidos com essa finalidade, inclusive os decorrentes de operações que transfiram à companhia os benefícios, riscos e controle desses bens (operações de leasing). Ex: móveis, equipamentos de informática, veículos, etc.

✔ **Diferido**: a lei 11.941/2009 revogou as referências ao diferido. Sendo assim, os valores que eram até então lançados nesse grupo de contas passaram a ser registrados diretamente no resultado. O saldo existente em 31 de dezembro de 2008 no ativo diferido que, pela sua natureza, não puder ser alocado a outro grupo de contas, poderá permanecer no ativo sob essa classificação até sua completa amortização.

✔ **Intangível**: os direitos que tenham por objeto bens incorpóreos destinados à manutenção da companhia ou exercidos com essa finalidade, inclusive o fundo de comércio adquirido. Ex: marcas, patentes, etc.

Na companhia em que o ciclo operacional da empresa tiver duração maior que o exercício social, a classificação no circulante ou longo prazo terá por base o prazo desse ciclo. O ciclo operacional, no caso de uma empresa comercial, é o período que a empresa leva, em média, para adquirir mercadorias de seus fornecedores, vendê-las e receber o valor das respectivas vendas de seus clientes. No caso de uma empresa industrial, corresponde ao período que a empresa leva, em média, desde a aquisição de matérias-primas de seus fornecedores até o recebimento de seus clientes pelas vendas dos produtos fabricados.

Quanto à composição do ativo, algumas classificações importantes são cobradas em prova. Apresentamos a seguir as principais:

Despesas Antecipadas – despesas pagas cujo fato gerador ainda não ocorreu pelo Princípio da Competência, ficando registrada como conta do Ativo Circulante ou Ativo Não Circulante "Realizável a Longo Prazo". Os seguros a vencer são um exemplo de despesas antecipadas. À medida que o tempo do seguro for passando seu valor será baixada para a conta "Prêmio de Seguros" ou "Despesa de Seguros".

Provisão para Devedores Duvidosos - conta retificadora da conta "Duplicatas a Receber" ou "Clientes" onde são ajustados os valores que a empresa entende que terá dificuldades em receber. Quando da constituição, a contrapartida desta conta será "Devedores duvidosos", conta de despesa.

A seguir, estão apresentados exemplos de como o assunto é cobrado em questões de concursos públicos:

(Auditor Fiscal/CE – 2006 – ESAF) Com base na experiência de perdas efetivas no recebimento de seus créditos, a Microempresa Satélite S/A, constituiu no exercício de 2005 uma provisão no valor de R$ 2.700,00. No exercício de 2006, a empresa deu baixa em créditos no valor de R$ 1.860,00 e chegou ao fim do exercício com valores a receber no montante de R$ 120.000,00.

Considerando-se a necessidade da constituição de nova provisão à base de 3% dos créditos existentes, mesmo levando em conta o saldo não utilizado da provisão anterior, pode-se dizer que os referidos créditos devem ir a balanço, deduzidos de provisão no valor de:

(A) R$ 4.440,00.

(B) R$ 2.760,00.

(C) R$ 3.600,00.

(D) R$ 900,00.

(E) R$ 1.740,00.

Como a empresa possui valores a receber no montante de R$ 120.000 e constitui provisão de 3% sobre esse valor, a provisão para devedores duvidosos será igual a R$ 3.600 (3% de R$ 120.000).

Gabarito "C"

(Auditor Fiscal/RN – 2005 – ESAF) A firma Linhas de Comércio Ltda. tem no livro razão uma conta intitulada "Provisão para Créditos de Liquidação Duvidosa" com saldo credor de R$ 9.000,00, oriundo do balanço patrimonial de 2002, mas que permanece inalterado ao final do exercício de 2003.

No balanço patrimonial, que será elaborado com data de 31.12.03, a empresa deverá demonstrar as contas "Duplicatas a Receber" e "Clientes", com saldo devedor de R$ 350 mil e R$ 200 mil, respectivamente.

Considerando-se que está comprovada a expectativa de perda provável de 3% dos créditos a receber, a empresa deverá contabilizar uma provisão. Este fato, aliado às outras informações constantes do enunciado, fará com que o lucro da empresa, referente ao exercício de 2003, seja reduzido no valor de:

(A) R$ 7.500,00.

(B) R$ 9.000,00.

(C) R$ 16.290,00.

(D) R$ 16.500,00.

(E) R$ 25.500,00.

A provisão para devedores duvidosos deverá ser de R$ 16.500, o equivalente a 3% sobre o saldo das contas duplicatas a receber e clientes. Como já havia um saldo de R$ 9.000 referente ao exercício anterior, é necessária a constituição de apenas R$ 7.500.

Gabarito "A"

Valores a Recuperar – trata-se de contas destinadas a compensar valores a pagar, principalmente relacionadas a tributos (Ex: ICMS a recuperar, IPI a recuperar). Por se tratar de valor que reduzirá o valor de uma obrigação, essas contas serão registradas no Ativo Circulante ou Não Circulante, a depender do prazo de realização.

Despesa a Vencer – será registrada no ativo visto que se trata de algo que foi pago sem, no entanto, ter ocorrido ainda o fato gerador (equivalente a despesas antecipadas). As receitas a vencer, por outro lado, referem-se a valores recebidos sem que ainda tenha ocorrido o fato gerador, o que as caracteriza como um passivo. Ex: Impostos a vencer (ativo).

Duplicatas Descontadas – trata-se da conta retificadora do ativo (saldo credor) que registra as duplicatas que foram descontadas (trocadas por dinheiro). Como na Contabilidade passou a vigorar a essência sobre a forma, e uma duplicata descontada nada mais é que um empréstimo que a empresa fez no banco, esta conta deverá passar a ser classificada no Passivo, como uma obrigação (empréstimo a pagar). É importante destacar, no entanto, que as bancas ainda não estão levando em consideração esta forma, permanecendo registro das duplicatas descontadas no ativo (retificadora).

A seguir, um exemplo de como o assunto é cobrado em questões de concursos públicos:

(Agente Tributário Estadual/MS – 2001 – ESAF) A empresa Carente S/A recebeu aviso do Banco da Casa, comunicando o recebimento de uma duplicata com ele descontada anteriormente.

O Contador, acertadamente, promoveu o seguinte lançamento:

(A) Bancos c/Movimento
a Duplicatas a Receber

(B) Duplicatas a Receber
a Bancos c/Movimento

(C) Títulos Descontados
a Duplicatas a Receber

(D) Duplicatas a Receber
a Títulos Descontados

(E) Títulos Descontados
a Bancos c/Movimento

Ao descontar um título a empresa efetuará o seguinte lançamento:
Débito – Banco conta movimento (pela entrada do dinheiro disponibilizado pelo banco)
Crédito – Títulos descontados (conta redutora de duplicatas a receber)
Quando a duplicata é recebida pelo banco a empresa já pode retirar de sua Contabilidade aquela duplicata, que está registrada nas contas duplicatas a receber e títulos descontados. Nesse o momento o lançamento será:
Débito – Títulos descontados
Crédito – Duplicatas a receber

Gabarito "C'"

3.1.2.2. Composição do Passivo Exigível

O passivo exigível corresponde as obrigações da companhia, inclusive financiamentos para aquisição de direitos do ativo não circulante.

O passivo exigível é dividido em circulante e não circulante.

Passivo Circulante – registra as obrigações da companhia, inclusive financiamentos para aquisição de direitos do Ativo Não Circulante, que vencem no exercício seguinte.

Passivo Não Circulante – registra as obrigações da companhia que tiverem vencimento após o término do exercício seguinte. O Passivo Não Circulante será dividido em longo prazo e em receitas diferidas.

Na companhia em que o ciclo operacional da empresa tiver duração maior que o exercício social, a classificação no circulante ou longo prazo terá por base o prazo desse ciclo. O ciclo operacional compreende o período entre a data da compra até o recebimento de cliente.

A seguir, um exemplo de como o assunto é cobrado em questões de concursos públicos:

(Analista Judiciário - Contabilidade/TST – 2007 – CESPE) Se uma empresa oferece um período de garantia e de revisões gratuitas pela venda de um produto, na elaboração da Demonstração do Resultado do Exercício (DRE), pelo conceito do confronto das despesas, tais custos deverão ser apropriados no mesmo período da venda, por estimativa, e não no momento em que houver a substituição das peças ou revisão gratuita.

O princípio contábil do confronto das despesas com as receitas está intimamente ligado ao regime de competência. Esse princípio diz que toda despesa diretamente delineável com as receitas reconhecidas em determinado período, com as mesmas deverá ser confrontada.

Ora, quando as empresas vendem um produto já sabem que uma parte deles apresentará problemas técnicos. Quando a empresa se compromete a oferecer período de garantia e revisões gratuitas incorrerá em despesas, que deveriam ser confrontadas com as receitas geradas na venda dos produtos. A técnica contábil para permitir a confrontação dessas despesas com as receitas é a constituição de provisão passiva.

Gabarito: Correta

3.1.2.3. Resultados de Exercícios Futuros

A lei 11.941/2009 revogou a possibilidade de contabilização de valores como Resultados de Exercícios Futuros.

3.1.2.4. Patrimônio Líquido

O Patrimônio Líquido tem, pelo texto da lei 6.404/76, a seguinte composição:

✔ Capital Social

✔ Ajustes de Avaliação Patrimonial

✔ Reservas de Capital
  – Ágio na Emissão de Ações;
  – Alienação de Partes Beneficiárias
  – Alienação de Bônus de Subscrição
  – Reserva Especial de Ágio na Incorporação

✔ Reservas de Lucros
- Legal
- Estatutárias
- Para Contingências
- Lucros a Realizar
- Para Expansão
- Especial para Dividendo Obrigatório não Distribuído
- De Incentivos Fiscais

✔ Ações em Tesouraria
✔ Prejuízos Acumulados

Capital Social

O Capital Social representa a parte do Patrimônio Líquido formada por ações subscritas na constituição ou no aumento do capital de uma sociedade anônima. Este é dividido em duas partes:

- Capital Realizado (ou integralizado): corresponde às ações subscritas e realizadas pelos acionistas (mínimo de 10%) ou quaisquer outros bens suscetíveis à avaliação em dinheiro; e

- Capital a Realizar (ou a integralizar ou não realizado): corresponde às ações subscritas que ainda não foram realizadas pelos acionistas.

A conta do capital social discriminará o montante subscrito e, por dedução, a parcela ainda não realizada.

O Capital Autorizado representa o valor máximo autorizado para o Capital Social no estatuto ou contrato social. Por se tratar de um controle extra-contábil, seu valor não aparece no balanço patrimonial.

Ajustes de Avaliação Patrimonial

Os ajustes de avaliação patrimonial são contrapartidas de aumentos ou reduções de ativos e passivos, ou seja, podem ter natureza devedora ou credora. Caso tenham natureza devedora, os ajustes serão uma conta retificadora do Patrimônio Líquido.

A conta de ajustes de avaliação patrimonial passou a integrar o Patrimônio Líquido à partir das alterações introduzidas pela lei 11.638/2007, que substituiu o texto do § 3º do artigo 182 que tratava da reserva de reavaliação.

> "§ 3º Serão classificadas como ajustes de avaliação patrimonial, enquanto não computadas no resultado do exercício em obediência ao regime de competência, as contrapartidas de aumentos ou diminuições de valores atribuídos a elementos do ativo e do passivo, em decorrência da sua avaliação a valor justo, nos casos previstos nesta Lei ou, em normas expedidas pela Comissão de Valores Mobiliários, com base na competência conferida pelo § 3º do art. 177 desta Lei".

Reserva Legal

A reserva legal tem por fim assegurar a integridade do capital social e somente poderá ser utilizada para compensar prejuízos ou aumentar o capital.

A reserva legal segue as regras de constituição definidas no artigo 193 da lei 6.404. Esse artigo define que do lucro líquido do exercício, 5% (cinco por cento) serão aplicados, antes de qualquer outra destinação, na constituição da reserva legal, que não excederá de 20% (vinte por cento) do capital social. O artigo acrescenta que a companhia poderá deixar de constituir a reserva legal no exercício em que o saldo dessa reserva, acrescido do montante das reservas de capital, exceder de 30% (trinta por cento) do capital social.

Existem, portanto, duas regras a serem observadas quando do cálculo da reserva legal. A primeira é o limite de 20%(vinte por cento) do capital social, e a segunda regra definida na lei diz que a companhia deixará de constituir a reserva legal quando o saldo dessa reserva somado ao montante de reservas de capital atingir 30% (trinta por cento) do capital social.

Prejuízos Acumulados

A lei 11.638/2007 deu a seguinte redação para o trecho da lei 6.404/76 que trata das contas que compõem o Patrimônio Líquido: *"Patrimônio Líquido, dividido em capital social, reservas de capital, ajustes de avaliação patrimonial, reservas de lucros, ações em tesouraria e prejuízos acumulados"*. Com essa redação houve a supressão do trecho que trazia os lucros acumulados como parte da composição do Patrimônio Líquido, não sendo possível manter no balanço lucros acumulados, que devem ser totalmente destinados.

Reservas Estatutárias

O estatuto social da empresa poderá criar reservas estatutárias desde que, para cada uma:

✔ indique, de modo preciso e completo, a sua finalidade;

✔ fixe os critérios para determinar a parcela anual dos lucros líquidos que serão destinados à sua constituição; e

✔ estabeleça o limite máximo da reserva.

Reservas para Contingências

A assembleia geral poderá, por proposta dos órgãos da administração, destinar parte do lucro líquido à formação de reserva com a finalidade de compensar, em exercício futuro, a diminuição do lucro decorrente de perda julgada provável, cujo valor possa ser estimado, devendo para tanto indicar a causa da perda prevista e justificar, com as razões de prudência que a recomendem, a constituição da reserva.

A reserva para contingências deverá ser revertida no exercício em que deixarem de existir as razões que justificaram a sua constituição ou em que ocorrer a perda.

A Reserva para Contingências não deve ser confundida com a Provisão para Contingências. A provisão para contingências destina-se a dar cobertura a perdas ou despesas já incorridas mas ainda não desembolsadas, que devem ser lançadas no resultado do exercício. Já a reserva para contingências é uma expectativa de perdas, que segrega parte do lucro do exercício de forma a fazer frente ao prejuízo quando este efetivamente ocorrer.

Reserva de Incentivos Fiscais

A reserva de incentivos fiscais foi incluída no Patrimônio Líquido pela lei 11.638/2007, que definiu que a assembleia geral poderá, por proposta dos órgãos de administração, destinar para a reserva de incentivos fiscais a parcela do lucro líquido decorrente de doações ou subvenções governamentais para investimentos, que poderá ser excluída da base de cálculo do dividendo obrigatório.

Retenção de Lucros

O artigo 196 da lei 6.404/76 define que a assembleia geral poderá deliberar reter parcela do lucro líquido do exercício para reservar parte do lucro para investimentos na empresa com duração máxima de cinco exercícios financeiros.

Reserva de Lucros a Realizar

No caso da empresa apurar lucro e este não ter se realizado financeiramente (receita com recebimento em exercícios posteriores) a ponto de ser suficiente para pagar os dividendos obrigatórios é possível constituir reserva de lucros a realizar.

Limite da Constituição de Reservas e Retenção de Lucros

O artigo 199 da lei 6.404/76 define que o saldo das reservas de lucros, exceto as para contingências, de incentivos fiscais e de lucros a realizar, não poderá ultrapassar o capital social. Atingindo esse limite, a assembleia deliberará sobre aplicação do excesso na integralização ou no aumento do capital social ou na distribuição de dividendos.

Reserva de Capital

As reservas de capital correspondem a valores recebidos de proprietários ou terceiros, isto é, são "receitas" que, entretanto, não são tratadas desta maneira, visto que não transitam pelas contas de resultado, sendo contabilizadas diretamente no Patrimônio Líquido.

O parágrafo 1° do artigo 182 da Lei no 6.404/76 define que serão classificadas como reservas de capital as contas que registrarem:

- ✔ a contribuição do subscritor de ações que ultrapassar o valor nominal e a parte do preço de emissão das ações sem valor nominal que ultrapassar a importância destinada à formação do capital social, inclusive nos casos de conversão em ações de debêntures ou partes beneficiárias (Reserva de Ágio na Emissão de Ações).

- ✔ o produto da alienação de partes beneficiárias e bônus de subscrição (Reserva de Alienação de Bônus de Subscrição e Reserva de Alienação de Partes Beneficiárias).

Partes Beneficiárias: são títulos de crédito sem valor nominal, emitidos por companhias fechadas, por um prazo máximo de dez anos, que conferem a seus titulares o direito de participação de no máximo 10% (dez por cento) nos lucros das referidas companhias. Caso não sejam resgatados no prazo de sua emissão, serão convertidos em ações da companhia, podendo haver ágio na emissão de ações. Cabe ressaltar que as partes beneficiarias darão origem à Reserva de Capital apenas se forem vendidas, ou seja, se forem atribuídas gratuitamente a acionistas ou terceiros, não darão origem à Reserva de Capital.

Bônus de Subscrição: são títulos de crédito emitidos por companhias no limite do capital autorizado no estatuto. Esses títulos dão aos seus titulares o direito de subscreverem ações da companhia, mediante a apresentação do referido título e o pagamento do preço de emissão das ações. Os atuais acionistas têm preferência na aquisição dos bônus.

A lei 11.638/2007 revogou a alínea "d" do § 1º do artigo 182, que definia que as doações ou subvenções governamentais para investimentos seriam contabilizadas no Patrimônio Líquido. A partir da entrada em vigor da referida lei essas operações passaram a ser contabilizadas de duas maneiras:

1) Subvenções recebidas de forma incondicional (sem que nenhuma obrigação reste à empresa) – serão registradas diretamente no resultado.

2) Subvenções que para se efetivarem dependem de eventos futuros – serão registradas no passivo para apropriação ao resultado quando do cumprimento das obrigações.

As reservas de capital somente poderão ser utilizadas para:

✔ absorção de prejuízos que ultrapassarem os lucros acumulados e as reservas de lucros;

✔ resgate, reembolso ou compra de ações;

✔ resgate de partes beneficiárias;

✔ incorporação ao capital social;

✔ pagamento de dividendo a ações preferenciais.

3.1.3. Demonstração do Resultado do Exercício (DRE)

O principal objetivo da Demonstração do Resultado do Exercício é apresentar de forma vertical resumida o resultado apurado em relação ao conjunto de operações realizadas num determinado período.

De acordo com o artigo 187 da lei 6.404/76 as empresas deverão apresentar na Demonstração do Resultado do Exercício:

✔ a receita bruta das vendas e serviços, as deduções das vendas, os abatimentos e os impostos;

- ✔ a receita líquida das vendas e serviços, o custo das mercadorias e serviços vendidos e o lucro bruto;
- ✔ as despesas com as vendas, as despesas financeiras, deduzidas das receitas, as despesas gerais e administrativas, e outras despesas operacionais;
- ✔ o lucro ou prejuízo operacional, as outras receitas e as outras despesas;
- ✔ o resultado do exercício antes do Imposto sobre a Renda e a provisão para o imposto;
- ✔ as participações de debêntures, empregados, administradores e partes beneficiárias, mesmo na forma de instrumentos financeiros, e de instituições ou fundos de assistência ou previdência de empregados, que não se caracterizem como despesa;
- ✔ o lucro ou prejuízo líquido do exercício e o seu montante por ação do capital social.
- ✔ Na determinação da apuração do resultado do exercício serão computados em obediência ao princípio da competência:
- ✔ as receitas e os rendimentos ganhos no período, independentemente de sua realização em moeda; e
- ✔ os custos, despesas, encargos e perdas, pagos ou incorridos, correspondentes a essas receitas e rendimentos.

Apresentamos a seguir um modelo de

RECEITA OPERACIONAL BRUTA

Vendas de Produtos

Vendas de Mercadorias

Prestação de Serviços

(-) DEDUÇÕES DA RECEITA BRUTA

Devoluções de Vendas

Abatimentos

Impostos e Contribuições Incidentes sobre Vendas

(=) RECEITA OPERACIONAL LÍQUIDA

(-) CUSTOS DAS VENDAS

Custo dos Produtos Vendidos

Custo das Mercadorias

Custo dos Serviços Prestados

(=) RESULTADO OPERACIONAL BRUTO

(-) DESPESAS OPERACIONAIS

Despesas Com Vendas

Despesas Administrativas

(+/-) RECEITAS/DESPESAS FINANCEIRAS LÍQUIDAS

(+/-) Variações Monetárias e Cambiais

(+/-) OUTRAS RECEITAS E DESPESAS

(+/-) Resultado da Equivalência Patrimonial

(+/-) Resultado da Venda de Bens e Direitos do Ativo Não Circulante

(=) RESULTADO OPERACIONAL ANTES DO IMPOSTO DE RENDA ,DA CONTRIBUIÇÃO SOCIAL E SOBRE O LUCRO

(-) Provisão para Imposto de Renda e Contribuição Social Sobre o Lucro

(=) LUCRO LÍQUIDO ANTES DAS PARTICIPAÇÕES

(-) Participações de Administradores, Empregados, Debêntures e Partes Beneficiárias

(=) RESULTADO LÍQUIDO DO EXERCÍCIO

A seguir, estão apresentados exemplos de como o assunto é cobrado em questões de concursos públicos:

(Analista Judiciário - Contabilidade/TST – 2007 – CESPE) A forma vertical adotada para a apresentação da Demonstração do Resultado do Exercício (DRE) facilita a análise da composição e evidencia a formação dos vários níveis de resultados, confrontando as receitas e os correspondentes custos e despesas.

Definição perfeita da Demonstração do Resultado do Exercício (DRE). Esse demonstrativo é mesmo apresentado verticalmente (uma conta abaixo da outra) e evidencia a formação dos vários níveis de resultado (receita líquida, lucro bruto, lucro líquido, etc).

Gabarito: Correta

(Analista judiciário - Contabilidade/TRT 24a Região – 2011 – FCC) Relata efetivamente o desempenho, em termos de lucro ou prejuízo apurado pela companhia durante o exercício social:

(A) Demonstração do Fluxo de Caixa.

(B) Demonstração de Lucros ou Prejuízos Acumulados.

(C) Demonstração do Valor Adicionado.

(D) Demonstração do Resultado do Exercício.

(E) Balanço Patrimonial.

A: A Demonstração do Fluxo de Caixa visa mostrar como ocorreram as movimentações das disponibilidades e o Fluxo de Caixa em um dado período de tempo; B: A Demonstração de Lucros ou Prejuízos Acumulados evidencia as alterações ocorridas no saldo da conta de lucros ou prejuízos acumulados, no Patrimônio Líquido; C: A Demonstração do Valor Adicionado tem como objetivo principal informar ao usuário o valor da riqueza criada pela empresa e a forma de sua distribuição; D: A Demonstração do Resultado do Exercício destina-se a evidenciar a formação de resultado líquido do exercício, diante do confronto das receitas, custos e despesas apuradas segundo o regime de competência, a DRE oferece uma síntese econômica dos resultados operacionais de uma empresa em certo período; E: O Balanço Patrimonial tem por objetivo mostrar a situação financeira e patrimonial de uma entidade numa determinada data, representando, portanto, uma posição estática da mesma.

Gabarito "D"

3.1.3.1. Tratamento das Participações Societárias

A lei 6.404 define no artigo 187, inciso VI, que as participações serão discriminadas no resultado do exercício.

> *VI – as participações de debêntures, de empregados e administradores, mesmo na forma de instrumentos financeiros, e de instituições ou fundos de assistência ou previdência de empregados, que não se caracterizem como despesa;*

As participações estatutárias de empregados, administradores e partes beneficiárias serão determinadas, sucessivamente e nessa ordem, com base nos lucros que remanescerem depois de deduzida a participação anteriormente calculada.

A seguir, estão apresentados exemplos de como o assunto é cobrado em questões de concursos públicos:

(Auditor Fiscal da Receita Federal – 2010 – ESAF) A empresa Livre Comércio e Indústria S.A. apurou, em 31/12/2008, um lucro líquido de R$ 230.000,00, antes da provisão para o Imposto de Renda, Contribuição Social sobre o Lucro e das participações estatutárias.

As normas internas dessa empresa mandam destinar o lucro do exercício para reserva legal (5%); para reservas estatutárias (10%); para imposto de renda e contribuição social sobre o lucro (25%); e para dividendos (30%).

Além disso, no presente exercício, a empresa determinou a destinação de R$ 50.000,00 para participações estatutárias no lucro, sendo R$ 20.000,00 para os Diretores e R$ 30.000,00 para os empregados.

Na contabilização do rateio indicado acima, pode-se dizer que ao pagamento dos dividendos coube a importância de:

(A) R$ 39.000,00.

(B) R$ 33.150,00.

(C) R$ 35.700,00.

(D) R$ 34.627,50.

(E) R$ 37.050,00.

A lei 6.404 define no artigo 187, inciso VI que as participações serão discriminadas no resultado do exercício.

> VI – as participações de debêntures, de empregados e administradores, mesmo na forma de instrumentos financeiros, e de instituições ou fundos de assistência ou previdência de empregados, que não se caracterizem como despesa;

O artigo 190 completa definindo que "as participações estatutárias de empregados, administradores e partes beneficiárias serão determinadas, sucessivamente e nessa ordem, com base nos lucros que remanescerem depois de deduzida a participação anteriormente calculada".

A combinação dos dois artigos indica que as participações são calculadas no resultado do exercício, antes da constituição de reservas. Sendo assim, apresentamos a seguir o cálculo do valor do dividendo:

Lucro Líquido antes do Imposto	230.000,00
(-) Participação dos Empregados	(30.000,00)
(=) Base de Cálculo para IR e CS	200.000,00
(-) Provisão para IR e CS	(50.000,00)
(-) Participação dos Administradores	(20.000,00)
(=) Lucro Líquido	130.000,00
Reserva Legal (5% do lucro líquido)	(6.500,00)
Base de Cálculo para Dividendos (lucro líquido excluído valor da reserva legal)	123.500,00
Dividendo (30% da base de cálculo)	37.050,00

Gabarito "E"

(Auditor Fiscal/RN – 2005 – ESAF) A Cia. Souto e Salto tinha prejuízos acumulados de R$ 40.000,00, mas durante o exercício social apurou lucro. Desse lucro, após destinar R$ 80.000,00 para imposto de renda e CSLL, a empresa distribuiu 10%(dez por cento) em participação de debenturistas, no valor de R$ 4.000,00, 10% (dez por cento) em participação de administradores, no valor de R$ 3.240,00 e 10% (dez por cento) em participação de empregados.

De acordo com as informações acima e com as normas em vigor, podemos dizer que a Cia. Souto e Salto, no final da Demonstração de Resultado do Exercício, vai indicar o lucro líquido do exercício no valor de:

(A) R$ 29.160,00.

(B) R$ 29.520,00.

(C) R$ 68.760,00.

(D) R$ 69.160,00.

(E) R$ 69.520,00.

O artigo 190 da lei 6.404/76 define que "as participações estatutárias de empregados, administradores e partes beneficiárias serão determinadas, sucessivamente e nessa ordem, com base nos lucros que remanescerem depois de deduzida a participação anteriormente calculada". Pelo fato da participação de debenturistas ser paga primeiramente no valor de R$4.000, podemos concluir que a base de cálculo para as participações é de R$40.000. Considerando que essa base de cálculo é apurada a partir do lucro antes do imposto de renda deduzido do imposto de renda e contribuição social e dos prejuízos acumulados temos o seguinte cálculo para as participações:

Lucro antes do IR e CSLL	160.000,00
(-) IR e CS	(80.000,00)
(-) Prejuízo Acumulado	(40.000,00)
(=) Base de Cálculo para Participações	40.000,00
(-) Participação de Debenturistas	(4.000,00)
(=) Base de Cálculo para Participação de Empregados	36.000,00
(-) Participação de Empregados	(3.600,00)
(=)Base de Cálculo para Participação de Administradores	32.400,00
(-) Participação de Administradores	(3.240,00)

Com base nos valores apurados para as participações é possível montar a seguinte Demonstração do Resultado do Exercício:

Lucro antes do IR e CSLL	160.000,00
(-) IR e CS	(80.000,00)
(-) Participação de Debenturistas	(4.000,00)
(-) Participação de Empregados	(3.600,00)
(-)Participação de Administradores	(3.240,00)
(=) Lucro Líquido	69.160,00

Gabarito "D"

3.1.4. Demonstração dos Lucros e Prejuízos Acumulados (DLPA)

A DLPA tem como objetivo evidenciar as alterações ocorridas no saldo da conta de lucros ou prejuízos acumulados, no Patrimônio Líquido.

A demonstração de lucros ou prejuízos acumulados deverá discriminar:

✔ o saldo do início do período;

✔ os ajustes de exercícios anteriores – correspondem aos ajustes decorrentes de efeitos da mudança de critério contábil, ou da retificação de erro imputável a determinado exercício anterior, e que não possam ser atribuídos a fatos subsequentes;

✔ as reversões de reservas – correspondem às alterações ocorridas nas contas que registram as reservas, mediante a reversão de valores para a conta Lucros Acumulados, em virtude daqueles valores não serem mais utilizados;

✔ o lucro líquido do exercício;

✔ as transferências para reservas – correspondem às apropriações do lucro feitas para a constituição das reservas patrimoniais, tais como: reserva legal, reserva estatutária, reserva de lucros a realizar, reserva para contingências;

✔ os dividendos, a parcela dos lucros incorporada ao capital e o saldo ao fim do período.

Apresentamos a seguir um modelo de DLPA:

1. Saldo no Início do Período
2. Ajustes de Exercícios Anteriores (+ ou -)
3. Correção Monetária do Saldo Inicial (+)
4. Saldo Ajustado e Corrigido
5. Lucro ou Prejuízo do Exercício (+ ou -)
6. Reversão de Reservas (+)
7. Saldo a Disposição
8. Destinação do Exercício
✔ Reserva Legal
✔ Reserva Estatutária
✔ Reserva para Contingência
✔ Outras Reservas
✔ Dividendos Obrigatórios
9. Saldo no Fim do Exercício

De acordo com o §2º do artigo 186 da lei 6.404/76 a DLPA pode ser incluída na Demonstração das Mutações do Patrimônio Líquido (DMPL). Apresentamos a seguir um exemplo de DMPL:

Histórico	Capital Social	Reserva de capital	Reserva de lucros	Lucros Acumulados	Total
Saldos iniciais					
Ajustes de Exércicios Anteriores:					
– efeitos de mudança de critérios contábeis					
– retificação de erros de exercícios anteriores					
Aumento de Capital:					
– com lucros e reservas					
– por subscrição realizada					
Reversões de Reservas:					
– de contingências					
– de lucros a realizar					
Lucro Líquido do Exercício:					
Proposta da administração de Destinação do Lucro:					
– Reserva Legal					
– Reserva estaturária					
– Reserva de lucros para expansão					
– Reserva de lucros a realizar					
– Dividendos a distribuir (R$... por ação)					
Saldo em 31.12. X2					

3.1.5. Demonstração dos Fluxos de Caixa (DFC)

Esse demonstrativo tem como principal finalidade permitir que os usuários da informação contábil avaliem a capacidade da empresa de gerar fluxos de caixa positivos. Para fins desta demonstração o conceito de caixa é ampliado para contemplar também os investimentos qualificados como "equivalentes-caixa", tais como aplicações em fundos de investimentos , poupança, etc.

A Demonstração do Fluxo de Caixa se tornou obrigatória para companhias abertas e companhias fechadas com Patrimônio Líquido superior ou igual a R$ 2 milhões a partir da edição da lei 11.638/2007.

O fluxo de caixa classifica as movimentações por grupo de atividades, sendo essas: operacionais, investimento e financiamento.

✔ **Atividades Operacionais** – são as principais atividades geradoras de receita da entidade e outras atividades diferentes das de investimento e de financiamento. Podem ser exemplificadas pelo recebimento de vendas, pagamento de fornecedores por compra de materiais, pagamento de funcionários, etc.

✔ **Atividades de Investimento** – são aquisições e venda de ativos de longo prazo e outros investimentos que representam gastos destinados a gerar receitas futuras e fluxos de caixa e que não estão incluídos nos equivalentes de caixa. Exemplos: desembolsos para aquisição de ativo imobilizado, intangível e outros ativos de longo prazo, recebimento pela venda de ativo imobilizado, aquisição ou venda de ações ou instrumentos de dívida de outras entidades. As atividades de investimentos não compreendem a aquisição de ativos com o objetivo de revenda.

✔ **Atividades de Financiamento** – são atividades que resultam em mudanças no tamanho e na composição do Patrimônio Líquido e empréstimos a pagar da entidade, que representam exigências impostas a futuros fluxos de caixa pelos fornecedores de capital à entidade. Exemplos: numerário proveniente da emissão de ações ou instrumentos de capital, pagamento a investidores para adquirir ou resgatar ações da entidade, numerário proveniente da emissão de debêntures, tomada de empréstimo em curto e longo prazos, amortização de empréstimos e pagamento de arrendamento.

A Demonstração dos Fluxos de Caixa pode ser elaborada por dois métodos (sendo incentivada a elaboração pelo método direto), conforme apresentado a seguir:

Método Direto

O fluxo de caixa pelo método direto explicita as entradas e saídas brutas de dinheiro dos principais componentes das atividades operacionais, como os recebimentos pelas vendas de produtos e serviços e os pagamentos a fornecedores e empregados.

Apresentamos a seguir um exemplo de DFC pelo método direto:

FLUXOS DE CAIXA ORIGINADOS DE:	Valores
Atividades Operacionais	
Valores Recebidos de Clientes	30.150
Valores Pagos a Fornecedores e a Empregados	(27.600)
CAIXA GERADO PELAS OPERAÇÕES	2.550
Tributos Pagos	(1.170)
Fluxo de Caixa antes de Itens Extraordinários	1.380
Recebimentos por Indenização de Seguros	80
Recebimentos de Lucros e Dividendos	60
Outros Recebimentos (pagamentos) Líquidos	40
CAIXA LÍQUIDO PROVENIENTE DAS ATIVIDADES OPERACIONAIS	**1.560**
Atividades de Investimentos:	
Compras de Imobilizado	(350)
Aquisição de Ações/Cotas	(550)
Recebimentos por Vendas de Ativos Permanentes	220
Juros Recebidos de Empréstimos	200
CAIXA LÍQUIDO USADO NAS ATIVIDADES DE INVESTIMENTOS	**(480)**
Atividades de Financiamentos:	
Integralização de Capital	250
Pagamentos de Lucros e Dividendos	(1.200)
Empréstimos Tomados	250
Pagamentos de Empréstimos/Debêntures	(90)
CAIXA LÍQUIDO GERADO PELAS ATIVIDADES DE FINANCIAMENTOS	**(790)**
AUMENTO (REDUÇÃO) NAS DISPONIBILIDADES	**290**
DISPONIBILIDADES – NO INÍCIO DO PERÍODO	**120**
DISPONIBILIDADES – NO FINAL DO PERÍODO	**410**

Método Indireto (reconciliação)

O fluxo de caixa indireto que permite a composição da diferença entre o lucro contábil com o fluxo de caixa operacional líquido. Apresentamos a seguir um exemplo de DFC pelo método indireto:

FLUXOS DE CAIXA DAS ATIVIDADES OPERACIONAIS:	Valores
Resultado do Período	3.350
AJUSTES PARA CONCILIAR O RESULTADO ÀS DISPONIBILIDADES GERADAS PELAS ATIVIDADES OPERACIONAIS	
Depreciação e Amortização	450
Perda Cambial	140
Renda de Investimentos	(600)
Despesas de Juros	400
LUCRO OPERACIONAL BRUTO ANTES DAS MUDANÇAS NO CAPITAL DE GIRO	**3.740**
VARIAÇÕES NOS ATIVOS E PASSIVOS	
(Aumento) Redução em Contas a Receber e Outros	(500)
(Aumento) Redução nos Estoques	1.050
Aumento (Redução) em Fornecedores	(1000)
Aumento (Redução) em Contas a Pagar e Provisões	(600)
Aumento (Redução) no Imposto de Renda e Contribuição Social	(140)
CAIXA PROVENIENTE DAS OPERAÇÕES	**2.550**
Juros Pagos	(270)
Impostos de Renda e Contribuição Social Pagos	(900)
FLUXO DE CAIXA ANTES DOS ITENS EXTRAORDINÁRIOS	**1.380**
Recebimento de Indenização de Seguro	180
CAIXA LÍQUIDO PROVENIENTE DAS ATIVIDADES OPERACIONAIS	**1.560**
FLUXOS DE CAIXA DAS ATIVIDADES DE INVESTIMENTOS	
Compras de Imobilizado	(330)
Aquisição de Subsidiária, menos Líquido do Caixa Incluído na Aquisição	(550)
Juros Recebidos	200
Dividendos Recebidos	200

CAIXA LÍQUIDO USADO NAS ATIVIDADES DE INVESTIMENTOS	480
FLUXOS DE CAIXA DAS ATIVIDADES DE FINANCIAMENTOS	
Integralização de Capital	250
Pagamentos de Lucros e Dividendos	(1.200)
Empréstimos Tomados	250
Pagamentos de Obrigações por Leasing e Empréstimos	(90)
CAIXA LÍQUIDO USADO NAS ATIVIDADES DE FINANCIAMENTOS	(790)
AUMENTO (REDUÇÃO) NAS DISPONIBILIDADES	290
NO INÍCIO DO PERÍODO	120
NO FINAL DO PERÍODO	410

3.1.6. Demonstração do Valor Adicionado (DVA)

O artigo 188 da lei 6.404/76 define que a Demonstração do Valor Adicionado apresentará o valor da riqueza gerada pela companhia, a sua distribuição entre os elementos que contribuíram para a geração dessa riqueza, tais como empregados, financiadores, acionistas, governo e outros, bem como a parcela da riqueza não distribuída.

A NBC T 3.7/2005, que trata de regras para elaboração da Demonstração do Valor Adicionado, define que a DVA deve "ser consistente com a demonstração do resultado e conciliada em registros auxiliares mantidos pela entidade".

Apresentamos a seguir um exemplo de Demonstração do Valor Adicionado:

DESCRIÇÃO	20X1	20X1
1 - RECEITAS		
1.1) Vendas de Mercadorias, Produtos e Serviços		
1.2) Outras Receitas		
1.3) Receitas Relativas à Construção de Ati vos Próprios		
1.4) Provisão para Créditos de Liquidação Duvidosa – Reversão / (Constituição)		
2 – INSUMOS ADQUIRIDOS DE TERCEIROS (inclui os valores dos impostos – ICMS, IPI, PIS e COFINS)		
2.1) Custos dos Produtos, das Mercadorias e dos Serviços Vendidos		
2.2) Materiais, Energia, Serviços de Terceiros e Outros		

2.3) Perda / Recuperação de Valores Ativos		
2.4) Outras (especificar)		
3 – VALOR ADICIONADO BRUTO (1-2)		
4 – DEPRECIAÇÃO, AMORTIZAÇÃO E EXAUSTÃO		
5 – VALOR ADICIONADO LÍQUIDO PRODUZIDO PELA ENTIDADE (3-4)		
6 – VALOR ADICIONADO RECEBIDO EM TRANSFERÊNCIA		
6.1) Resultado de Equivalência Patrimonial		
6.2) Receitas Financeiras		
6.3) Outras		
7 – VALOR ADICIONADO TOTAL A DISTRIBUIR (5+6)		
8 – DISTRIBUIÇÃO DO VALOR ADICIONADO (*)		
8.1) Pessoal		
8.1.1 – Remuneração Direta		
8.1.2 – Benefícios		
8.1.3 – F.G.T.S		
8.2) Impostos, Taxas e Contribuições		
8.2.1 – Federais		
8.2.2 – Estaduais		
8.2.3 – Municipais		
8.3) Remuneração de Capitais de Terceiros		
8.3.1 – Juros		
8.3.2 – Aluguéis		
8.3.3 – Outras		
8.4) Remuneração de Capitais Próprios		
8.4.1 – Juros sobre o Capital Próprio		
8.4.2 – Dividendos		
8.4.3 – Lucros Retidos / Prejuízo do Exercício		
8.4.4 – Participação dos Não Controladores nos Lucros Retidos (só p/ consolidação)		

3.1.7. Notas Explicativas

As notas explicativas visam fornecer as informações necessárias para esclarecimento da situação patrimonial, ou seja, de determinada conta, saldo ou transação, ou de valores relativos aos resultados do exercício, ou para menção de fatos que podem alterar futuramente tal situação patrimonial. As notas poderão também estar relacionadas a qualquer uma das demonstrações financeiras.

Segundo o § 5º do artigo 176 da lei 6.404/76, as notas explicativas devem:

✔ apresentar informações sobre a base de preparação das demonstrações financeiras e das práticas contábeis específicas selecionadas e aplicadas para negócios e eventos significativos;

✔ divulgar as informações exigidas pelas práticas contábeis adotadas no Brasil que não estejam apresentadas em nenhuma outra parte das demonstrações financeiras;

✔ fornecer informações adicionais não indicadas nas próprias demonstrações financeiras e consideradas necessárias para uma apresentação adequada; e

✔ indicar:

  – os principais critérios de avaliação dos elementos patrimoniais, especialmente estoques, dos cálculos de depreciação, amortização e exaustão, de constituição de provisões para encargos ou riscos, e dos ajustes para atender a perdas prováveis na realização de elementos do ativo;

  – os investimentos em outras sociedades, quando relevantes (art. 247, parágrafo único);

  – o aumento de valor de elementos do ativo resultante de novas avaliações (art. 182, § 3º);

  – os ônus reais constituídos sobre elementos do ativo, as garantias prestadas a terceiros e outras responsabilidades eventuais ou contingentes;

  – a taxa de juros, as datas de vencimento e as garantias das obrigações a longo prazo;

  – o número, espécies e classes das ações do capital social;

  – as opções de compra de ações outorgadas e exercidas no exercício;

  – os ajustes de exercícios anteriores (art. 186, § 1º); e

  – os eventos subsequentes à data de encerramento do exercício que tenham, ou possam vir a ter, efeito relevante sobre a situação financeira e os resultados futuros da companhia.

3.2. Critérios de Avaliação dos Itens Patrimoniais

3.2.1. Elementos do Ativo

No balanço, os elementos do ativo serão avaliados de acordo com os seguintes critérios:

✔ as aplicações em instrumentos financeiros, inclusive derivativos, e em direitos e títulos de créditos, classificados no Ativo Circulante ou no realizável a longo prazo:

- pelo seu valor justo, quando se tratar de aplicações destinadas à negociação ou disponíveis para venda; e

- pelo valor de custo de aquisição ou valor de emissão, atualizado conforme disposições legais ou contratuais, ajustado ao valor provável de realização, quando este for inferior, no caso das demais aplicações, os direitos e títulos de crédito;

Esquematizando, temos que as aplicações financeiras serão assim ajustadas no balanço patrimonial:

Ativo	Ajuste	Conta de ajuste
Destinados à Negociação	Valor Justo	Resultado
Disponíveis para Venda	Valor Justo	Ajustes de Avaliação Patrimonial
Demais Aplicações e Direitos	Provisão	Resultado

✔ os direitos que tiverem por objeto mercadorias e produtos do comércio da companhia, assim como matérias-primas, produtos em fabricação e bens em almoxarifado, pelo custo de aquisição ou produção, deduzido de provisão para ajustá-lo ao valor de mercado, quando este for inferior. Os estoques de mercadorias fungíveis destinadas à venda poderão ser avaliados pelo valor de mercado, quando esse for o costume mercantil aceito pela técnica contábil;

✔ os investimentos em participação no capital social de outras sociedades, exceto investimentos em coligadas e controladas, pelo custo de aquisição, deduzido de provisão para perdas prováveis na realização do seu valor, quando essa perda estiver comprovada como permanente, e que não será modificado em razão do recebimento, sem custo para a companhia, de ações ou quotas bonificadas;

✔ os demais investimentos, pelo custo de aquisição, deduzido de provisão para atender às perdas prováveis na realização do seu valor, ou para redução do custo de aquisição ao valor de mercado, quando este for inferior;

✔ os direitos classificados no imobilizado, pelo custo de aquisição, deduzido do saldo da respectiva conta de depreciação, amortização ou exaustão;

✔ os direitos classificados no intangível, pelo custo incorrido na aquisição deduzido do saldo da respectiva conta de amortização;

✔ os elementos do ativo decorrentes de operações de longo prazo serão ajustados a valor presente, sendo os demais ajustados quando houver efeito relevante.

Considera-se **valor justo** para fins de avaliação dos instrumentos financeiros:

✔ das matérias-primas e dos bens em almoxarifado, o preço pelo qual possam ser repostos, mediante compra no mercado;

✔ dos bens ou direitos destinados à venda, o preço líquido de realização mediante venda no mercado, deduzidos os impostos e demais despesas necessárias para a venda, e a margem de lucro;

✔ dos investimentos, o valor líquido pelo qual possam ser alienados a terceiros.

✔ dos instrumentos financeiros, o valor que pode se obter em um mercado ativo, decorrente de transação não compulsória realizada entre partes independentes; e, na ausência de um mercado ativo para um determinado instrumento financeiro:

– o valor que se pode obter em um mercado ativo com a negociação de outro instrumento financeiro de natureza, prazo e risco similares;

– o valor presente líquido dos fluxos de caixa futuros para instrumentos financeiros de natureza, prazo e risco similares; ou

– o valor obtido por meio de modelos matemático-estatísticos de precificação de instrumentos financeiros.

A companhia deverá efetuar, periodicamente, análise sobre a recuperação dos valores registrados no imobilizado e no intangível, a fim de que sejam:

✔ registradas as perdas de valor do capital aplicado quando houver decisão de interromper os empreendimentos ou atividades a que se destinavam ou quando comprovado que não poderão produzir resultados suficientes para recuperação desse valor; ou

✔ revisados e ajustados os critérios utilizados para determinação da vida útil econômica estimada e para cálculo da depreciação, exaustão e amortização.

3.2.1.1. Depreciação, Amortização e Exaustão

A diminuição do valor dos elementos dos ativos imobilizado e intangível será registrada periodicamente nas contas de:

✔ **Depreciação**, quando corresponder à perda do valor dos direitos que têm por objeto bens físicos sujeitos a desgaste ou perda de utilidade por uso, ação da natureza ou obsolescência;

✔ **Amortização**, quando corresponder à perda do valor do capital aplicado na aquisição de direitos da propriedade industrial ou comercial e quaisquer outros com existência ou exercício de duração limitada, ou cujo objeto sejam bens de utilização por prazo legal ou contratualmente limitado;

✔ **Exaustão**, quando corresponder à perda do valor, decorrente da sua exploração, de direitos cujo objeto sejam recursos minerais ou florestais, ou bens aplicados nessa exploração.

O quadro a seguir apresenta exemplos de bens que serão depreciados, amortizados ou exauridos:

Depreciação	✔ Veículos; ✔ Máquinas; ✔ Imóveis; ✔ Etc.
Amortização	✔ Custo das construções ou benfeitorias em imóveis de terceiros quando não houver direito de recebimento de seu valor em restituição; ✔ Ativos Intangíveis; ✔ Etc.
Exaustão	✔ Plantações; ✔ Jazidas de Extração Mineral; ✔ Outros Recursos Minerais ou Florestais; ✔ Etc.

A base de cálculo da depreciação é o custo de aquisição do bem somado aos gastos necessários à colocação do bem em funcionamento.

O regulamento do imposto de imposto de renda (RIR/1999) estabelece taxas máximas de depreciação, que são utilizadas pela maioria das empresas e provas de concurso público. A tabela a seguir apresenta essas taxas de depreciação e a respectiva vida útil dos bens:

Bem	Taxa anual de depreciação	Vida útil
Veículos	20%	5 anos
Imóveis	4%	25 anos
Máquinas e equipamentos	10%	10 anos

É importante ressaltar que terrenos, por não sofrerem desgaste ou perda de utilidade por uso, ação da natureza ou obsolescência, não são depreciados.

Quanto aos bens amortizados ou exauridos não existe uma vida útil pré-definida, necessitando uma análise da real vida útil do bem.

A seguir, estão apresentados exemplos de como o assunto é cobrado em questões de concursos públicos:

(Auditor Fiscal da Receita Federal – 2010 – ESAF) A diminuição do valor dos elementos do ativo será registrada periodicamente nas contas de:

(A) provisão para perdas prováveis, quando corresponder à perda por ajuste ao valor provável de realização,quando este for inferior.

(B) depreciação, quando corresponder à perda do valor de capital aplicado na aquisição de direitos da propriedade industrial ou comercial.

(C) exaustão, quando corresponder à perda de valor dos direitos que têm por objeto bens físicos sujeitos a desgaste ou perda de utilidade por uso, ação da natureza ou obsolescência.

(D) provisão para ajuste ao valor de mercado, quando corresponder à perda pelo ajuste do custo de aquisição ao valor de mercado, quando este for superior.

(E) amortização, quando corresponder à perda de valor, decorrente da exploração de direitos cujo objeto sejam recursos minerais ou florestais, ou bens aplicados nessa exploração.

A: Em concordância com o artigo 183 da lei 6.404/76; B: O § 2º do artigo 183 da lei 6.404/76 define que a depreciação será utilizada "quando corresponder à perda do valor dos direitos que têm por objeto bens físicos sujeitos a desgaste ou perda de utilidade por uso, ação da natureza ou obsolescência"; C: O § 2º do artigo 183 da lei 6.404/76 define que a exaustão será utilizada "quando corresponder à perda do valor, decorrente da sua exploração, de direitos cujo objeto seja recursos minerais ou florestais, ou bens aplicados nessa exploração"; D: A provisão para ajuste ao valor de mercado será utilizada quando o valor de mercado for inferior ao custo de aquisição (artigo 183 da lei 6.404/76); E: O § 2º do artigo 183 da lei 6.404/76 define que a amortização será utilizada "quando corresponder à perda do valor do capital aplicado na aquisição de direitos da propriedade industrial ou comercial e quaisquer outros com existência ou exercício de duração limitada, ou cujo objeto sejam bens de utilização por prazo legal ou contratualmente limitado".

Gabarito "A"

(Auditor Fiscal/MG – 2005 – ESAF) A empresa Paulistinha S/A possuía uma máquina, adquirida por R$ 7.680,00, instalada para utilização em 12 (doze) anos. Após 9 (nove) anos de uso desse equipamento, tendo a depreciação adequada sido oportunamente contabilizada, foi ele vendido, ocasionando perda de R$ 720,00. Para que as afirmações acima sejam corretas podemos dizer que o valor obtido na venda foi de

(A) R$ 6.960,00

(B) R$ 5.040,00

(C) R$ 1.920,00

(D) R$ 1.200,00

(E) R$ 48,00

Com base nos dados da questão é possível montar o seguinte quadro resumo:

Valor Original do Bem	7.680,00
Depreciação Anual	640,00
Depreciação Acumulada no Período de Uso (9 anos)	5.760,00
Valor Contábil do Bem no Momento da Venda (valor original - depreciação acumulada)	1.920,00

Se o valor contábil do bem no momento da venda era de R$1.920,00, e o bem foi vendido com prejuízo de R$720,00, significa que o bem foi vendido por um valor menor que o valor contábil em R$ 720,00, sendo esse valor igual a R$1.200,00.

Gabarito "D"

3.2.1.2. Teste de Recuperabilidade (impairment)

De acordo com o parágrafo § 3º do artigo 183 da lei 6.404/76, a companhia deverá efetuar, periodicamente, a análise sobre a recuperação dos valores registrados no imobilizado e no intangível, a fim de que sejam:

I. registradas as perdas de valor do capital aplicado quando houver decisão de interromper os empreendimentos ou atividades a que se destinavam ou quando comprovado que não poderão produzir resultados suficientes para recuperação desse valor; ou

II. revisados e ajustados os critérios utilizados para determinação da vida útil econômica estimada e para cálculo da depreciação, exaustão e amortização.

Impairment é uma palavra em inglês que significa deterioração. O teste de recuperabilidade, conhecido como "Impairment test" tem por objetivo apresentar de forma prudente o valor real líquido de realização de um ativo. Na prática, quer dizer que as companhias terão que avaliar, periodicamente, os ativos que geram resultados antes de contabilizá-los no balanço. Cada vez que se verificar que um ativo esteja avaliado por valor não recuperável no futuro, ou seja, toda vez que houver uma projeção de geração de caixa em valor inferior ao montante pelo qual o ativo está registrado, a companhia terá que fazer a baixa contábil da diferença.

A seguir algumas definições importantes para calcular o valor recuperável:

Valor recuperável - maior valor entre o valor líquido de venda de um ativo e seu valor em uso.

Valor em uso - valor presente de fluxos de caixa futuros estimados, que devem resultar do uso de um ativo ou de uma unidade geradora de caixa.

Valor líquido de venda - valor a ser obtido pela venda de um ativo ou de uma unidade geradora de caixa em transações em bases comutativas, entre partes conhecedoras e interessadas, menos as despesas estimadas de venda.

Despesas de venda ou de baixa - despesas incrementais diretamente atribuíveis à venda ou à baixa de um ativo ou de uma unidade geradora de caixa, excluindo as despesas financeiras e de impostos sobre o resultado gerado.

Perda por desvalorização - valor pelo qual o valor contábil de um ativo ou de uma unidade geradora de caixa excede seu valor recuperável.

Valor contábil - valor pelo qual um ativo está reconhecido no balanço depois da dedução de toda respectiva depreciação, amortização ou exaustão acumulada e provisão para perdas.

Valor depreciável, amortizável ou exaurível - custo de um ativo, ou outra base que substitua o custo nas demonstrações contábeis, menos seu valor residual.

Valor residual - valor estimado que uma entidade obteria pela venda do ativo, após deduzir as despesas estimadas de venda, caso o ativo já tivesse a idade e a condição esperadas para o fim de sua vida útil.

Vida útil – corresponde ao período de tempo no qual a entidade espera usar um ativo ou ao número de unidades de produção ou de unidades semelhantes que a entidade espera obter do ativo.

Exemplo: Considere uma máquina registrada conforme apresentado a seguir:

Máquina	180.000,00
(-) Depreciação Acumulada	(30.000,00)
(=) Valor Líquido	150.000,00

Valor de venda diminuído dos custos da transação (despesas de cartório, de transporte, de montagem ou desmontagem etc.): R$ 140.000,00

Valor em uso (valor presente líquido de fluxo de caixa gerado pelo uso do bem nas atividades): R$ 125.000,00

O valor recuperável líquido é o maior dos dois, neste caso é o valor líquido de venda.

O teste de recuperabilidade é aplicado por meio de uma comparação entre o valor contábil do bem e o seu valor recuperável.

Valor Contábil Líquido	150.000,00
(-) Valor Recuperável	(140.000,00)
(=) Perda com Desvalorização do Ativos	**10.000,00**

Lançamento Contábil:

Débito: Despesa não operacional (perda com desvalorização do ativo) R$ 10.000,00

Crédito: Provisão para perda com desvalorização de ativo (redutora do ativo) R$ 10.000,00

A seguir, estão apresentados exemplos de como o assunto é cobrado em questões de concursos públicos:

(Auditor Fiscal/SC – 2010 – FEPESE) Quais os elementos que devem ser considerados no cálculo do valor em uso do ativo?

(A) Estimativa dos fluxos de caixa futuros que a entidade espera obter com esse ativo; e o valor do dinheiro no tempo, representado pela atual taxa de juros livre de risco; inflação e taxa de câmbio.

(B) Expectativas sobre possíveis variações no montante ou período desses fluxos de caixa futuros; o valor do dinheiro no tempo, representado pela taxa de juros livre de risco; e o preço decorrente da incerteza inerente ao ativo; inflação e taxa de câmbio.

(C) Estimativa dos fluxos de caixa futuros que a entidade espera obter com esse ativo; e outros fatores, tais como falta de liquidez que participantes do mercado iriam considerar, ao determinar os fluxos de caixa futuros que a entidade espera obter com o ativo.

(D) Expectativas presentes dos fluxos de caixa futuros; taxa de juros ajustada e livre de risco; o preço decorrente da incerteza inerente ao ativo e ao setor empresarial; e outros fatores, tais como falta de liquidez, inflação, taxa de câmbio, etc.

(E) Estimativa dos fluxos de caixa futuros que a entidade espera obter com esse ativo; expectativas sobre possíveis variações no montante ou período desses fluxos de caixa futuros; o valor do dinheiro no tempo, representado pela atual taxa de juros livre de risco; o preço decorrente da incerteza inerente ao ativo; e outros fatores, tais como falta de liquidez que participantes do mercado iriam considerar, ao determinar os fluxos de caixa futuros que a entidade espera obter com o ativo.

Segundo o CPC-01 Redução ao Valor Recuperável de Ativos, item 30, os seguintes elementos devem ser refletidos no cálculo do valor em uso do ativo:
(A) Estimativa dos fluxos de caixa futuros que a entidade espera obter com esse ativo;
(B) Expectativas acerca de possíveis variações no montante ou no período de ocorrência desses fluxos de caixa futuros;
(C) Valor do dinheiro no tempo, representado pela atual taxa de juros livre de risco;
(D) Preço pela assunção da incerteza inerente ao ativo (prêmio); e
(E) Outros fatores, tais como falta de liquidez, que participantes do mercado iriam considerar ao precificar os fluxos de caixa futuros esperados da entidade, advindos do ativo.
Gabarito "E"

(Auditor Fiscal/SC – 2010 – FEPESE) De acordo com o CPC-01 – Redução ao Valor Recuperável de Ativos, Vida Útil é definida como:

(A) apenas o período de tempo no qual a entidade espera usar um ativo, independentemente do número de unidades de produção que a entidade espera obter ou produzir com esse ativo.

(B) o período de tempo, não superior ao ciclo operacional da entidade, no qual a entidade espera usar um ativo.

(C) o período de tempo no qual a entidade espera usar um ativo ou o número de unidades de produção ou de unidades semelhantes que a entidade espera obter do ativo.

(D) o período de tempo no qual a entidade espera usar um ativo com objetivo de gerar benefícios presentes e futuros, respeitando o ciclo operacional específico da atividade da entidade.

(E) o período de tempo no qual a entidade espera usar um ativo com objetivo de gerar benefícios presentes e futuros, respeitando sua vida remanescente além do ciclo operacional específico da atividade.

De acordo com o item 6 do CPC-01, Vida útil é:
(a) o período de tempo durante o qual a entidade espera utilizar um ativo; ou
(b) o número de unidades de produção ou de unidades semelhantes que a entidade espera obter do ativo.
Gabarito "C"

3.2.1.3. Avaliação de Investimentos Permanentes

Os investimentos permanentes são:

✔ Participações permanentes em outras sociedades na forma de ações ou quotas;

✔ Outros investimentos permanentes não destinados à negociação e que não se destinem à manutenção da atividade da empresa, tais como: obras de arte, imóveis não de uso, debêntures, etc.

Esses investimentos permanentes podem ser avaliados no balanço de duas formas: pelo custo de aquisição ou pelo método de equivalência patrimonial. A lei 6.404/76 define os casos onde o método de equivalência patrimonial será aplicado, utilizando o custo de aquisição nas demais situações.

Equivalência Patrimonial

A equivalência patrimonial será utilizada para os investimentos em coligadas ou em controladas e em outras sociedades que façam parte de um mesmo grupo ou estejam sob controle comum.

Para avaliação de investimentos permanentes pelo método de equivalência patrimonial é necessário conhecer o conceito de coligada e controlada.

Conceito de Coligada - sociedade na qual a investidora tenha influência significativa. Essa influência ocorrerá quando a investidora detém ou exerce o poder de participar nas decisões das políticas financeira ou operacional da investida, sem controlá-la, e quando a investidora for titular de 20% (vinte por cento) ou mais do capital votante da investida, sem controlá-la.

Conceito de Controlada - sociedade na qual a controladora, diretamente ou através de outras controladas, é titular de direitos de sócio que lhe assegurem, de modo permanente, preponderância nas deliberações sociais e o poder de eleger a maioria dos administradores.

A lei 6.404/76 define que os investimentos permanentes avaliados pelo método de equivalência patrimonial devem seguir as seguintes regras:

- ✔ o valor do Patrimônio Líquido da coligada ou da controlada será determinado com base em balanço patrimonial ou balancete de verificação levantado, com observância das normas da lei, na mesma data, ou até 60 (sessenta) dias, no máximo, antes da data do balanço da companhia; no valor de Patrimônio Líquido não serão computados os resultados não realizados decorrentes de negócios com a companhia, ou com outras sociedades coligadas à companhia, ou por ela controladas;
- ✔ o valor do investimento será determinado mediante a aplicação, sobre o valor de Patrimônio Líquido referido no número anterior, da porcentagem de participação no capital da coligada ou controlada;
- ✔ a diferença entre o valor do investimento e o custo de aquisição corrigido monetariamente; somente será registrada como resultado do exercício:
    - se decorrer de lucro ou prejuízo apurado na coligada ou controlada;
    - se corresponder, comprovadamente, a ganhos ou perdas efetivos;
    - no caso de companhia aberta, com observância das normas expedidas pela Comissão de Valores Mobiliários.
- ✔ para efeito de determinar a relevância do investimento, nos casos deste artigo, serão computados como parte do custo de aquisição os saldos de créditos da companhia contra as coligadas e controladas.
- ✔ a sociedade coligada, sempre que solicitada pela companhia, deverá elaborar e fornecer o balanço ou balancete de verificação previsto no número I.

Contabilização da variação do patrimônio da empresa investida na investidora

A variação do Patrimônio Líquido da empresa investida implicará em um lançamento contábil na investidora, conforme apresentado a seguir.

Aumento do Patrimônio Líquido da Investida:
Débito - Investimentos Permanentes (Ativo)
Crédito – Receita de Equivalência Patrimonial

Redução do Patrimônio Líquido da Investida:
Débito – Despesa de Equivalência Patrimonial
Crédito – Investimentos Permanentes (Ativo)

Contabilização do recebimento de dividendos na investidora

Quando a empresa investida paga dividendos seu Patrimônio Líquido é reduzido, visto que tal valor será retirado do lucro registrado no patrimônio. Essa variação no Patrimônio Líquido da investida refletirá no valor do investimento da empresa investidora e na conta Caixa. Sendo assim, a contabilização do recebimento de dividendos na investidora será efetuada conforme demonstrado a seguir:

Débito - Caixa

Crédito – Investimentos permanentes (Ativo)

É possível concluir que quando um investimento permanente é avaliado pelo método de equivalência patrimonial o resultado da investidora será afetado apenas quando da contabilização da variação patrimonial da investida.

A seguir, estão apresentados exemplos de como o assunto é cobrado em questões de concursos públicos:

(Auditor Fiscal/RN – 2005 – ESAF) A empresa Beta S/A, pertencendo ao mesmo ramo de atividade da empresa Alfa S/A, resolveu com ela estabelecer uma coligação acionária. Para isso adquiriu 20% das ações emitidas por Alfa S/A, pagando R$ 3,50 por unidade, com o cheque 850.013 do Banco do Brasil S/A.

A empresa Alfa S/A tem capital social no valor de R$ 320.000,00, composto de 100 mil ações, e Patrimônio Líquido no valor de R$ 340.000,00.

Sabendo-se que o investimento de Beta S/A deverá ser avaliado pelo método da Equivalência Patrimonial, podemos dizer que sua Contabilidade deverá registrar o fato acima da seguinte forma:

(A) Débito de Ativo Permanente: Ações de Coligadas 64.000,00.
Débito de Ativo Permanente: Ágio na Aquisição 4.000,00.
Débito de resultado: Perda de Capital – Ágio 2.000,00.
Crédito de Ativo Circulante: Bancos c/Movimento 70.000,00.

(B) Débito de Ativo Permanente: Ações de Coligadas 64.000,00.
Débito de Ativo Permanente: Ágio na Aquisição 6.000,00.
Crédito de Ativo Circulante: Bancos c/Movimento 70.000,00.

(C) Débito de Ativo Permanente: Ações de Coligadas 68.000,00.
Débito de Ativo Permanente: Ágio na Aquisição 2.000,00.
Crédito de Ativo Circulante: Bancos c/Movimento 70.000,00.

(D) Débito de Ativo Permanente: Ações de Coligadas 68.000,00.

Débito de resultado: Perda de Capital – Ágio 2.000,00.

Crédito de Ativo Circulante: Bancos c/Movimento 70.000,00.

(E) Débito de Ativo Permanente: Ações de Coligadas 70.000,00.

Crédito de Ativo Circulante: Bancos c/Movimento 70.000,00.

Ao adquirir 20% da empresa Alfa a empresa Beta adquiriu o equivalente a R$ 68.000,00 do Patrimônio Líquido de Alfa (20% de R$ 340.000,00). Beta pagou por essa participação R$ 3,50 para cada uma das 20.000 ações que adquiriu, pagando um total de R$ 70.000,00 sendo esse o valor que saiu da conta bancária da empresa (crédito). O registro do investimento será também por R$ 70.000,00 sendo esse valor segregado em duas contas, uma de ações de coligadas no valor de R$ 68.000,00 e outra de ágio na aquisição no valor de R$ 2.000,00.

Gabarito "C"

(Auditor Fiscal/MG – 2005 – ESAF) Duas empresas coligadas avaliam seus investimentos pelo método da equivalência patrimonial.

A primeira empresa tem:		**A segunda empresa tem:**	
Ativo Permanente de	R$ 500.000,00	Ativo Permanente de	R$ 350.000,00
Patrimônio Líquido de	R$ 300.000,00	Patrimônio Líquido de	R$ 300.000,00
Capital Social de	R$ 100.000,00	Capital Social de	R$ 150.000,00

A primeira empresa possui 25% do capital social da segunda. A segunda companhia teve lucro de R$ 50.000,00 e distribuiu dividendos no valor de R$ 30.000,00.

Em consequência dos resultados e respectiva distribuiç\ão, ocorridos na segunda companhia, a primeira empresa deverá contabilizar o aumento de

(A) R$ 7.500,00 em receitas do período.

(B) R$ 7.500,00 no Ativo Circulante.

(C) R$ 7.500,00 no Ativo Permanente.

(D) R$ 12.500,00 no Ativo Circulante.

(E) R$ 12.500,00 no Ativo Permanente.

O lucro da segunda empresa impactará inicialmente num aumento de R$ 12.500,00 (25% de R$ 50.000,00) do permanente da primeira empresa, visto que esta contabiliza seus investimentos pelo método de equivalência patrimonial. No entanto, a primeira empresa terá direito a R$ 7.500,00 (25% de R$ 30.000,00) dos dividendos distribuídos pela segunda empresa. A contabilização dessa distribuição de dividendos na primeira empresa consistirá no registro de R$ 7.500,00 na conta caixa/bancos e redução no mesmo valor do investimento, visto que a distribuição impactará na redução do Patrimônio Líquido da segunda empresa e consequentemente no valor do investimento na primeira empresa. Sendo assim, ao final desses lançamentos a empresa terá contabilizado o aumento de R$ 12.500,00 de seu Ativo, sendo R$ 7.500,00 no Ativo Circulante e R$ 5.000,00 no Permanente – Investimentos.

Gabarito "B"

Custo de Aquisição

Os investimentos permanentes que não se enquadrarem no critério de avaliação pelo método de equivalência patrimonial serão contabilizados pelo custo de aquisição.

Para esses investimentos, a variação no Patrimônio Líquido da empresa investida não afeta o valor do investimento na empresa investidora. Além disso, contabilização dos dividendos pagos pela investida à investidora será feita sem afetar o valor do investimento, conforme o lançamento contábil a seguir:

Débito - Caixa

Crédito - Receita de Dividendos

3.2.2. Elementos do Passivo

No balanço, os elementos do passivo serão avaliados de acordo com os seguintes critérios:

- ✔ as obrigações, encargos e riscos, conhecidos ou calculáveis, inclusive Imposto sobre a Renda a pagar com base no resultado do exercício, serão computados pelo valor atualizado até a data do balanço;
- ✔ as obrigações em moeda estrangeira, com cláusula de paridade cambial, serão convertidas em moeda nacional à taxa de câmbio em vigor na data do balanço;
- ✔ as obrigações, os encargos e os riscos classificados no passivo não circulante serão ajustados ao seu valor presente, sendo os demais ajustados quando houver efeito relevante.

Os riscos conhecidos e calculáveis serão registrados na Contabilidade na forma de provisão. Uma provisão é um passivo de prazo ou valor incerto. Ou seja, é uma obrigação cuja mensuração decorra de alguma estimativa. São exemplos típicos de provisões:

- ✔ Provisão para riscos fiscais, trabalhistas e cíveis;
- ✔ Provisão para benefícios a empregados (Como planos de aposentadoria, por exemplo);
- ✔ Provisão para garantias

O registro da provisão será feito a débito da conta de resultado, representando a despesa referente à diminuição do valor do ativo, e a crédito da conta de provisão, conta essa redutora do ativo. No momento que a perda se realizar não será necessário qualquer lançamento no resultado, pois isso já ocorreu no momento do registro da provisão. Tampouco será necessário qualquer lançamento de caixa, uma vez que o registro da perda não representa qualquer desembolso. O lançamento a ser feito é a baixa da provisão (débito) contra o investimento (crédito).

A deliberação CVM Nº 489/2005, que versa sobre provisões, passivos, contingências passivas e contingências ativas, define que nem todas as contingências passivas devem ser provisionadas, devendo seguir o esquema apresentado a seguir:

Probabilidade de ocorrência do desembolso		Tratamento Contábil
Provável	Mensurável com suficiente segurança	Provisionar
	Não mensurável com suficiente segurança	Divulgar em notas explicativas
Possível		Divulgar em notas explicativas
Remota		Não divulgar em notas explicativas

3.3. Exercícios de Fixação Comentados

(Auditor Fiscal da Receita Federal – 2010 – ESAF) Em 31.12.2008, a empresa Baleias e Cetáceos S/A colheu em seu livro Razão as seguintes contas e saldos respectivos com vistas à apuração do resultado do exercício:

01 - Vendas de Mercadorias	R$ 12.640,00
02 - Duplicatas Descontadas	R$ 4.000,00
03 - Aluguéis Ativos	R$ 460,00
04 - Juros Passivos	R$ 400,00
05 - ICMS sobre Vendas	R$ 2.100,00
06 - Fornecedores	R$ 3.155,00
07 - Conta Mercadorias	R$ 1.500,00
08 - FGTS	R$ 950,00
09 - Compras de Mercadorias	R$ 3.600,00
10 - ICMS a Recolher	R$ 1.450,00
11 - Clientes	R$ 4.500,00
12 - Salários e Ordenados	R$ 2.000,00
13 - PIS s/Faturamento	R$ 400,00
14 - COFINS	R$ 1.100,00
15 - Frete sobre Vendas	R$ 800,00
16 - Frete sobre Compras	R$ 300,00
17 - ICMS sobre Compras	R$ 400,00

O inventário realizado em 31.12.08 acusou a existência de mercadorias no valor de R$ 1.000,00.

Considerando que na relação de saldos acima estão indicadas todas as contas que formam o resultado dessa empresa, pode-se dizer que no exercício em causa foi apurado um lucro operacional bruto no valor de

(A) R$ 9.040,00.

(B) R$ 6.540,00.

(C) R$ 5.040,00.

(D) R$ 4.240,00.

(E) R$ 2.350,00.

O primeiro passo para resolver a questão é apurar o Custo da Mercadoria Vendida (CMV), que é dado pela seguinte fórmula:

CMV = Estoque inicial + Compras – Estoque final.

O valor das compras que deve compor o saldo do estoque é dado da seguinte forma:

        Compras brutas

        (+) Fretes

        (+)Seguros

        (-) Deduções (Devolução de compras, abatimentos sobre compras, impostos recuperáveis e descontos incondicionais obtidos)

Sendo assim, o valor das compras a ser considerado no estoque da empresa em questão é dado da seguinte forma:

Compra de Mercadorias	3.600
(+) Fretes	300
(-) Impostos Recuperáveis	400
Total a ser registrado no estoque	3500

Colocando os dados na fórmula do CVM, temos:

CMV = 1.500 + 3.500 - 1.000 = 4.000

Uma vez apurado o CMV é possível montar a Demonstração do Resultado, conforme apresentado a seguir:

Vendas	12.640,00
(-) ICMS sobre Vendas	(2.100,00)
(-) PIS sobre Faturamento	(400,00)
(-) COFINS	(1.100,00)
(=) Receita Líquida	9.040,00
(-) CMV	(4.000,00)
(=) Lucro Bruto	5.040,00

Gabarito "C"

(**Técnico da Receita Federal – 2006 – ESAF**) As contas e saldos abaixo são da escrituração contábil da firma Experiência Experimental Ltda., ao fim do exercício de 2005.

Aluguéis Ativos	R$ 20.000,00
Bancos conta Movimento	R$ 40.000,00
Capital a Realizar	R$ 10.000,00
Capital Social	R$ 88.000,00
Custo das Vendas	R$ 65.000,00
Depreciação Acumulada	R$ 18.000,00
Despesas de Juros	R$ 16.000,00
Duplicatas a Pagar	R$ 40.000,00
Duplicatas a Receber	R$ 50.000,00
Duplicatas Descontadas	R$ 10.000,00
Fornecedores	R$ 75.000,00
Material de Consumo	R$ 4.000,00
Mercadorias	R$ 60.000,00
Móveis e Utensílios	R$ 80.000,00
Provisão p/Créditos de Liquidação Duvidosa	R$ 2.000,00
Provisão p/Imposto de Renda	R$ 5.000,00
Receitas de Vendas	R$ 110.000,00
Reserva Legal	R$ 9.000,00
Reservas de Capital	R$ 13.000,00
Salários	R$ 15.000,00
Veículos	R$ 70.000,00

A relação não constitui, necessariamente, um balancete fechado, em virtude da omissão proposital de alguns saldos, mas, uma vez organizadas por natureza de saldo, mesmo mantendo-se a eventual diferença inicial, essas contas vão evidenciar os seguintes valores. Assinale a opção correta.

(A) Saldos devedores R$ 400.000,00.

(B) Saldos credores R$ 380.000,00.

(C) Ativo R$ 290.000,00.

(D) Patrimônio Líquido R$ 130.000,00.

(E) Passivo exigível R$ 115.000,00.

Apresentamos a classificação das contas apresentadas na questão:

Conta	Valor	Natureza do saldo	Grupo de contas
Aluguéis Ativos	20.000,00	Devedora	Ativo
Bancos conta Movimento	40.000,00	Devedora	Ativo
Capital a Realizar	10.000,00	Diferença entre capital subscrito e a subscrever	
Capital Social	88.000,00	Credora	Patrimônio Líquido
Custo das Vendas	65.000,00	Devedora	Patrimônio Líquido *
Depreciação Acumulada	18.000,00	Credora	Ativo
Despesas de Juros	16.000,00	Devedora	Patrimônio Líquido *
Duplicatas a Pagar	40.000,00	Credora	Passivo
Duplicatas a Receber	50.000,00	Devedora	Ativo
Duplicatas Descontadas	10.000,00	Credora	Ativo
Fornecedores	75.000,00	Credora	Passivo
Material de Consumo	4.000,00	Devedora	Patrimônio Líquido *
Mercadorias	60.000,00	Devedora	Ativo
Móveis e Utensílios	80.000,00	Devedora	Ativo
Provisão p/Créditos de Liquidação Duvidosa	2.000,00	Credora	Ativo
Provisão p/Imposto de Renda	5.000,00	Devedora	Patrimônio Líquido *
Receitas de Vendas	110.000,00	Credora	Patrimônio Líquido *
Reserva Legal	9.000,00	Credora	Patrimônio Líquido
Reservas de Capital	13.000,00	Credora	Patrimônio Líquido
Salários	15.000,00	Devedora	Patrimônio Líquido *
Veículos	70.000,00	Devedora	ativo

* Referem-se a contas do resultado que afetam o Patrimônio Líquido.

Dentre as alternativas apresentadas pela questão, a única correta é a que define o Patrimônio Líquido com saldo de R$130.000,00.

Gabarito "D"

(Técnico da Receita Federal – 2006 – ESAF) O contador da empresa Comercial de Laticínios S.A., cujos estatutos sociais determinavam o pagamento de 10% dos lucros como participação aos empregados, teve de informar à assembleia geral o valor absoluto dessa participação no exercício em que o lucro líquido foi de R$ 300.000,00, a reserva legal foi constituída de R$ 5.000,00, a participação estatutária de administradores foi de R$ 12.000,00, e o Imposto de Renda e a Contribuição Social sobre o lucro foram provisionados em R$ 75.000,00.

Com fulcro nessas informações, o referido contador pode afirmar que a participação de empregados foi de

(A) R$ 30.000,00.

(B) R$ 22.500,00.

(C) R$ 22.000,00.

(D) R$ 21.800,00.

(E) R$ 21.300,00.

A lei 6.404 define no artigo 187, inciso VI que as participações serão discriminadas no resultado do exercício.

> VI – as participações de debêntures, de empregados e administradores, mesmo na forma de instrumentos financeiros, e de instituições ou fundos de assistência ou previdência de empregados, que não se caracterizem como despesa;

O artigo 190 completa definindo que "as participações estatutárias de empregados, administradores e partes beneficiárias serão determinadas, sucessivamente e nessa ordem, com base nos lucros que remanescerem depois de deduzida a participação anteriormente calculada".

A combinação dos dois artigos indica que as participações são calculadas no resultado do exercício, antes da constituição de reservas. A ordem de preferência no pagamento de participações definida na lei determina que a participação de empregados será determinada antes da participação dos administradores. Sendo assim, apresentamos a seguir o cálculo da participação de empregados:

Lucro Líquido	300.000,00
(-) Imposto de Renda e Contribuição Social	- 75.000,00
(=) Base de Cálculo para a Participação de Empregados	225.000,00
Participação de Empregados (10% de R$225.000)	22.500,00

Gabarito "B"

(Auditor Fiscal/CE – 2006 – ESAF) Na empresa Nutricional S/A, o resultado do exercício havia sido apurado acusando um lucro de R$ 50.000,00, quando foram realizadas as verificações de saldos para efeito de ajustes de encerramento e elaboração do balanço patrimonial. Os resultados, contabilizados segundo o regime contábil de Caixa ao longo do período, evidenciaram a existência de:

– salários de dezembro, no valor de R$ 15.000,00, ainda não quitados;

– juros de R$ 4.000,00 já vencidos no exercício, mas ainda não recebidos;

– aluguéis de R$ 6.300,00, referentes a janeiro de 2007, pagos em dezembro de 2006;

– comissões de R$ 7.200,00, recebidas em dezembro de 2006, mas que se referem ao exercício seguinte.

Após a contabilização dos ajustes segundo o Princípio da Competência, o lucro do exercício passou a ser de:

(A) R$ 38.100,00.

(B) R$ 32.700,00.

(C) R$ 45.300,00.

(D) R$ 39.900,00.

(E) R$ 39.000,00.

Após apurar o resultado do exercício pelo regime da caixa, a empresa deverá efetuar ajustes para adequar o resultado ao regime de competência, conforme apresentado a seguir:

Resultado pelo Regime de Caixa	50.000,00
(-) Salários de Dezembro, no Valor de R$ 15.000,00, ainda não quitados	(15.000,00)
(+) Juros de R$ 4.000,00 já vencidos no exercício, mas ainda não recebidos	4.000,00
(+) Aluguéis de R$ 6.300,00, referentes a janeiro de 2007, pagos em dezembro de 2006	6.300,00
(-) Comissões de R$ 7.200,00, recebidas em dezembro de 2006, mas que se referem ao exercício seguinte	(7.200,00)
(=) Resultado pelo regime de competência	38.100,00

Gabarito "A"

(Auditor Fiscal/CE – 2006 – ESAF) O Armazém de Brinquedos Ltda. promoveu vendas a prazo no valor de R$ 18.000,00, com entregas em domicílio. As vendas foram tributadas com ICMS de R$ 3.000,00, sendo de R$ 2.000,00 o valor do frete pago. Sabendo-se que a operação gerou como resultado operacional bruto (RCM) um prejuízo de R$ 1.800,00, pode-se afirmar que o custo das mercadorias vendidas (CMV) foi de:

(A) R$ 19.800,00.

(B) R$ 16.800,00.

(C) R$ 14.800,00.

(D) R$ 13.200,00.

(E) R$ 11.200,00.

Os dados apresentados pela questão permitem montar a seguinte Demonstração do Resultado do Exercício:

Receita de vendas	18.000,00
(-) ICMS	(3.000,00)
(=) Receita líquida	**15.000,00**
(-) CMV	(16.800,00)
(=) Prejuízo	**(1.800,00)**

Gabarito "B"

(Auditor Fiscal/CE – 2006 – ESAF) A Cia. Boreal, em 01.10.2005, contrai um empréstimo bancário no valor de um milhão de euros, pelo prazo de 60 meses, com carência de 24 meses, pagamento do principal em 3 parcelas anuais após o período de carência e juros trimestrais de 6%, pagáveis no quinto dia útil subsequente ao dia de vencimento dos juros. Com relação a essa operação, é possível afirmar que,

(A) em 2006, havendo variação cambial, somente o passivo exigível a longo prazo da empresa será afetado.

(B) somente no exercício de 2007, por ocasião da primeira amortização de principal, deverá ocorrer o reconhecimento da variação cambial relativa à moeda externa.

(C) no exercício de 2006, deve ser registrado apenas o valor efetivamente pago das despesas de juros.

(D) em 2005 as disponibilidades foram afetadas pelo montante dos juros apropriados como despesas financeiras do período.

(E) o valor registrado como variação do valor do euro, se houver, na elaboração do fluxo de caixa de 2006, deve ser ajustado ao resultado para a identificação do caixa gerado pelas operações.

A: Como existem parcelas que vencerão no curto prazo o Passivo Circulante também será afetado; B: A variação cambial deverá ser reconhecida mensalmente pelo regime de competência; C: A variação cambial deverá ser registrada em 2006; D: A apropriação dos juros não afeta as disponibilidades, visto que se trata de um lançamento a débito na despesa e crédito no passivo; E: Por se tratar de uma despesa que não representa desembolso, deverá ser efetuado o ajuste quando comparado o fluxo de caixa e o resultado do exercício.

Gabarito "E"

(Auditor Fiscal/MG – 2005 – ESAF) Ao registrar a proposta de destinação dos resultados do exercício, o setor de Contabilidade da empresa deverá contabilizar:

(A) a formação da reserva legal, a débito da conta de apuração do resultado do exercício.

(B) a formação da reserva legal, a crédito da conta de lucros ou prejuízos acumulados.

(C) a distribuição de dividendos, a débito da conta de lucros ou prejuízos acumulados.

(D) a distribuição de dividendos, a crédito de conta do Patrimônio Líquido.

(E) a distribuição de dividendos, a débito de conta do Passivo Circulante.

O lucro apurado no exercício será contabilizado primeiramente na conta lucros e prejuízos acumulados, e posteriormente transferido desta conta para a conta de dividendos a distribuir. Sendo assim, para a distribuição de dividendos, é necessário debitar a conta lucros e prejuízos acumulados (cuja natureza é credora) e creditar dividendos a distribuir.

Gabarito "C"

(Auditor Fiscal/MG – 2005 – ESAF) A empresa ACD Ltda., em 31/12/x4 tinha valores a receber com saldo no valor de R$ 27.000,00 e mandou fazer provisão para créditos de liquidação duvidosa no valor de R$ 810,00. Durante o exercício de x5 a empresa recebeu e deu quitação a 60% desses créditos e mandou dar baixa, por não recebimento, nos outros 40%. Ao findar o ano com novos saldos no valor de R$ 42.000,00, a empresa adotou procedimento igual ao anterior, mandando provisionar seus créditos para fins de balanço.

Com base nessas informações, podemos dizer que a contabilização da provisão para créditos de liquidação duvidosa, referente ao exercício de 2005, provocará na Demonstração do Resultado do Exercício uma redução do lucro final no valor de

(A) R$ 774,00

(B) R$ 1.746,00

(C) R$ 450,00

(D) R$ 1.260,00

(E) R$ 936,00

No ano X4 a empresa constituiu Provisão para Devedores Duvidosos no montante equivalente a 3% do saldo dos valores a receber. Mantendo a mesma política a empresa constituirá em X5 o montante de R$ 1.260 (3% de R$ 42.000,00). Ocorre que nem todo o saldo de provisão de X4 foi utilizado, visto que 60% da provisão constituída (R$ 486,00) foi recebido normalmente. Sendo assim, para ficar com uma provisão em X5 com valor equivalente a 3% dos valores a receber, a empresa necessitará constituir apenas R$ 774,00 de provisão (R$ 1.260,00 – R$ 486,00).

Gabarito "A"

(**Auditor Fiscal/SC – 2010 – FEPESE**) A empresa Amazonas (controladora) detém 75% do capital total da empresa Acre (controlada) e avalia esses investimentos pelo MEP – Método da equivalência patrimonial. O Patrimônio Líquido da empresa Acre era de R$ 265.000,00 e o da empresa Amazonas era de R$ 365.000,00, em 31/12/2009. A empresa Amazonas havia vendido, durante o ano de 2009, R$ 15.000,00 em mercadorias para a empresa Acre, com uma margem de lucro de 30% sobre o preço de venda. No final de 2009, havia ainda 50% de mercadorias adquiridas da Amazonas, no estoque na empresa Acre.

Qual o valor da participação dos acionistas não controladores no balanço consolidado em 31/12/2009?

(A) R$ 64.000,00

(B) R$ 66.250,00

(C) R$ 86.750,00

(D) R$ 87.875,00

(E) R$ 91.250,00

Como a empresa Amazonas detém 75% do controle da empresa Acre é possível concluir que os 25% restantes pertencem aos acionistas não controladores, ou seja, R$66.250,00. A informação sobre a transação entre a controladora e a controlada seria relevante apenas para o cálculo da participação da controladora.

Gabarito "B"

(**Auditor Fiscal/SC – 2010 – FEPESE**) A empresa Santa Catarina é detentora de 60% do total das ações da empresa Blumenau e 70% do total das ações da empresa Joinville. O Patrimônio Líquido em 31/12/2008 da empresa Santa Catarina era de R$ 650.000,00; da Blumenau era de R$ 220.000,00 e da empresa Joinville, R$ 250.000,00. No balanço de 31/12/2009, a empresa Blumenau obteve um lucro de R$ 85.000,00 e destinou 20% desse lucro como dividendos propostos para serem pagos em 2010. Em 31/12/2009, a empresa Joinville obteve um lucro de R$ 115.000,00 e destinou 90% como dividendos propostos para serem pagos em 2010.

Qual o valor total da receita de equivalência patrimonial que foi registrada na Contabilidade da empresa Santa Catarina, em 31/12/2009?

(A) R$ 30.115,00

(B) R$ 48.850,00

(C) R$ 91.800,00

(D) R$ 114.500,00

(E) R$ 131.500,00

Por se tratar de um investimento registrado pelo método de equivalência patrimonial, para encontrar o valor da receita de equivalência basta aplicar ao lucro das empresas investidas o percentual investido, conforme apresentado no quadro a seguir:

	Lucro	Participação %	Receita de Equivalência Patrimonial
Blumenau	85.000,00	60%	51.000,00
Joinville	115.000,00	70%	80.500,00
TOTAL			**131.500,00**

Gabarito "E"

(Auditor Fiscal/SC – 2010 – FEPESE) No que tange a investimentos permanentes, podem ser avaliados pelo MEP (método da equivalência patrimonial) os investimentos:

(A) em coligadas sobre cuja administração a investidora tenha influência significativa, ou de que participe com 20% ou mais do capital votante; em controladas; em outras sociedades que façam parte de um mesmo grupo ou estejam sob controle comum.

(B) em coligadas sobre cuja administração a investidora tenha influência significativa, ou de que participe com 10% ou mais do capital votante, desde de que os investimentos sejam relevantes; em controladas; em outras sociedades que façam parte de um mesmo grupo ou estejam sob controle comum.

(C) em coligadas e equiparadas a coligadas desde de que os investimentos sejam relevantes e a controladora exerça influência; em controladas; em outras sociedades que façam parte de um mesmo grupo ou estejam sob controle comum.

(D) conforme a lei 11.638, em todos os investimentos em controladas, coligadas ou equiparadas a coligadas, desde que haja influência e que esses investimentos sejam relevantes em relação ao capital da investidora.

(E) em coligadas ou equiparadas a coligadas sobre cuja administração a investidora tenha influência significativa, ou de que participe com 25% ou mais do capital total sem controlar; em outras sociedades que façam parte de um mesmo grupo ou independentemente e estarem sob controle comum.

A lei 11.638/2007 alterou o entendimento sobre quando avaliar um investimento permanente pelo método de equivalência patrimonial. A seguir está o texto que vigora após a alteração:

> "Art. 248. No balanço patrimonial da companhia, os investimentos em coligadas sobre cuja administração tenha influência significativa, ou de que participe com 20% (vinte por cento) ou mais do capital votante, em controladas e em outras sociedades que façam parte de um mesmo grupo ou estejam sob controle comum serão avaliados pelo método da equivalência patrimonial..."

Sendo assim, esquematizando o artigo 248 temos que existem 5 possibilidades de avaliar um investimento permanente pelo método de equivalência patrimonial:
– Coligadas com influência significativa (Ex: direito de eleger diretores, etc.);
– Coligadas com 20% ou mais do capital votante;
– Controladas;
– Sociedades que fazem parte de um mesmo grupo;
– Sociedades com controle em comum (acordo de acionistas).

Gabarito "A"

(Auditor Fiscal/SC – 2010 – FEPESE) A Subvenção Governamental deve ser contabilizada:

(A) como ativo subvencionado.

(B) como custo, no resultado da entidade.

(C) como despesa, no resultado da entidade.

(D) como Reserva de Capital, no Patrimônio Líquido da entidade.

(E) como receita ao longo do período, confrontada com as despesas que pretende compensar.

A lei 11.638/2007 revogou a alínea "d" do § 1º do artigo 182, a qual definia que as doações ou subvenções governamentais para investimentos seriam contabilizadas no Patrimônio Líquido. A partir da entrada em vigor da referida lei essas operações passaram a ser contabilizadas de duas maneiras:
Doações e subvenções recebidas de forma incondicional (sem que nenhuma obrigação reste à empresa) – serão registradas diretamente no resultado.
Doações e subvenções que para se efetivarem dependem de eventos futuros – serão registradas no passivo para apropriação ao resultado quando do cumprimento das obrigações.

Gabarito "E"

COMO PASSAR – SUPER-REVISÃO DE CONTABILIDADE PARA CONCURSOS

3. DEMONSTRAÇÕES FINANCEIRAS

(Auditor Fiscal/SC – 2010 – FEPESE) Assinale a alternativa que apresenta algumas contas pertencentes/ registradas no subgrupo "Ativos Intangíveis".

(A) Patentes, terrenos, prédios, franquias, direitos autorais.

(B) Software, direitos autorais, veículos, licenças, marcas.

(C) Licenças, patentes, marcas, direitos autorais, arrendamento mercantil financeiro.

(D) Marcas, pesquisa e desenvolvimento (quando ativáveis), patentes, direitos autorais.

(E) Terrenos, prédios, veículos, instalações, máquinas.

O artigo 179 da lei 6.404/76 define que no ativo intangível serão registrados "os *direitos que tenham por objeto bens incorpóreos destinados à manutenção da companhia ou exercidos com essa finalidade, inclusive o fundo de comércio adquirido.*" Dentre os itens da questão, apenas a letra "d" elenca somente ativos com essas características.
Gabarito "D"

(Auditor Fiscal/SC – 2010 – FEPESE) Assinale a alternativa correta em relação ao conceito do MEP (método da equivalência patrimonial).

(A) A equivalência patrimonial é baseada no fato de que apenas lucros e prejuízos devem ser reconhecidos (contabilizados).

(B) A equivalência patrimonial é baseada no fato de que os resultados e quaisquer variações patrimoniais de uma controlada ou coligada devem ser reconhecidos (contabilizados) no momento de sua geração, independente de serem ou não distribuídos.

(C) A equivalência patrimonial é baseada no fato de que apenas os resultados de uma controladora ou coligada devem ser reconhecidos (contabilizados) no momento de sua geração, independente de serem ou não distribuídos.

(D) A equivalência patrimonial é baseada no fato de que os lucros e outras variações patrimoniais positivas de uma controlada ou coligada devem ser reconhecidos (contabilizados) no momento de sua geração, independente de serem ou não distribuídos.

(E) a equivalência patrimonial é baseada no fato de que apenas os lucros de uma controlada ou coligada devem ser reconhecidos (contabilizados) no momento de sua geração, independente de serem ou não distribuídos.

O método de equivalência patrimonial define que todas as variações no Patrimônio Líquido da investida são reconhecidas na investidora.
Gabarito "B"

(Auditor Fiscal/SC – 2010 – FEPESE) Uma empresa adquire uma máquina para produzir um novo produto, por R$ 150.000,00. A empresa paga 80% desse valor à vista e promete pagar o restante em 90 dias. O que acontece com esses eventos na Contabilidade?

(A) Aumento de R$ 30.000,00 no total do ativo.

(B) Aumento de R$ 120.000,00 no total do ativo.

(C) Aumento de R$ 150.000,00 no total do ativo.

(D) Aumento de R$ 150.000,00 no total do ativo e R$ 30.000,00 no total do passivo.

(E) Uma diminuição de R$ 120.000,00 no total do ativo e um aumento de R$ 30.000,00 no passivo.

A operação implicará em uma redução no caixa de R$120.000,00 (80% pago à vista) e um aumento da conta máquinas no valor de R$150.000,00, implicando um aumento líquido de R$ 30.000,00 no ativo. A operação causará também um aumento de R$ 30.000,00 no passivo em decorrência do registro do montante a pagar em 90 dias.
Gabarito "A"

(Auditor Fiscal/SC – 2010 – FEPESE) Quanto à caixa e equivalentes de caixa, pode-se afirmar:

(A) Equivalentes de caixa são todos os ativos que se tornarão em algum momento caixa.

(B) Caixa e equivalentes de caixa incluem somente caixa e depósitos à vista.

(C) Caixa e equivalentes de caixa incluem não somente caixa e depósitos à vista, mas também outros tipos de contas que possuem as mesmas características de liquidez em relação ao caixa. Equivalentes de caixa não incluem investimentos de curto prazo de alta liquidez.

(D) Caixa e equivalentes de caixa incluem não somente caixa e depósitos à vista, mas também outros tipos de contas que possuem as mesmas características de liquidez em relação ao caixa. Equivalentes de caixa incluem investimentos de curto prazo de alta liquidez.

(E) Caixa e equivalentes de caixa incluem não somente caixa e depósitos à vista, mas também outros tipos de contas que possuem as mesmas características de liquidez em relação ao caixa. Equivalentes de caixa incluem investimentos de curto prazo e médio prazo.

Segundo o item 6 do CPC-03, equivalentes de caixa são aplicações financeiras de curto prazo, de alta liquidez, que são prontamente conversíveis em montante conhecido de caixa e que estão sujeitas a um insignificante risco de mudança de valor.

Gabarito "D"

(Auditor Fiscal/SC – 2010 – FEPESE) Em relação ao teste no valor recuperável de ativos (impairment test), assinale a alternativa **correta**.

(A) O valor recuperável consiste no menor valor entre o valor líquido de venda e o valor em uso.

(B) O valor recuperável consiste no maior valor entre o valor líquido de venda e o valor em uso.

(C) O valor líquido de venda é aquele formalizado por uma operação compulsória, sem dedução das despesas de venda.

(D) O cálculo do valor recuperável dos ativos, sem exceções, deve ser efetuado somente quando existirem evidências de possíveis perdas.

(E) O cálculo do valor recuperável dos ativos, sem exceções, deve ser efetuado somente quando existirem evidências de possíveis perdas. Essas perdas são lançadas diretamente no Patrimônio Líquido.

Segundo o item 6 do CPC-01, valor recuperável de um ativo ou de unidade geradora de caixa é o maior montante entre o seu valor justo líquido de despesa de venda e o seu valor em uso.

Gabarito "B"

(Auditor Fiscal da Receita Federal – 2003– ESAF) A Cia. ABC adquire 2% do total de ações da Cia. Lavandisca. Na ocasião da operação, o preço acordado envolvia o valor das ações e dividendos adquiridos, relativos a saldos, de reservas e lucros acumulados, pré-existentes e ainda não distribuídos. No momento em que ocorrer o efetivo pagamento dos dividendos referentes a esses itens, o tratamento contábil dado a esse evento deverá ser:

(A) creditar o valor correspondente a esse dividendo em conta de receita não operacional em contrapartida do registro do ingresso do recurso no caixa.

(B) ajustar o resultado do exercício e creditar o valor correspondente a esse dividendo em conta de deságio em aquisição de investimentos permanentes em contrapartida do registro do ingresso do recurso no caixa.

(C) lançar o valor correspondente a esse dividendo a crédito da conta participação societária em contrapartida do registro do ingresso do recurso no caixa.

(D) registrar os dividendos recebidos como receita operacional em contrapartida ao lançamento de débito na conta caixa.

(E) considerar o valor recebido como receita não operacional e debitando em contrapartida da conta ágio em investimentos societários.

Como o valor do investimento já incluía o valor dos dividendos ainda não distribuídos, ao receber esses valores, a empresa baixará o investimento (crédito) em contrapartida da entrada dos recursos em caixa (débito).

Gabarito "C"

(Auditor Fiscal da Receita Federal – 2003– ESAF) A diferença verificada, ao final do período, entre o valor da participação societária relevante de companhia aberta e o resultante da aplicação do percentual de sua participação no Patrimônio Líquido da empresa investida, é registrado como item do resultado operacional quando corresponder:

(A) a eventos que provoquem diminuição do percentual de participação no capital da investida se esta for uma coligada.

(B) a aumento no Patrimônio Líquido da empresa coligada decorrente da reavaliação de seus ativos.

(C) a eventos resultantes de aumentos do percentual de participação no capital social da empresa controlada.

(D) a variação cambial de investimento em coligada ou controlada e controlada no exterior.

(E) a diminuições do Patrimônio Líquido de coligadas provocadas por reavaliações de ativos.

A: A alteração no percentual de participação altera apenas o total do investimento, sem reflexo no resultado; B: Quando o aumento na investida refere-se a reavaliação de ativos não altera o resultado, pois o aumento é registrado em conta de reserva de reavaliação de coligadas/controladas ; C: A alteração no percentual de participação altera apenas o total do investimento, sem reflexo no resultado; D: A variação cambial de investimento será registrada como resultado operacional; E: O aumento na investida refere-se a reavaliação de ativos, não altera o resultado, pois o aumento é registrado em conta de reserva de reavaliação de coligadas/controladas.

Gabarito "D"

(Auditor Fiscal da Receita Federal – 2003– ESAF) A Cia. Jovial, controlada da Cia. Época, em um determinado exercício reconhece como ajustes de exercícios os efeitos relevantes decorrentes de efeitos da mudança de critério contábil. Neste caso, a controladora que avalia seu investimento pelo método de equivalência patrimonial, deverá:

(A) registrar o efeito correspondente à sua participação em seu resultado como item operacional.

(B) proceder à realização de assembleia extraordinária e dar conhecimento aos acionistas minoritários do fato ocorrido na controlada.

(C) apenas efetuar a evidenciação do fato em notas explicativas e constar em ata de assembleia extraordinária.

(D) lançar também como ajustes de exercícios anteriores o valor proporcional à sua participação societária.

(E) apenas fazer a evidenciação do fato em notas explicativas, tendo em vista que o fato não afeta o seu resultado.

O ajuste realizado na Cia. Jovial alterará o valor do seu Patrimônio Líquido, que é base de cálculo para registro do valor do investimento na Cia. Época, variação essa registrada como resultado operacional.

Gabarito "A"

(Auditor Fiscal da Receita Federal – 2003– ESAF) Eis aí as contas extraídas do balancete de verificação da empresa Emenes Ltda., em 31.12.2002:

Componentes	Valores
Aluguéis Ativos	R$ 900,00
Adiantamento a Fornecedores	R$ 1.000,00
Caixa e Bancos	R$ 1.200,00
Capital Social	R$ 3.000,00
Clientes	R$ 1.500,00
Contas a Pagar	R$ 2.400,00
Custo da Mercadoria Vendida	R$ 300,00
Depreciação Acumulada	R$ 650,00
Descontos Concedidos	R$ 340,00
Descontos Obtidos	R$ 220,00
Duplicatas a Receber	R$ 1.600,00
Duplicatas Descontadas	R$ 1.350,00
Empréstimos Obtidos	R$ 1.040,00
Fornecedores	R$ 2.100,00
Insubsistência Ativa	R$ 160,00
Impostos	R$ 280,00
Impostos a Recolher	R$ 450,00
Juros Passivos	R$ 120,00
Máquinas e Equipamentos	R$ 2.010,00
Mercadorias	R$ 1.380,00
Móveis e Utensílios	R$ 2.250,00
Prejuízos Acumulados	R$ 900,00
Provisão p/ Devedores Duvidosos	R$ 400,00
Provisão p/ Imposto de Renda	R$ 200,00
Receitas de Serviços	R$ 300,00
Receitas de Vendas	R$ 260,00
Reserva de Reavaliação	R$ 1.000,00
Reserva Legal	R$ 840,00
Salários	R$ 750,00
Salários a Pagar	R$ 180,00
Seguros	R$ 90,00
Superveniências Passivas	R$ 80,00
Veículos	R$ 1.850,00

Com base nas contas e saldos acima, podemos dizer que, mesmo o balancete de verificação não estando fechado corretamente, ele apresenta:

(A) Ativo no valor de R$ 12.790,00

(B) Passivo no valor de R$ 7.720,00

(C) Patrimônio Líquido no valor de R$ 3.940,00

(D) Saldos Devedores no valor de R$ 15.650,00

(E) Saldos Credores no valor de R$ 13.250,00

A classificação das contas da questão de acordo com o saldo devedor ou credor está apresentado a seguir:

	Devedor	Credor
Aluguéis Ativos		900,00
Adiantamento a Fornecedores	1.000,00	
Caixa e Bancos	1.200,00	
Capital Social		3.000,00
Clientes	1.500,00	
Contas a Pagar		2.400,00
Custo da Mercadoria Vendida	300,00	
Depreciação Acumulada		650,00
Descontos Concedidos	340,00	
Descontos Obtidos		220,00
Duplicatas a Receber	1.600,00	
Duplicatas Descontadas		1.350,00
Empréstimos Obtidos		1.040,00
Fornecedores		2.100,00
Insubsistência Ativa		160,00
Impostos	280,00	
Impostos a Recolher		450,00
Juros Passivos	120,00	
Máquinas e Equipamentos	2.010,00	
Mercadorias	1.380,00	
Móveis e Utensílios	2.250,00	
Prejuízos Acumulados	900,00	
Provisão p/ Devedores Duvidosos		400,00
Provisão p/ Imposto de Renda		200,00
Receitas de Serviços		300,00
Receitas de Vendas		260,00
Reserva de Reavaliação		1.000,00
Reserva Legal		840,00
Salários	750,00	
Salários a Pagar		180,00
Seguros	90,00	
Superveniências Passivas	80,00	
Veículos	1.850,00	
TOTAL	**15.650,00**	**15.450,00**

Gabarito "D"

(Agente Tributário Estadual/MS – 2006 – FGV) A respeito da principal característica do Ativo Permanente, que o difere do Ativo Circulante e do Realizável a Longo Prazo, assinale a alternativa correta (Ignore a Deliberação CVM 488/05).

(A) O Ativo Permanente diferido é idêntico às despesas antecipadas do Ativo Circulante.

(B) O Ativo Permanente é avaliado pelo custo histórico de aquisição.

(C) O Ativo Permanente investimento pode ser reavaliado.

(D) O Ativo Permanente representa as aplicações de recursos que a empresa não tem por objetivo transformar diretamente em dinheiro.

(E) O Ativo Permanente representa as origens de recursos classificadas em: investimentos, imobilizado e diferido.

A: A diferença entre ativo diferido e despesas antecipadas porque essas são pagamentos de despesas não incorridas que pertencem a exercícios futuros, enquanto aquele é formado por despesas já incorridas que trarão benefício futuro; B: O Ativo Permanente é avaliado pelo custo histórico ajustado pela depreciação, amortização ou exaustão; C: Apenas bens tangíveis podiam ser reavaliados, após a edição da lei 11.738/2009 a reavaliação de ativos não é mais permitida; D: A alternativa está correta, pois, os ativos cujo objetivo são ser convertidos em dinheiro no curto ou médio prazo, são classificados no circulante ou realizável a longo prazo; E: O permanente representa aplicações de recursos.

Gabarito "D"

(Agente Tributário Estadual/MS – 2006 – FGV) A Cia. Co mercial Distress está passando por dificuldades financeiras. Seu balanço patrimonial em 01/01/2006 era apresentado conforme segue:

ATIVO		PASSIVO	
Ativo Circulante	**10.010**	**Passivo Circulante**	**11.000**
Disponibilidades	10	Fornecedores	8.000
Duplicatas a Receb	10.000	Impostos a recolher	3.000
Ativo Permamente	**4.990**	**Patrimônio Líquido**	**4.000**
Imobilizado	4.990	Capital Social	4.000
Total do ATIVO	**15.000**	**Passivo + PL**	**15.000**

Em 02/01/2006, o gerente da Cia. Comercial Distress foi ao banco e descontou as duplicatas a receber (no valor total de $ 10.000,00). O banco efetuou o depósito na conta corrente da Cia. Comercial Distress no valor de $ 9.980,00. Com base nessas informações, assinale o valor do Passivo Circulante apresentado no Balanço Patrimonial da Cia. Comercial Distress, apurado logo após a realização de tal transação.

(A) $ 9.980,00

(B) $ 9.990,00

(C) $ 10.010,00

(D) $ 11.000,00

(E) $ 15.000,00

O lançamento contábil do desconto de duplicatas não afeta o passivo da empresa. O lançamento é a débito de disponibilidades (representando a entrada do dinheiro) e crédito da conta retificadora do ativo duplicatas descontadas (baixando o valor das duplicatas a receber). Sendo assim, o valor do Passivo Circulante será o mesmo de antes da operação de desconto de duplicatas.

Gabarito: "D"

(Agente Tributário Estadual/MS – 2006 – FGV) Em 30/09/2005, a Cia. Compra Bem comprou mercadorias no valor total de $ 24.000,00, a prazo, sendo a seguinte forma de pagamento: 6 prestações trimestrais iguais, vencendo a primeira em 30/12/2005. Considere que a Cia. Compra Bem pagou a prestação que venceu no dia 30/12/2005 e ignore qualquer tributo e qualquer outra informação não apresentada neste enunciado.

No Balanço Patrimonial da Cia. Compra Bem apurado em 31/12/2005, qual era o valor dos fornecedores a pagar reconhecidos no Passivo Circulante (PC) e no Exigível a Longo Prazo (ELP), respectivamente?

(A) zero e $ 24.000,00

(B) $ 4.000,00 e $ 16.000,00

(C) $ 16.000,00 e $ 4.000,00

(D) $ 16.000,00 e $ 8.000,00

(E) $ 20.000,00 e $ 4.000,00

Como as prestações eram trimestrais, as cinco que ainda iriam vencer após 31/12/2005 tinham vencimento em 30/3/2006, 30/6/2006, 30/9/2006, 30/12/2006 e 30/3/2007. Como pela lei 6.404/76 são registrados no Ativo Circulante os direitos realizáveis dentro do próximo exercício a empresa registrará o equivalente a quatro parcelas no Ativo Circulante e uma no Realizável a Longo Prazo. Como cada parcela é de R$ 4.000, ficará registrado no circulante R$ 16.000 e no realizável a longo prazo R$ 4.000.

Gabarito "C"

(Agente Fiscal/Teresina-PI – 2008 – CESPE) Com relação à Contabilidade e à legislação aplicável, julgue os seguintes itens:

(1) Os bens intangíveis, mesmo quando não integram o patrimônio contábil da entidade — como é o caso do fundo de comércio acumulado ao longo do tempo —, podem alcançar considerável valor econômico. Esse valor não está materializado na propriedade física, mas se traduz nos direitos de propriedade, no potencial de utilização e exploração legalmente conferidos aos seus titulares.

(2) Os bens recebidos em doação integram o ativo da empresa e são representados no balanço patrimonial. Esse é o caso de imóveis recebidos do poder público como incentivo à instalação de novos empreendimentos, que, se recebidos sem custos ou ônus, serão contabilizados por valor simbólico, cuja contrapartida constitui receita não operacional.

(3) Suponha que uma empresa tenha efetuado, ao final do exercício, o seguinte lançamento.

D – lucros acumulados

C – juros sobre o capital próprio

Nesse caso, a empresa está seguindo a orientação da CVM no que diz respeito à contabilização dos juros devidos aos acionistas, e efetuando um lançamento similar ao da atribuição dos dividendos.

(4) No Brasil, os juros embutidos nas vendas a prazo são destacados da receita bruta e contabilizados como receita financeira. O fato de sua apropriação estar em consonância com o prazo entre a realização da receita e o vencimento da obrigação do cliente decorre da adoção do regime de competência.

(5) Com as alterações promovidas na Lei das Sociedades por Ações a partir deste ano, a Demonstração dos Fluxos de Caixa substituiu, exclusivamente para as companhias abertas, a demonstração das origens e aplicações de recursos, e a Demonstração do Valor Adicionado passou a ser exigida para as sociedades de grande porte.

1: Os ativos intangíveis registrados na Contabilidade são, de acordo com o artigo 179 da lei 6.404/76, "os direitos que tenham por objeto bens incorpóreos destinados à manutenção da companhia ou exercidos com essa finalidade, inclusive o fundo de comércio adquirido". Nessa concepção, o fundo de comércio acumulado pela empresa ao longo do tempo não seria registrado na Contabilidade, mesmo assim continuaria tendo um valor de mercado, possuindo sobre ele direitos de propriedade.

2: Os bens adquiridos por doação devem ser registrados por seu valor real ou de mercado. Cabe ressaltar que a lei 11.638/2007 revogou a alínea "d" do § 1º do artigo 182, que definia que as doações ou subvenções governamentais para investimentos seriam contabilizadas no Patrimônio Líquido. A partir da entrada em vigor da referida lei, essas operações passaram a ser contabilizadas de duas maneiras:

Doações e subvenções recebidas de forma incondicional (sem que nenhuma obrigação reste à empresa) – serão registradas diretamente no resultado.

Doações e subvenções que para se efetivarem dependem de eventos futuros – serão registradas no passivo para apropriação ao resultado quando do cumprimento das obrigações.

3: Os juros sobre o capital próprio (JSCP) é lançado na DRE como despesa financeira. Por considerar que tal tratamento distorce a apresentação da DRE, a CVM determinou que as companhias abertas façam a reversão do seu valor antes do lucro líquido, excluindo dessa forma o efeito do JSCP na DRE.

Como o JSCP é na verdade uma distribuição de lucros, o mais indicado é que seu valor seja evidenciado apenas na Demonstração de Mutações do Patrimônio Líquido (DMPL) e não na DRE. O lançamento proposto na questão representa justamente o lançamento que reverte da Demonstração do Resultado o valor do JSCP.

4: Justamente pelo fato dos juros estarem embutidos no valor das vendas a prazo, as empresas não destacam esse valor da receita bruta, contabilizando todo o valor da venda como receita de vendas.

5: O artigo 176 da lei 6.404/76 define que a Demonstração dos Fluxos de Caixa será obrigatoriamente elaborada companhia fechada com Patrimônio Líquido superior ou igual a R$ 2 milhões e pelas companhias abertas, sendo facultativa para as demais empresas. A demonstração de origens e aplicações de recursos não é mais exigida pela lei.

Gabarito: 1: Correta, 2: Errada, 3: Correta, 4: Errada, 5: Errada

(Fiscal de Tributos/Vila Velha-ES – 2008 – CESPE) Com relação à doutrina e à legislação contábil em geral, julgue os itens a seguir.

(1) De acordo com a teoria da entidade, nas sociedades em que o controle está diluído e o sócio não pode dispor sumariamente do lucro ou retirar-se a qualquer momento, a equação patrimonial é representada corretamente a seguir: ativo = passivo + Patrimônio Líquido.

(2) Constituem contas patrimoniais retificadoras: provisão para férias e provisão de 13.º salário.

(3) Suponha que uma empresa tenha efetuado uma aplicação em fundo de renda fixa de curto prazo no valor de R$ 10.000,00, com rendimento mensal de 1% e imposto de renda na fonte — a ser retido apenas no resgate da aplicação — de 20%. Nesse caso, o Ativo Circulante, ao final do primeiro mês, deveria discriminar uma conta de imposto de renda retido na fonte diferido, no valor de R$ 20,00.

1: Em qualquer sociedade a equação patrimonial será Ativo=Passivo+Patrimônio Líquido;

2: Em qualquer sociedade a equação patrimonial será Ativo=Passivo+Patrimônio Líquido;

3: Ao contrário das provisões que representam retificações do ativo, como a provisão para devedores duvidosos, as provisões para férias e 13º salário são registradas no passivo. A deliberação CVM nº 489 apresenta a seguinte definição para as provisões passivas derivadas de apropriações por competência: "são passivos por mercadorias ou serviços que foram recebidos ou fornecidos, mas que não foram faturados ou acordados formalmente com o fornecedor, incluindo montantes devidos a empregados (por exemplo, os montantes relativos à provisão para férias), os devidos pela atualização de obrigações na data do balanço, entre outros. Embora, às vezes, seja necessário estimar o valor ou o tempo das provisões derivadas de apropriações por competência, o que poderia assemelhar-se conceitualmente a uma provisão, a diferença básica está no fato de que as provisões derivadas de apropriações por competência são obrigações já existentes, registradas no período de competência, sendo muito menor o grau de incerteza que as envolve".

Gabarito: 1: Correta, 2: Correta, 3: Errada

(Agente de Tributos/MT – 2004 – CESPE) Julgue os itens a seguir, relativos à Contabilidade.

(1) Conforme a Lei n.º 6.404/76, as contas devem ser classificadas segundo os elementos do patrimônio que registrem e agrupadas de modo a facilitar o conhecimento e a análise da situação financeira da empresa. Nesse sentido, os elementos básicos do balanço são o ativo, que representa as aplicações de recursos, e o passivo, que representa as exigibilidades e obrigações.

(2) De acordo com a teoria de contas, as contas do ativo devem ser classificadas em ordem decrescente de grau de liquidez e as contas do passivo, em ordem crescente de prioridade de pagamento das exigibilidades.

(3) As demonstrações contábeis ou financeiras, que são regidas pela Lei nº 6.404/76 e pelas Normas Brasileiras de Contabilidade, informam a evolução dos fenômenos patrimoniais que, no fim do exercício social, evidenciam o resultado da atividade econômica exercida sobre o patrimônio no período.

(4) Considerando que o patrimônio é um conjunto de Bens, Direitos e Obrigações, e sabendo que o mesmo possui personalidade, componentes e função, podendo ser mensurado e sendo capaz de mutar, é conceitualmente correto concluir que, se uma empresa é imponente, com edificações vistosas, instalações com jardins amplos e conservados e um volume grande de ativos, essa empresa possui um grande patrimônio, equivalentemente àquilo que ostenta.

1: A primeira parte da questão está correta, pois apresenta o texto literal do artigo 178 da lei 6.404/76. O erro da questão está em não apresentar o Patrimônio Líquido como elemento básico do balanço;

2: A classificação das contas do passivo é feita de forma decrescente de prioridade de pagamento;

3: A descrição dos demonstrativos contábeis está perfeita. Estes informam de que forma ocorreu a evolução patrimonial, sendo que a Demonstração do Resultado do Exercício evidencia o resultado da atividade da empresa no período;

4: A primeira parte da questão está correta, pois define corretamente que o patrimônio é um conjunto de Bens, Direitos e Obrigações. Sendo assim, mesmo uma empresa que tenha um grande volume de ativos pode ter também grandes valores em obrigações, o que tornaria seu patrimônio pequeno.

Gabarito: 1: Errada, 2: Errada, 3: Correta, 4: Errada

(Analista de Contabilidade - Perito/MPU – 2010 – CESPE) Alvo de constantes críticas, o custo histórico como base de valor sofreu alterações com a aprovação da Lei nº 11.638/2007.

A Lei 11.638/2007 alterou os artigos 183 (critérios de avaliação dos ativos) e 184 (critérios de avaliação dos passivos) da Lei 6404/76. Na avaliação dos ativos o custo histórico perdeu espaço para outras formas de avaliação, tais como: valor de mercado, a valor presente e valor presente líquido dos fluxos de caixa futuros.

Gabarito: Correta

(Analista de Contabilidade - Perito/MPU – 2010 – CESPE) Considere que uma empresa, após sucessivos prejuízos, ao atingir passivos superiores a seus ativos, teve a falência decretada. Nessa situação, essa empresa ainda é uma entidade contábil.

Segundo o artigo 219 da Lei 6404/76, a companhia será extinta pelo encerramento da liquidação ou pela incorporação ou fusão, e pela cisão com versão de todo o patrimônio em outras sociedades. Sendo assim, o fato de ter sua falência decretada não extingue a entidade contábil.

Gabarito: Correta

(Analista de Contabilidade - Perito/MPU – 2010 – CESPE) O valor justo das aplicações em instrumentos financeiros, na ausência de mercado ativo, é obtido por meio do cálculo do valor líquido atual dos fluxos de caixa futuros de instrumentos financeiros de natureza, prazo e risco similares.

A alínea "d" do § 1º do artigo 183 da lei 6.404/76 define que na ausência de um mercado ativo para um determinado instrumento financeiro será utilizado: o valor que se pode obter em um mercado ativo com a negociação de outro instrumento financeiro de natureza, prazo e risco similares, o valor presente líquido dos fluxos de caixa futuros para instrumentos financeiros de natureza, prazo e risco similares, ou o valor obtido por meio de modelos matemático--estatísticos de precificação de instrumentos financeiros.

Gabarito: Correta

(Analista de Contabilidade - Perito/MPU – 2010 – CESPE) O saldo das reservas de lucros para contingências, de incentivos fiscais e de lucros a realizar, pode ultrapassar o saldo da conta capital social.

O artigo 199 da lei 6.404/76 define que "o saldo das reservas de lucros, exceto as para contingências, de incentivos fiscais e de lucros a realizar, não poderá ultrapassar o capital social". Como é possível observar, a lei não impõe limite para as reservas para contingências, podendo, portanto, ultrapassar o saldo da conta capital social.

Gabarito: Correta

(Analista Judiciário - Contabilidade/TST – 2007 – CESPE) Com relação à escrituração em geral, a seus livros e ao sistema de partidas dobradas e balancete de verificação, julgue os itens subsequentes.

(1) Considere que uma empresa tenha efetuado aplicação financeira de R$ 500.000,00, em 1.º/7/2007, com resgate em 3 meses. Considere ainda que essa aplicação estava sujeita a indexação e taxa de juros de 5% no período. Nessa situação, e sabendo-se que a variação do indexador foi de 2%, o lançamento correto de resgate, em 1.º/10/2007, é o apresentado a seguir:

D. bancos R$ 535.500,00

C. aplicações financeiras R$ 535.500,00

(2) Na escrituração relativa ao fundo fixo de caixa, a cada desembolso realizado, vão sendo efetuados lançamentos do tipo apresentado a seguir:

E. despesas gerais

C. bancos – conta movimento

(3) Considere que um contador tenha registrado indevidamente um adiantamento efetuado a fornecedor da maneira a seguir:

D. fornecedores

C. bancos

Nessa situação, o contador deverá efetuar o seguinte lançamento para corrigir o registro indevido:

D. adiantamentos a fornecedores

C. fornecedores

1: Durante o prazo de aplicação é necessário efetuar os registros contábeis da receita financeira (débito de aplicações financeiras e crédito de receita). O lançamento do resgate da aplicação consistirá em transferir os recursos da conta de aplicação financeira para a conta bancos, tornando a questão correta.

2: O objetivo do fundo fixo de caixa é justamente não ter que fazer lançamentos contábeis a cada desembolso. A contabi-lização desse caixa fixo consiste em definir um valor disponível para gastos, que periodicamente será prestado contas.

COMO PASSAR – SUPER-REVISÃO DE CONTABILIDADE PARA CONCURSOS

3. DEMONSTRAÇÕES FINANCEIRAS

Quando dessa prestação de contas serão efetuados os lançamentos nas contas das respectivas despesas realizadas. O lançamento nessa ocasião será mesmo o proposto na questão (débito de despesas gerais e crédito na conta banco movimentos). O erro da questão está em dizer que os lançamentos serão realizados a cada desembolso.

3: O lançamento correto do adiantamento efetuado a fornecedor seria:

D – Adiantamento a fornecedores

C – bancos

Como a conta fornecedores foi contabilizada indevidamente pelo 1º lançamento, seria necessário anular o efeito nessa conta efetuando um crédito (já que havia sido debitada anteriormente), tendo como contrapartida um débito na conta adiantamento a fornecedores.

Gabarito: 1: Correta, 2: Errada, 3: Correta

(Analista Judiciário - Contabilidade/STF – 2008 – CESPE) O saldo de reserva para contingências não poderá ultrapassar o valor do capital social. Ao atingir esse limite, a assembléia deliberará sobre a aplicação do excesso no aumento do capital social ou na distribuição de dividendos.

1: O artigo 195 da lei 6.404/76 trata das reservas para contingências e não apresenta nenhum limite para sua constituição.

Gabarito: Errada

(Analista Judiciário - Contabilidade/STF – 2008 – CESPE)

Conta	01/03/2008	31/03/2008
Adiantamento de Salários	10.520	2.519
Aluguel Antecipado	12.500	6.300
Custo das Mercadorias Vendidas	-	33.610
Despesa de Aluguel	-	6.500
Despesa de Salários	-	32.541
Despesa de Seguros	-	10.520
Disponível	58.200	??
Estoques	32.500	11.470
Fornecedores	6.580	2.150
Salários a Pagar	12.580	25.120
Seguros a Pagar	3.200	1.100
Seguros Antecipados	5.520	3.210

Com base nas informações constantes da tabela acima, cujos valores estão em reais, julgue os itens que se seguem.

(1) O pagamento de salários no período corresponde a R$ 12.000,00.

1: O primeiro passo para resolver esse tipo de questão é identificar quais contas estão relacionadas com o item que está sendo pedido.

O segundo passo consiste em lançar os saldos iniciais e finais de cada conta, sabendo que ocorreram débitos e créditos que transformaram os saldos iniciais em saldos finais. São esses lançamentos que nos informarão como ocorreram as movimentações nas contas contábeis.

Apresentamos a seguir os lançamentos contábeis ocorridos no período e a respectiva explicação.

Adiantamento de salários			Salários a pagar
Saldo Inicial	10.520	8.001 (1)	12.580 Saldo Inicial
			12.540 (2)
Saldo Final	2.519		25.120 Saldo Final

Despesa de salários		Disponível
(1)	8.001	12.000 (3)
(2)	12.540	
(3)	12.000	
Saldo Final	32.541	

Lançamento (1): consiste no crédito que fez com que o saldo final da conta de adiantamento de salários fosse reduzida para R$ 2.519 ao final do período. Este adiantamento representa salários que já foram pagos em períodos anteriores. Sendo assim, sua baixa (por crédito) consiste apenas na apropriação para o resultado do exercício quando chega o momento que o funcionário deveria receber seu pagamento, mas não recebe, pois já havia recebido anteriormente, e quita sua dívida perante a empresa. A contrapartida desse lançamento é um débito na conta despesa de salários.

Lançamento (2): consiste no crédito que fez com que o saldo final da conta de salários a pagar fosse aumentada para R$ 25.120 ao final do período. Se a conta teve seu saldo aumentado significa, portanto, que houve a apropriação de novos valores de salários. A contrapartida desse lançamento é um débito na conta de despesa de salários.

Lançamento (3): consiste no débito que fez com que o saldo final da conta despesa de salários atingisse o saldo de R$ 32.541 ao final do período. Esse lançamento representa valores pagos no período. Sendo assim, sua contrapartida será a crédito da conta Caixa/Bancos.

Gabarito: Correta

(Analista de Comércio Exterior/MDIC – 2008 – CESPE) Uma empresa obteve um empréstimo prefixado, no valor de R$ 500.000,00, com vencimento para 60 dias, à taxa de juros simples de 5% mensais e despesas bancárias de R$ 5.000,00. Nessa situação, o registro correto seria o seguinte.

D-Banco . . . . R$ 495.000,00

D- Despesas de juros . . . . .R$ 5.000,00

C- Empréstimos obtidos . . . . R$ 500.000,00

As despesas bancárias e as despesas de juros terão tratamento diferenciado na Contabilidade. As despesas bancárias serão lançadas integralmente para o resultado do exercício no momento da contratação do empréstimo. Já as despesas de juros serão apropriadas ao resultado à medida que o prazo do empréstimo for passando, obedecendo o princípio da competência. O lançamento correto nesse caso seria:

D - Banco	495.000,00
D - Despesas bancárias	5.000,00
C - Empréstimos obtidos	500.000,00

A única diferença entre o lançamento correto e o proposto na questão é o débito de R$5.000,00.

Gabarito: Errada

(Analista Administrativo - Contabilidade/ANTAQ – 2009 – CESPE) Considere a seguinte situação hipotética.

A Cia. A, controladora de B, detém 26% das ações de B, e sua participação societária estava avaliada em R$ 5.200.000,00. No último balanço, o Patrimônio Líquido de B passou a ser de R$ 15.000.000,00. Nessa situação, considerando-se que a variação se deu por resultado apurado na controlada, a participação societária de A em B passará a ser avaliada em R$ 3.900.000,00, e o resultado de A foi afetado negativamente em R$ 1.300.000,00.

Se a participação na Cia B era de 26% e equivalia a R$ 5.200.000,00, isso significa que o Patrimônio Líquido de B no momento era de R$ 20.000.000,00. Se o Patrimônio Líquido de B passou a ser de R$ 15.000.000,00, ao aplicarmos o percentual de participação (26%) de A em B obteremos que o valor da participação passa a ser R$ 3.900.000,00. Essa redução de R$ 1.300.000,00 no ativo (investimento) da Cia A tem como contrapartida uma conta redutora do resultado do exercício (despesa – participação no resultado de coligadas e controladas pelo método de equivalência).

Gabarito: Correta

(Analista Administrativo - Contabilidade/ANTAQ – 2009 – CESPE) Se uma empresa tiver aplicações temporárias em ações, sem cotação no mercado e sem liquidez, essa participação societária deverá ser classificada como um investimento a longo prazo.

Se o investimento não tem liquidez a empresa não conseguirá realizá-la no curto prazo, e portanto deve ser classificado como um investimento a longo prazo.

Gabarito: Correta

(Auditor Fiscal/São Paulo-SP – 2007 – FCC) Considere as seguintes informações extraídas da Contabilidade da Cia. Moinho de Ouro, relativas ao exercício findo em 31.12.2005:

Lucro Líquido do Exercício	340.000,00
Resultado Positivo na Equivalência Patrimonial	169.000,00
Lucro com Realização Financeira a ocorrer em 2007	13.000,00

Se o dividendo obrigatório da companhia, calculado de acordo com o disposto na Lei das Sociedades por Ações, for de R$ 166.000,00, ela poderá constituir reserva de lucros a realizar no valor de, em R$:

(A) 1.000,00

(B) 4.500,00

(C) 8.000,00

(D) 16.500,00

(E) 21.000,00

Do total de R$ 340.000 de lucro, R$ 182.000 (R$ 169.000 + R$ 13.000) não se realizou financeiramente, restando R$ 158.000 (R$ 340.000 – R$ 182.000) de lucros realizados. Os lucros realizados serão distribuídos como dividendos, restando R$ 8.000 para completar o total de R$ 166.000 de dividendo obrigatório que necessitam ser registrados como reserva de lucros a realizar para futura distribuição.

Gabarito "C"

(Auditor Fiscal/São Paulo-SP – 2007 – FCC) A Cia. Vértice vendeu mercadorias à sua controlada no valor de R$ 250.000,00, obtendo um lucro de 25% sobre o preço de custo. No final do exercício, a investidora mantinha em estoque 20% do referido lote, tendo vendido o restante a terceiros obtendo um lucro de R$ 150.000,00. A controladora possui 60% das ações da investida. Na apuração do Balanço Patrimonial consolidado, o montante do lucro não realizado nessas transações, a ser deduzido do valor dos estoques da controlada, correspondeu a, em R$:

(A) 6.000,00

(B) 7.500,00

(C) 8.000,00

(D) 10.000,00

(E) 12.500,00

Ao definir que venda entre as empresas no valor de R$ 250.000 obteve um lucro igual a 25% do preço de custo, a questão impõe que a única possibilidade de demonstração do resultado é a apresentada a seguir:

Receita	250.000
(-) CMV	(200.000)
(=) Lucro	50.000

Se a empresa controlada não houvesse vendido ainda as mercadorias adquiridas, todo o valor do lucro deveria ser excluído no momento da apuração da consolidação. Como a empresa ficou com apenas 20% das mercadorias, é esse percentual que será aplicado sobre o lucro para apurar o valor da exclusão, que no caso será igual a R$ 10.000 (R$ 50.000 x 20%).

Gabarito "D"

(Agente Fiscal de Rendas/SP – 2006 – FCC) A empresa Alvorada, na execução de projeto de expansão de sua planta industrial, contrai um financiamento de 90 milhões de dólares, com prazo de 6 anos, juros de 1% ao mês, amortizações semestrais, após 24 meses de carência. O financiamento destina-se à construção das novas instalações industriais e à aquisição de máquinas e equipamentos, fabricadas sob encomenda, com tecnologia de ponta, necessárias para a empresa implementar sua produção e aumentar em 20% a sua participação no mercado ao final de dois anos, quando o novo empreendimento entrará em operação. O tratamento contábil dado aos encargos financeiros incidentes sobre esse financiamento deve ser

(A) contabilizar a variação cambial e os juros em conta de resultado específica a cada variação de moeda ocorrida.

(B) registrar em conta destacada no mesmo grupo do ativo que lhe deu origem, evidenciando a sua natureza.

(C) apropriar todos os encargos financeiros em conta específica do ativo diferido e transferido para o resultado, no prazo de retorno do projeto.

(D) lançar, de acordo com a competência de exercício, os juros e a variação cambial, de acordo com sua ocorrência, até a quitação final do financiamento.

(E) incorporar ao ativo imobilizado os juros pagos ou creditados, no decorrer do projeto, e registrar no resultado as variações cambiais ocorridas.

O gabarito da questão indicou que a contabilização dos encargos financeiros deveria ocorrer em conta específica do ativo diferido. Esse grupo existia à época da realização da prova, no entanto, a lei 11.941/2009 revogou todas as referências ao diferido na lei 6.404/76. Sendo assim, atualmente, a contabilização dos encargos financeiros deve ocorrer diretamente ao resultado do exercício.

Gabarito "B"

(Analista judiciário - Contabilidade/TJ-SE – 2009 – FCC) O Fundo de Comércio adquirido é evidenciado em conta

(A) intangível.

(B) de resultados de exercícios futuros.

(C) diferido.

(D) imobilizado.

(E) de reserva de capital.

O inciso II do artigo 179 da lei 6.404/76 define que serão registrados no intangível os direitos que tenham por objeto bens incorpóreos destinados à manutenção da companhia ou exercidos com essa finalidade, inclusive o fundo de comércio adquirido.

Gabarito "A"

4. Contabilidade Comercial

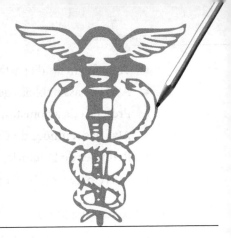

Fabrício de Oliveira Barros

Este capítulo trata das obrigações legais e fiscais das entidades comerciais, com destaque para o tratamento contábil dado aos estoques.

4.1. Livros Contábeis

A formalização da Contabilidade acontece através de livros. Estão apresentados a seguir os livros contábeis com suas principais características:

4.1.1. Livros Obrigatórios

Diário - registra todos os fatos que afetam o patrimônio, em ordem cronológica de dia, mês e ano, podendo contar com livros auxiliares para registrar operações específicas ou a movimentação de determinadas contas. Suas principais características são:
- ✔ obrigatório (exigido pelo Código Civil);
- ✔ principal (registra todos os fatos contábeis);
- ✔ comum (para todas as empresas);
- ✔ cronológico (fatos contábeis registrados em ordem cronológica).

Razão - registra, também, todos os fatos, só que dando ênfase às contas que compõem o patrimônio. É esse livro que permite conhecer a movimentação de débito e crédito de cada elemento que compõe o patrimônio da empresa. Suas principais características são:
- ✔ facultativo (pela legislação comercial);
- ✔ obrigatório (pela legislação fiscal);
- ✔ principal (registra todos os fatos contábeis);

4.1.2. Livros Especiais

São obrigatórios apenas para determinadas pessoas ou atividades. O artigo 100 da Lei nº 6.404/76 define que as sociedades anônimas estão obrigadas à escrituração dos livros de:
- ✔ Registro de ações nominativas;
- ✔ Transferência de ações nominativas;
- ✔ Registro de partes beneficiárias nominativas;

- ✔ Transferências de partes beneficiárias nominativas;
- ✔ Atas das assembleias gerais;
- ✔ Presença de acionistas;
- ✔ Atas das reuniões do Cons. de Administração, se houver e Atas das
- ✔ Reuniões de Diretoria;
- ✔ Atas e pareceres do Conselho Fiscal.

4.1.3. Livros Auxiliares

São livros cuja obrigatoriedade é definida pelo fisco, sendo também utilizados como auxiliares pela Contabilidade. São esses:

- ✔ **Livro Caixa** - tem a finalidade de registrar as entradas e saídas de numerário. Os registros devem ser efetuados em ordem cronológica e, por isso, pode se utilizado como auxiliar do Livro Diário (controla apenas a conta caixa), devendo, nesse caso, atender a todas as formalidades exigidas.
- ✔ **Livro de Inventário** - tem a finalidade de registrar os bens de consumo, as mercadorias, as matérias-primas e outros materiais que se achem estocados nas datas em que forem levantados os balanços.
- ✔ **Livro de Entrada de Mercadorias** - destina-se ao registro, em ordem cronológica, das mercadorias adquiridas e recebidas pelas empresas. Nele também são registradas as entradas de bens de qualquer espécie, inclusive os que se destinam a uso ou consumo.
- ✔ **Livro de Saída de Mercadorias** – registrada, em ordem cronológica, as vendas de mercadorias ou de produtos, bem como toda e qualquer saída, inclusive de bens móveis da empresa.
- ✔ **Livro de Registro de Prestação de Serviços** - registra as operações de serviços, individualizando as respectivas notas fiscais em ordem cronológica.

4.2. Tipos de Inventário

Inventário Periódico – quando a empresa necessita apurar o resultado obtido com a venda ela faz um levantamento físico do estoque remanescente. Esse inventário é adotado, via de regra, por empresas pequenas, que não possuem um sistema informatizado de controle do estoque.

Inventário Permanente – é o controle contínuo das entradas e saídas do estoque. A cada compra ou venda de mercadorias é possível apurar o saldo da conta estoques. O inventário permanente permite a avaliação do estoque por 4 diferentes técnicas: PEPS, UEPS, Média Ponderada Móvel ou Preço Específico, este último menos cobrado em provas de concursos.

A seguir, um exemplo de como o assunto é cobrado em questões de concursos públicos:

(Analista Administrativo - Contabilidade/ANTAQ – 2009 – CESPE) Para efeito de determinação dos custos dos produtos e dos serviços, o método indireto real faz a ligação completa — integrada e coordenada — da Contabilidade de custos com a Contabilidade geral.

Esse método adota o inventário periódico, em que se calculam as saídas dos estoques por meio da contagem e avaliação dos saldos inicial e final desses estoques.

O inventário periódico, apesar de menos recomendado para empresas comerciais por não permitir o conhecimento permanente do saldo do estoque e do custo da mercadoria vendida, é a melhor sistemática a se adotar em empresas industriais. Isso porque nas indústrias é necessário que periodicamente se faça um corte na produção para verificar a quantidade produzida e em produção e confrontar com os insumos consumidos, permitindo assim identificar o custo unitário dos produtos.

O método indireto real consiste em apurar a diferença entre as contas contábeis em um determinado período e assim definir quanto de insumos foram consumidos, confrontando com a quantidade produzida e obtendo assim o custo das unidades produzidas.

Gabarito: Correta

4.3. Avaliação de Estoques

A importância da avaliação dos estoques está relacionada principalmente ao valor a ser baixado do estoque quando da venda. Isto porque o valor do estoque final a ser levado ao balanço patrimonial dependerá do valor das entradas e baixas do estoque. A entrada no estoque será registrada a partir do preço de compra das mercadorias. Já a baixa do estoque dependerá o método de controle definido pela empresa, visto que esses critérios que definirão como ocorrerá a baixa quando houver unidades de estoque adquiridas por preços diferentes.

4.3.1. PEPS

PEPS é a abreviação de "primeiro a entrar é o primeiro que sai". Este critério define que na venda de produtos a baixa ocorrerá a partir das primeiras compras, o que é equivalente a pensar que serão vendidos os primeiros produtos adquiridos.

Exemplo do controle de estoque pelo método PEPS:

Considere a seguinte movimentação do estoque de uma empresa no mês de janeiro:

Data	Evento	Valor
02/jan	Compra de 10 unidades	R$ 42 cada
05/jan	Compra de 15 unidades	R$ 43 cada
08/jan	Venda de 18 unidades	R$ 50 cada
13/jan	Compra de 5 unidades	R$ 41 cada
14/jan	Venda de 8 unidades	R$ 52 cada

A ficha de controle do estoque pelo método PEPS está apresentada a seguir:

Data	Entradas			Saídas			Saldo		
	Qt	Preço Unitário	Total (R$)	Qt	Preço Unitário	Total (R$)	Qt	Preço unitário	Total (R$)
02/jan	10	42,00	420,00				10	42,00	420,00
05/jan	15	43,00	645,00				10	42,00	420.00
							15	43,00	645,00
							25		1.065,00
08/jan				10	42,00	420,00	7	43,00	301,00
				8	43,00	344,00		41,00	
				18		764,00			
13/jan	5	41,00	205,00				7	43,00	301,00
							5	41,00	205,00
							12		506,00
14/jan				7	43,00	301,00			
				1	42,00	41,00			
				8		342,00			
				CMV Total		1.106,00			

A partir da ficha de controle podemos apresentar as seguintes conclusões:

Os estoque são baixados pelo valor de entrada, independente do valor da venda;

Pelo PEPS, a baixa pela venda ocorrerá pegando do saldo anterior as primeiras unidades adquiridas até que se esgotem , passando assim para as adquiridas no momento seguinte.

O total das saídas do estoque representa o custo das mercadorias vendidas (CMV) do período, valor a ser utilizado na apuração do resultado do exercício.

A apuração do resultado com mercadorias ocorrerá confrontando as receitas com o custo das mercadorias vendidas. A receita de vendas está apresentada a seguir:

Data	Evento	Valor
08/jan	Venda de 18 unidades por R$ 50 cada	R$ 900,00
14/jan	Venda de 8 unidades por R$ 52 cada	R$ 936,00
RECEITA DE VENDAS		R$ 1836,00

Sendo assim, já de posse da receita de vendas e do CMV temos o seguinte resultado com mercadorias quando utilizamos o critério do PEPS:

RECEITA DE VENDAS	1.836,00
(-) CMV	(1.106,00)
(=) LUCRO BRUTO	730,00

4.3.2. UEPS

UEPS é a abreviação de "último que entra é o primeiro a sair". Este critério define que na venda de produtos a baixa ocorrerá a partir das últimas compras, o que é equivalente a pensar que serão vendidos os últimos produtos adquiridos.

A adoção deste critério não é permitida pelo Fisco Brasileiro, visto que existe uma tendência de os produtos adquiridos terem um valor cada vez maior no decorrer do tempo. Esses produtos de maior custo de aquisição seriam baixados primeiro, o que implicaria em um resultado do exercício menor, pois a baixa do estoque representa o Custo das Mercadorias Vendidas (CMV), conta redutora do resultado do exercício.

Exemplo do controle de estoque pelo método UEPS:

Considere a seguinte movimentação do estoque de uma empresa no mês de janeiro:

Data	Evento	Valor
02/jan	Compra de 10 unidades	R$ 42 cada
05/jan	Compra de 15 unidades	R$ 43 cada
08/jan	Venda de 18 unidades	R$ 50 cada
13/jan	Compra de 5 unidades	R$ 41 cada
14/jan	Venda de 8 unidades	R$ 52 cada

A ficha de controle do estoque pelo método UEPS está apresentada a seguir:

Data	Qt	Preço Unitário	Total (R$)	Qt	Preço Unitário	Total (R$)	Qt	Preço unitário	Total (R$)
		Entradas			**Saídas**			**Saldo**	
02/jan	10	42,00	420,00				10	42,00	420,00
05/jan	15	43,00	645,00				10	42,00	420.00
							15	43,00	645,00
							25		1.065,00
08/jan			205,00	15	43,00	645,00	7	42,00	294,00
				3	42,00	126,00			
				18		771,00			
13/jan	5	41,00	205,00				7	42,00	294,00
							5	41,00	205,00
							12		499,00
14/jan				5	41,00	205,00	4	42	168,00
				3	42,00	126,00			
				8		331,00			
					CMV Total	**1.102,00**			

A partir da ficha de controle podemos apresentar as seguintes conclusões:

1) Os estoque são baixados pelo valor de entrada, independente do valor da venda;

2) Pelo UEPS, a baixa pela venda ocorrerá pegando do saldo anterior as últimas unidades adquiridas até que se esgotem , passando assim para as adquiridas no momento seguinte.

3) O total das saídas do estoque representa o custo das mercadorias vendidas (CMV) do período, valor a ser utilizado na apuração do resultado do exercício.

A apuração do resultado com mercadorias ocorrerá confrontando as receitas com o custo das mercadorias vendidas. A receita de vendas está apresentada a seguir:

Data	Evento	Valor
08/jan	**Venda de 18 unidades por R$ 50 cada**	**R$ 900,00**
14/jan	Venda de 8 unidades por R$ 52 cada	R$ 936,00
RECEITA DE VENDAS		**R$ 1.836,00**

Sendo assim, já de posse da receita de vendas e do CMV temos o seguinte resultado com mercadorias quando utilizamos o critério do UEPS:

RECEITA DE VENDAS	1.836,00
(-) CMV	(1.102,70)
(=) **LUCRO BRUTO**	**734,00**

4.3.3. Média Ponderada Móvel

Por este critério não é necessário controlar o estoque separadamente pelos diferentes preços de aquisição. A cada nova compra é apurado um valor médio para os produtos do estoque.

Exemplo do controle de estoque pelo método da Média Ponderada Móvel:

Considere a seguinte movimentação do estoque de uma empresa no mês de janeiro:

Data	Evento	Valor
02/jan	Compra de 10 unidades	R$ 42 cada
05/jan	Compra de 15 unidades	R$ 43 cada
08/jan	Venda de 18 unidades	R$ 50 cada
13/jan	Compra de 5 unidades	R$ 41 cada
14/jan	Venda de 8 unidades	R$ 52 cada

A ficha de controle do estoque pelo método da Média Ponderada Móvel está apresentada a seguir:

Data	Entradas			Saídas			Saldo		
	Qt	Preço Unitário	Total (R$)	Qt	Preço Unitário	Total (R$)	Qt	Preço unitário	Total (R$)
02/jan	10	42,00	420,00				10	42,00	420,00
05/jan	15	43,00	645,00				25	42,60	1.065,00
08/jan				18	42,60	766,80	7	42,60	298,20
13/jan	5	41,00					12	41,93	503,20
14/jan				8	41,93	335,47	4	41,93	167,73
				CMV Total		**1.102,27**			

A partir da ficha de controle podemos apresentar as seguintes conclusões:

1) Os estoque são baixados pelo valor de entrada, independente do valor da venda;

2) O preço médio obtido após cada compra é encontrado dividindo o valor total (saldo anterior + compra) pela quantidade (quantidade anterior + quantidade adquirida).

3) A venda de mercadorias não afeta o preço médio. Este somente é afetado quando ocorrem novas compras por preço diferente daquele registrado no saldo anterior.

4) Pelo critério da Média Ponderada Móvel, a baixa pela venda ocorrerá pegando do saldo o valor das mercadorias.

5) O total das saídas do estoque representa o custo das mercadorias vendidas (CMV) do período, valor a ser utilizado na apuração do resultado do exercício.

A apuração do resultado com mercadorias ocorrerá confrontando as receitas com o custo das mercadorias vendidas. A receita de vendas está apresentada a seguir:

Data	Evento	Valor
08/jan	**Venda de 18 unidades por R$ 50 cada**	**R$ 900,00**
14/jan	Venda de 8 unidades por R$ 52 cada	R$ 936,00
RECEITA DE VENDAS		**R$ 1.836,00**

Sendo assim, já de posse da receita de vendas e do CMV temos o seguinte resultado com mercadorias quando utilizamos o critério da Média Ponderada Móvel:

RECEITA DE VENDAS	1.836,00
(-) CMV	(1.102,70)
(=) **LUCRO BRUTO**	**733,73**

4.3.4. Preço Específico

Quando é possível determinar o custo específico de cada unidade de estoque o valor a ser baixado será aquele atribuído à unidade vendida. Esse critério de avaliação é pouco cobrado em questões de concursos públicos.

4.4. Apuração do CMV no Inventário Periódico

O custo da mercadoria vendida (CMV) é dado pela seguinte fórmula:
CMV = Estoque inicial + Compras – Estoque final.
O valor das compras é dado da seguinte forma:

Compras brutas
(+) Fretes
(+)Seguros
(-) Deduções (Devolução de compras, abatimentos sobre compras e descontos incondicionais obtidos)
(=) Total a ser registrado no estoque

4.4.1. Movimentação entre Contas do Estoque

É importante lembrar que as empresas industriais têm seus estoques divididos por tipo, como segue:

✔ Estoque de matérias-primas
✔ Estoque de produtos em elaboração
✔ Estoque de produtos acabados

À medida que o produto é elaborado ele vai movimentando entre as contas contábeis. Nesse caso, para apuração do CMV é necessário considerar essa movimentação, além do valor das compras do período.

4.5. Impostos sobre Compras

Nem todo o valor pago pelas mercadorias adquiridas para revenda será registrado no estoque. Parte do valor será registrado em contas distintas do ativo, como impostos a recuperar, por exemplo, que incidem na compra de mercadoria de duas maneiras, os que estão incluídos dentro do preço da mercadoria e os que são cobrados à parte do preço da mercadoria. Existem estas duas possibilidades. **Não serão incluídos no custo de aquisição os impostos que serão recuperáveis através de créditos na escrita fiscal**.

Imposto recuperável é todo imposto que incide sobre a aquisição de insumos de produção, como: matéria-prima, materiais de industrialização, embalagens; nos casos em que a empresa compradora estiver sujeita ao mesmo imposto por ocasião em que efetuar as vendas dos produtos fabricados, como é o caso do IPI e ICMS.

4.5.1. Contabilização dos Impostos Recuperáveis

Situação 1 – Fábrica de Produtos

Como a fábrica está sujeita ao IPI, caso ela adquira produtos com incidência deste tributo este será recuperável e, portanto, contabilizado fora no estoque, na conta " IPI a recuperar".

Como a empresa está sujeita ao ICMS, o valor deste tributo sobre as mercadorias adquiridas será lançado na conta "ICMS a recuperar", não compondo, portanto, o valor do estoque.

Exemplo

Uma indústria adquiriu a prazo R$ 110.000,00 de materiais para a produção, sendo recuperáveis R$ 10.000,00 de IPI e R$ 12.000,00 de ICMS:

Débito - Estoque de Matérias-primas (Ativo Circulante) R$ 88.000,00

Débito - IPI a Recuperar (Ativo Circulante) R$ 10.000,00

Débito - ICMS a Recuperar (Ativo Circulante) R$ 12.000,00

Crédito - Fornecedores (Passivo Circulante) R$ 110.000,00

Situação 2 – Empresa Comercial

Por se tratar de comércio, a empresa não está sujeita ao IPI quando da aquisição de estoque e, portanto, o valor deste tributo está incluído no estoque.

Como a empresa está sujeita ao ICMS, o valor deste tributo sobre as mercadorias adquiridas será lançado na conta "ICMS a recuperar", não compondo, portanto, o valor do estoque.

Exemplo

Uma empresa comercial adquiriu a prazo R$ 110.000,00 de produtos para revenda, sendo recuperáveis R$ 12.000,00 de ICMS e não recuperáveis R$ 10.000,00 de IPI:

Débito - Estoque de Matérias-primas (Ativo Circulante) R$ 98.000,00

Débito - ICMS a Recuperar (Ativo Circulante) R$ 12.000,00

Crédito - Fornecedores (Passivo Circulante) R$ 110.000,00

4.5.2. Outros Impostos não Recuperáveis

Os impostos não recuperáveis são:

✔ Imposto sobre Serviços de Qualquer Natureza (ISS): Incide sobre a prestação de serviços, num percentual limitado a 5%, recolhido pelos cofres municipais.

✔ Programa de integração social (PIS): Sobre receitas de qualquer origem, com percentual variado é arrecadado pelo Gov. Federal em favor dos trabalhadores.

✔ Contribuição social (COFINS): Incidente sobre as vendas da entidade, instituída pelo Gov. Federal frente às despesas da área social. Provisionando todo mês o valor devido a título de contribuição, da mesma forma que o IPI.

4.6. Impostos Sobre Vendas

São considerados tributos incidentes sobre as vendas aqueles que guardam proporcionalidade com o preço da venda, mesmo que integrem a base de cálculo do tributo, com destaque para o ICMS, IPI, PIS e COFINS.

O IPI e o ICMS incidente sobre vendas devem ser deduzidos da receita bruta na determinação da receita líquida de vendas, com a contabilização da seguinte forma:

Débito - IPI sobre Vendas (Resultado)

Crédito - IPI a Recolher (Passivo Circulante)

e

Débito - ICMS sobre Vendas (Resultado)

Crédito - ICMS a Recolher (Passivo Circulante)

Os valores das contribuições PIS e COFINS incidentes sobre a receita de vendas serão debitados em contas próprias de resultado, tendo como contrapartida contas do Passivo Circulante, desta forma:

Débito - PIS sobre Vendas (Resultado)

Crédito - PIS a Recolher (Passivo Circulante)

e

Débito - COFINS sobre Vendas (Resultado)

Crédito - COFINS a Recolher (Passivo Circulante)

4.6.1. Apuração do Lucro Bruto

O lucro bruto é apresentado a partir da seguinte fórmula:

Faturamento bruto

(-) IPI

(=) Receita bruta

(-) Devoluções de Vendas

(-) Vendas Canceladas

(-) Abatimentos sobre Vendas

(-) Descontos Incondicionais (comerciais) Concedidos

(-) Impostos e Contribuições sobre Vendas

(=) Receita Líquida

(-)CMV

(=) Lucro Bruto

4.6.2. Apuração do Imposto a Pagar (Impostos Recuperáveis)

Quando da apuração do valor do imposto a pagar haverá, para os tributos recuperáveis (ICMS e IPI), valores a compensar no ativo. A empresa terá a pagar os impostos recuperáveis contabilizados no passivo deduzido dos valores a recuperar (ativo).

O lançamento por ocasião do término do período de apuração desses tributos recuperáveis, transferindo-se o saldo das contas respectivas para a conta do passivo:

Débito - ICMS a Recolher (Passivo Circulante)

Crédito - ICMS a Recuperar (Ativo Circulante)

e

Débito - IPI a Recolher (Passivo Circulante)

Crédito - IPI a Recuperar (Ativo Circulante)

4.6.3. Tratamento do ISS

O Imposto sobre Serviços de Qualquer Natureza (ISS) incide sobre a prestação de serviços, num percentual limitado a 5%, recolhido pelos cofres municipais e é um tributo não recuperável.

A contabilização do ISS segue o mesmo procedimento adotado no registro do ICMS sobre vendas.

Na Demonstração do Resultado do Exercício a conta "ISS s/venda de serviços" será inserida como item redutor da receita bruta de vendas de serviços, obtendo-se, dessa forma a receita líquida de vendas de serviços.

A seguir, um exemplo de como o assunto é cobrado em questões de concursos públicos:

(Auditor Fiscal da Receita Federal – 2002.2 – ESAF) A Mercearia Mercados S/A calculou custos e lucros em agosto de 2001, com fulcro nas seguintes informações:

O custo das vendas foi calculado com base em estoques iniciais ao custo total de R$ 120.000,00, compras, a vista e a prazo, ao preço total de R$ 260.000,00 e vendas, à vista e a prazo, no valor de R$ 300.000,00, restando em estoque para balanço o valor de R$ 150.000,00.

A tributação ocorreu de modo regular, com ICMS à alíquota de 17%, PIS/faturamento a 1% e COFINS a 3%.

Após a contabilização dos fatos narrados, a elaboração da Demonstração do Resultado do Exercício vai evidenciar o lucro bruto de

(A) R$ 50.880,00

(B) R$ 51.200,00

(C) R$ 61.280,00

(D) R$ 71.280,00

(E) R$ 71.600,00

O primeiro passo para resolver a questão é apurar quanto do valor pago das compras será registrado em estoques. Do total de R$ 260.000 de compras, 17% refere-se a ICMS, restando contabilizar R$ 44.200 (17% de R$ 260.000) como ICMS a recuperar e os R$ 215.800 restantes como estoque. Apresentamos a seguir o cálculo do CMV:

CMV = Estoque Inicial + Compras – Estoque Final
CMV = 120.000 + 215.800 - 150.000
CMV = 185.800

A Demonstração do Resultado do Exercício está apresentada a seguir:

Receita de Vendas	300.000,00
(-) ICMS (17% de R$300.000)	(51.000,00)
(-) PIS (17% de R$300.000)	(3.000,00)
(-) COFINS (17% de R$300.000)	(9.000,00)
(=) Receita Líquida	**237.000,00**
(-) CMV	(185.800,00)
(=) Lucro Bruto	**51.200,00**

Gabarito "B"

4.7. Ações

Ações Ordinárias (ON): conferem ao titular os direitos essenciais do acionista, especialmente participação nos resultados da companhia e direito a voto nas assembleias da empresa. Cada ação ordinária corresponde a um voto na assembleia geral. A Lei das Sociedades Anônimas dá direito ao acionista minoritário detentor de ações ON receber, no mínimo, 80% do valor pago pelo controlador em caso de venda do controle.

As ações ordinárias de companhia fechada poderão ser de classes diversas, em função de:

✔ Conversibilidade em ações preferenciais;

✔ Exigência de nacionalidade brasileira do acionista; ou

✔ Direito de voto em separado para o preenchimento de determinados cargos de órgãos administrativos.

A alteração do estatuto na parte em que regula a diversidade de classes, se não for expressamente prevista, e regulada, requererá a concordância de todos os titulares das ações atingidas.

Ações Preferenciais (PN): conferem ao titular prioridades na distribuição de dividendo, fixo ou mínimo, e no reembolso do capital. Entretanto, as ações PN não dão direito a voto ao acionista na assembleia geral da empresa, ou restringem o exercício desse direito. Na troca de controle, o tratamento é distinto para os acionistas detentores de ações PN.

As preferências ou vantagens das ações preferenciais podem consistir em:

✔ Prioridade na distribuição de dividendo, fixo ou mínimo;

✔ Prioridade no reembolso do capital, com prêmio ou sem ele; ou

✔ Acumulação das preferências e vantagens de que tratam os itens I e II

As ações ordinárias da companhia fechada e as ações preferenciais da companhia aberta (com ações em bolsa de valores) e fechada poderão ser de uma ou mais classes.

Ações de Fruição: são emitidas em substituição às ações integralmente amortizadas, as quais atribuem a seus titulares direitos estabelecidos no estatuto, normalmente dividendos, não representando parcela de capital e nem direito a voto.

Reembolso de Ações: é a operação pela qual, nos casos previstos em lei, a companhia paga aos acionistas dissidentes de deliberação da assembleia geral o valor de suas ações.

O estatuto pode estabelecer normas para a determinação do valor de reembolso, que, entretanto, somente poderá ser inferior ao valor de Patrimônio Líquido constante do último balanço aprovado pela assembleia geral, se estipulado com base no valor econômico da companhia, a ser apurado em avaliação.

Se a deliberação da assembléia geral ocorrer mais de 60 (sessenta) dias depois da data do último balanço aprovado, será facultado ao acionista dissidente pedir, juntamente com o reembolso, levantamento de balanço especial em data que atenda aquele prazo. Nesse caso, a companhia pagará imediatamente 80% (oitenta por cento) do valor de reembolso calculado com base no último balanço e, levantado o balanço especial, pagará o saldo no prazo de 120 (cento e vinte), dias a contar da data da deliberação da assembleia geral.

Caso o estatuto determine a avaliação da ação para efeito de reembolso, o valor será o determinado por três peritos ou empresa especializada. O valor de reembolso poderá ser pago à conta de lucros ou reservas, exceto a legal, e nesse caso as ações reembolsadas ficarão em tesouraria.

Se, no prazo de 120 (cento e vinte) dias, a contar da publicação da ata da assembleia, não forem substituídos os acionistas cujas ações tenham sido reembolsadas à conta do capital social, este considerar-se-á reduzido no montante correspondente, cumprindo aos órgãos da administração convocar a assembleia geral, dentro de 5 (cinco) dias, para tomar conhecimento daquela redução.

Resgate: consiste no pagamento do valor das ações para retirá-las definitivamente de circulação, com redução ou não do capital social, mantido o mesmo capital, será atribuído, quando for o caso, novo valor nominal às ações remanescentes.

Amortização: consiste na distribuição aos acionistas, a título de antecipação e sem redução do capital social, de quantias que lhes poderiam tocar em caso de liquidação da companhia. A amortização pode ser integral ou parcial e abranger todas as classes de ações ou só uma delas.

4.8. Dividendo Obrigatório

O artigo 202 da lei 6.404/76 trata de regras sobre o dividendo obrigatório.

Art. 202. Os acionistas têm direito de receber como dividendo obrigatório, em cada exercício, a parcela dos lucros estabelecida no estatuto ou, se este for omisso, a importância determinada de acordo com as seguintes normas:

I - metade do lucro líquido do exercício diminuído ou acrescido dos seguintes valores:

a) importância destinada à constituição da reserva legal (art. 193); e

b) importância destinada à formação da reserva para contingências (art. 195) e reversão da mesma reserva formada em exercícios anteriores;

II - o pagamento do dividendo determinado nos termos do inciso I poderá ser limitado ao montante do lucro líquido do exercício que tiver sido realizado, desde que a diferença seja registrada como reserva de lucros a realizar (art. 197);

III - os lucros registrados na reserva de lucros a realizar, quando realizados e se não tiverem sido absorvidos por prejuízos em exercícios subsequentes, deverão ser acrescidos ao primeiro dividendo declarado após a realização.

4.9. Diferença entre Duplicatas e Notas Promissórias

Duplicatas - título de crédito emitido por empresas que efetuam vendas de mercadorias. A duplicata garante ao vendedor o direito de receber do comprador o valor das vendas de mercadorias efetuadas a prazo. A empresa pode emitir ou receber duplicatas.

✔ Duplicatas Emitidas - direito da empresa. Outras nomenclaturas encontradas em provas: Duplicatas Emitidas pela Empresa, Duplicatas Recebidas por Terceiros ou Duplicatas a Receber.

✔ Duplicatas Recebidas - obrigações da empresa. Outras nomenclaturas encontradas em provas: Duplicatas Emitidas por Terceiros, Duplicatas Recebidas pela Empresa, Duplicatas Aceitas ou Duplicatas a Pagar.

Nota Promissória: título de crédito utilizado em operações financeiras (Exemplo: empréstimos efetuados por estabelecimentos bancários a seus clientes). Pode ser emitida por pessoas físicas ou pessoas jurídicas e representa uma promessa de pagamento. Por meio da nota promissória, o devedor se compromete a pagar o valor da dívida no local e data estipulados. A empresa pode emitir ou receber notas promissórias.

✔ Notas Promissórias Emitidas - obrigação da empresa (débito de financiamento). Outras nomenclaturas encontradas em provas: Notas Promissórias Emitidas pela Empresa, Notas Promissórias Recebidas por Terceiros ou Notas Promissórias a Pagar.

✔ Notas Promissórias Recebidas - direito da empresa (crédito de financimanento se for instituição financeira, cuja atividade fim também é o financiamento; ou crédito de financiamento). Outras nomenclaturas encontradas em provas: Notas Promissórias Emitidas por Terceiros, Notas Promissórias Recebidas pela Empresa, Notas Promissórias a Receber ou Notas Promissórias Aceitas.

Quadro resumo das duplicatas e notas promissórias:

Ativo	Passivo
Duplicatas emitidas	**Duplicatas recebidas**
Notas promissórias recebidas	Notas promissórias emitidas

4.10. Desconto de Duplicatas

Nas operações de desconto de duplicatas, a empresa transfere a posse e a propriedade para o banco, que pagará pelas duplicatas um valor descontado dos juros cobrados na operação.

No envio de duplicata para desconto:
Diversos
a Duplicatas Descontadas (Ativo Circulante – Retificadora)
Bancos Conta Movimento (Ativo Circulante)
Juros Passivos (Despesa)
Aviso de Recebimento (pagamento da duplicata pelo cliente):
Duplicatas Descontadas (Ativo Circulante – Retificadora)
a Duplicatas a Receber (Ativo Circulante)

4.11. Transformação, Incorporação, Cisão e Fusão

Essas operações referem-se a modalidades de reorganização das sociedades, e estão detalhadas a seguir:

4.11.1. Transformação

A transformação é a operação pela qual a sociedade passa, independente de dissolução e liquidação, de um tipo para outro (Lei das S.A. - Lei nº 6.404, de 1976, art. 220). Ocorre, por exemplo, quando uma sociedade por cotas Ltda. se transforma em sociedade anônima.

4.11.2. Incorporação

A incorporação é a operação pela qual uma ou mais sociedades são absorvidas por outra, que lhes sucede em todos os direitos e obrigações (Lei das S.A. - Lei nº 6.404, de 1976, art. 227; Código Civil - Lei nº 10.406, de 2002, art. 1116). Desaparecem as sociedades incorporadas, permanecendo, porém, com a sua natureza jurídica inalterada, a sociedade incorporadora.

Para que se processe a incorporação deverão ser cumpridas as formalidades exigidas pelo art. 227 da Lei nº 6.404, de 1976 (Lei das S.A.):

✔ Aprovação da operação pela incorporada e pela incorporadora (relativamente ao aumento de capital a ser subscrito e realizado pela incorporada) por meio de reunião dos sócios ou em assembleia geral dos acionistas (para as sociedades anônimas);

✔ Nomeação de peritos pela incorporada;

✔ Aprovação dos laudos de avaliação pela incorporadora, cujos diretores deverão promover o arquivamento e publicação dos atos de incorporação, após os sócios ou acionistas da incorporada também aprovarem os laudos de avaliação e declararem extinta a pessoa jurídica incorporada.

Para as sociedades que não são regidas pela Lei das S.A., valem as disposições dos arts. 1116 a 1118 da Lei nº 10.406, de 2002 (Código Civil).

4.11.3. Cisão

A cisão é a operação pela qual a sociedade transfere todo ou somente uma parcela do seu patrimônio para uma ou mais sociedades, constituídas para esse fim, ou já existentes, extinguindo-se a sociedade cindida - se houver versão de todo o seu patrimônio - ou dividindo-se o seu capital - se parcial a versão (Lei das S.A. - Lei nº 6.404, de 1976, art. 229, com as alterações da Lei nº 9.457, de 1997).

4.11.4. Fusão

A fusão é a operação pela qual se unem duas ou mais sociedades para formar sociedade nova, que lhes sucederá em todos os direitos e obrigações (Lei das S.A. - Lei nº 6.404, de 1976, art. 228; Código Civil - Lei nº 10.406, de 2002, art. 1119). Com a fusão desaparecem todas as sociedades anteriores para dar lugar a uma só, na qual todas elas se fundem, extinguindo-se todas as pessoas jurídicas existentes, surgindo outra em seu lugar.

A sociedade que surge assumirá todas as obrigações ativas e passivas das sociedades fusionadas.

Para que se processe a fusão deverão ser cumpridas as formalidades exigidas pelos §§ 1º e 2º do art. 228 da Lei nº 6.404, de 1976 (Lei das S.A.):

✔ Cada pessoa jurídica resolverá a fusão em reunião dos sócios ou em assembleia geral dos acionistas e aprovará o projeto de estatuto e o plano de distribuição de ações, nomeando os peritos para avaliação do patrimônio das sociedades que serão objetos da fusão.

✔ Constituída a nova sociedade e eleitos os seus primeiros diretores, estes deverão promover o arquivamento e a publicação de todos os atos relativos à fusão, inclusive a relação com a identificação de todos os sócios ou acionistas.

Para as sociedades que não são regidas pela Lei das S.A., valem as disposições dos arts. 1.120 a 1.122 da Lei nº 10.406, de 2002 (Código Civil).

A seguir, estão apresentados exemplos de como o assunto é cobrado em questões de concursos públicos:

(Auditor Fiscal da Receita Federal – 2003– ESAF) É fator condicional para a efetivação das condições aprovadas, de operação de fusão se os peritos nomeados determinarem que o valor dos patrimônios líquidos vertidos para a formação do novo capital social seja:

(A) inferior a 20% do capital preferencial das empresas envolvidas.

(B) pelo menos, igual ao montante do capital a realizar.

(C) no máximo 50% do capital ordinário anterior de cada uma das empresas.

(D) inferior ao total do capital preferencial anterior de cada uma das empresas.

(E) totalmente integralizado e superior a 50% do capital ordinário.

De acordo com o artigo 226 da lei 6.404/76, "as operações de incorporação, fusão e cisão somente poderão ser efetivadas nas condições aprovadas se os peritos nomeados determinarem que o valor do patrimônio ou patrimônios líquidos a serem vertidos para a formação de capital social é, ao menos, igual ao montante do capital a realizar".
Gabarito "B"

(Auditor Fiscal/SC – 2010 – FEPESE) Todas as definições abaixo estão corretas, **exceto**:

(A) a incorporação é a operação pela qual uma ou mais sociedades são absorvidas por outra, que a sucede em todos os direitos e obrigações, enquanto a fusão é a operação pela qual se unem duas ou mais sociedades para formar sociedade nova, que as sucederá em todos os direitos e obrigações.

(B) a cisão é a operação pela qual a companhia transfere parcelas do seu patrimônio para uma ou mais sociedades constituídas para esse fim, ou já existentes, extinguindo-se a companhia cindida, se houver versão de todo o seu patrimônio, e dividindo-se o seu capital, se parcial a versão.

(C) a incorporação é a operação pela qual se unem duas ou mais sociedades para formar sociedade nova, que lhes sucederá em todos os direitos e obrigações, enquanto a fusão é a operação pela qual uma ou mais sociedades são absorvidas por outra, que a sucede em todos os direitos e obrigações.

(D) a incorporação é a operação pela qual uma ou mais sociedades são absorvidas por outra, que a sucede em todos os direitos e obrigações, enquanto a cisão é a operação pela qual a companhia transfere parcelas do seu patrimônio para uma ou mais sociedades, constituídas para esse fim, ou já existentes, extinguindo-se a companhia cindida, se houver versão de todo o seu patrimônio, e dividindo-se o seu capital, se parcial a versão.

(E) a fusão é a operação pela qual se unem duas ou mais sociedades para formar sociedade nova, que as sucederá em todos os direitos e obrigações.

A: O artigo 227 da lei 6.404/76 define que incorporação é a operação pela qual uma ou mais sociedades são absorvidas por outra, que lhes sucede em todos os direitos e obrigações e o artigo 228 define fusão como a operação pela qual se unem duas ou mais sociedades para formar sociedade nova, que lhes sucederá em todos os direitos e obrigações; B: O artigo 229 da lei 6.404/76 define cisão como a operação pela qual a companhia transfere parcelas do seu patrimônio para uma ou mais sociedades, constituídas para esse fim ou já existentes, extinguindo-se a companhia cindida, se houver versão de todo o seu patrimônio, ou dividindo-se o seu capital, se parcial a versão; C: O artigo 227 da lei 6.404/76 define que incorporação é a operação pela qual uma ou mais sociedades são absorvidas por outra, que lhes sucede em todos os direitos e obrigações; D: O artigo 227 da lei 6.404/76 define que incorporação é a operação pela qual uma ou mais sociedades são absorvidas por outra, que lhes sucede em todos os direitos e obrigações; E: O artigo 228 da lei 6.404/76 define fusão como a operação pela qual se unem duas ou mais sociedades para formar sociedade nova, que lhes sucederá em todos os direitos e obrigações.

Gabarito "C"

4.12. Exercícios de Fixação Comentados

(Auditor Fiscal da Receita Federal – 2010 – ESAF) No mercadinho de José Maria Souza, que ele, orgulhosamente, chama de Supermercado Barateiro, o Contador recebeu a seguinte documento

Inventário físico-financeiro de mercadorias:	
elaborado em 31.12.2007:	R$ 90.000,00
elaborado em 31.12.2008:	R$ 160.000,00
Notas-fiscais de compras de mercadorias:	
Pagamento à vista	R$ 120.000,00
Pagamento a prazo	R$ 80.000,00
Notas-fiscais de vendas de mercadorias:	
Recebimento à vista	R$ 90.000,00
Recebimento a prazo	R$ 130.000,00

Os fretes foram cobrados à razão de R$ 25.000,00 sobre as compras e de R$ 15.000,00 sobre as vendas; o Imposto sobre a Circulação de Mercadorias e Serviços foi calculado à razão de 15% sobre as compras e sobre as vendas. Não há ICMS sobre os fretes, nem outro tipo de tributação nas operações.

Com base nessa documentação, coube ao contador contabilizar as operações e calcular os custos e lucros do supermercado. Terminada essa tarefa, podemos dizer que foi calculado um lucro bruto de vendas, no valor de:

(A) R$ 90.000,00.

(B) R$ 47.000,00.

(C) R$ 87.000,00.

(D) R$ 62.000,00.

(E) R$ 97.000,00.

O primeiro passo para resolver a questão é apurar o Custo da Mercadoria Vendida (CMV), que é dado pela seguinte fórmula:

CMV = Estoque inicial + Compras – Estoque final.

O valor das compras que deve compor o saldo do estoque é dado da seguinte forma:

Compras Brutas
(+) Fretes
(+)Seguros
(-) Deduções (Devolução de compras, abatimentos sobre compras, impostos recuperáveis e descontos incondicionais obtidos)

Sendo assim, o valor das compras a ser considerado no estoque da empresa em questão é dado da seguinte forma:

Compra de Mercadorias	200.000,00
(+) Fretes	25.000,00
(-) Impostos Recuperáveis (15% de ICMS)	(30.000,00)
Total a ser registrado no estoque	195.000,00

Colocando os dados na fórmula do CVM, temos:

CMV = 90.000,00 + 195.000,00 – 160.000,00 = 125.000,00

O resultado montado a partir das informações da questão está apresentado a seguir:

Vendas	220.000,00
(-) ICMS sobre Vendas	(33.000,00)
(=) **Receita Líquida**	**187.000,00**
(-) CMV	(125.000,00)
(=) **Lucro Bruto**	**62.000,00**
(-) Fretes sobre Vendas	(15.000,00)
(=) **Lucro Líquido**	**47.000,00**

Como pode ser observado, o lucro bruto pedido no enunciado da questão foi de R$62.000,00.

Gabarito "D"

COMO PASSAR – SUPER-REVISÃO DE CONTABILIDADE PARA CONCURSOS

4. CONTABILIDADE COMERCIAL

(Agente Tributário Estadual/MS – 2006 – FGV) Cia. Industrial e Comercial NECC apurou a contagem física de seu estoque (inventário) em 31/12/2005. Segundo identificado, seu estoque estava avaliado a $ 500.000,00, antes de qualquer ajuste eventualmente necessário para os seguintes eventos:

– mercadorias adquiridas por $ 60.000,00, na modalidade "à disposição do comprador no estabelecimento do vendedor" (*free on board* no embarque), embarcaram no dia 30/12/2005 e só chegaram ao estabelecimento da Cia. Comercial NECC no dia 06/01/2006;

– produtos em elaboração foram remetidos, em 15/12/2005, para beneficiamento numa terceira empresa, a Beneficiamentos Terceirizados Ltda. Esses produtos estavam avaliados ao custo de $ 30.000,00 e só retornaram ao estabelecimento da Cia. Industrial e Comercial NECC no dia 04/01/2006.

Com base, somente, nessas informações, apure o valor do estoque final da Cia. Industrial e Comercial NECC, em 31/12/2005.

(A) $ 440.000,00

(B) $ 500.000,00

(C) $ 530.000,00

(D) $ 560.000,00

(E) $ 590.000,00

As duas operações apresentadas na questão devem ser computadas para o cálculo do valor final do estoque em 31/12/2005. As mercadorias adquiridas pelo valor de R$ 60.000,00 entram no cálculo do estoque pois foram adquiridas na modalidade FOB, representando que desde a data da aquisição os produtos eram de responsabilidade da adquirente. Os produtos em elaboração em posse da empresa de beneficiamento no valor de R$ 30.000,00 também devem entrar no cálculo do estoque pois apesar de estarem em posse de outra empresa ainda faziam parte do ativo da Cia Industrial e Comercial NECC. Sendo assim, o saldo do estoque em 31/12/2005 é de R$ 590.000,00 (Sendo: R$ 500.000,00 + R$ 60.000,00 + R$ 30.000,00).

Gabarito "E"

(Auditor Fiscal/Vitória-ES – 2007 – CESPE) Considere que os saldos (em R$ 1,00) de algumas contas de determinada empresa, ao final do período, sejam os apresentados abaixo.

Vendas	450.000
Compras	280.000
ICMS s/ Vendas	45.000
ICMS a Recuperar	25.000
Abatimento s/ Compras	10.000
Comissões s/ Vendas	18.000
Devoluções de Compras	15.000
Descontos Comerciais s/ Vendas	20.000
Estoque Final	60.000

Com base nos dados apresentados, é correto concluir que o lucro operacional bruto dessa empresa foi de R$ 197.000,00.

1: Para calcular o valor do lucro bruto é necessário primeiramente calcular o custo da mercadoria vendida. Para isso é necessário apurar o valor ajustado das compras, conforme apresentado a seguir:

Compras	280.000,00
(-) Devolução de Compras	(15.000,00)
(-) Abatimento sobre Compras	(10.000,00)
(=) Compras Líquidas	**255.000,00**

Se as compras foram no valor de R$ 255.000,00 e o estoque final de R$ 60.000,00 é possível concluir que o custo das mercadorias vendidas foi de R$ 195.000,00 (R$ 255.000 – R$ 60.0000). Organizando as demais informações apresentadas pela questão, apura-se a seguinte Demonstração do Resultado do Exercício:

Receita de Vendas	450.000,00
(-) ICMS sobre Vendas	(45.000,00)
(-) Descontos Comerciais sobre Vendas	(20.000,00)
(=) Receita Líquida	**385.000,00**
(-) CMV	(195.000,00)
(=) Lucro Bruto	**190.000,00**

A única conta fornecida pela questão não utilizada no cálculo do lucro bruto foi a comissão sobre vendas. Isso porque essa é uma conta de despesa, que entrará na Demonstração do Resultado do Exercício abaixo do lucro bruto.

Gabarito: Errada

(Agente de Tributos/MT – 2004 – CESPE) De acordo com a legislação fiscal, deve ser excluído do custo de aquisição de mercadorias para revenda e de matérias-primas o montante do ICMS recuperável destacado em nota fiscal. Portanto, deve-se registrar em conta própria de ICMS a recuperar ou a débito da C/C de ICMS, se for o caso, o montante desse imposto, independente de ter sido pago ou não. Uma empresa que tenha realizado uma operação comercial de compra de mercadoria para revenda a prazo, no valor de R$ 10.000,00, com alíquota de 17% de ICMS já inclusa no preço da mercadoria e destacada na nota fiscal deve, de acordo com a legislação fiscal, registrar a seguinte contabilização dessa operação, em que os valores estão em R$.

D – compras/mercadorias....... 8.300,00
D – ICMS a recolher............. 1.700,00
C – fornecedores...................10.000,00

1: Para ficar correto, o lançamento apresentado deveria debitar "ICMS a recuperar" em vez de "ICMS a recolher". O ICMS a recolher representa um passivo da empresa, enquanto o ICMS a recuperar representa um ativo.

Gabarito: Errada

(Analista Judiciário - Contabilidade/STF – 2008 – CESPE) Assinale a opção correta com relação ao ICMS, um imposto incidente sobre o valor agregado em cada etapa do processo de produção e circulação, até o consumo final.

(A) O ICMS integra o preço de venda cobrado do comprador.

(B) O imposto a ser pago pelas empresas comerciais corresponde à diferença entre o que é pago na aquisição das mercadorias a serem revendidas e o que é cobrado na venda ao consumidor.

(C) O ICMS pago na aquisição das matérias-primas deve ser destacado e integra o custo dos produtos vendidos.

(D) O saldo devedor da conta corrente do ICMS indica o saldo do imposto a recolher.

A letra "B" está incorreta pois o imposto a ser pago pelas empresas comerciais corresponde à diferença entre o imposto a recuperar calculado sobre o valor das mercadorias adquiridas e o imposto calculado sobre o preço de venda ao consumidor. Cabe ressaltar que as alíquotas praticadas na compra e na venda podem ser diferentes.

COMO PASSAR – SUPER-REVISÃO DE CONTABILIDADE PARA CONCURSOS

4. CONTABILIDADE COMERCIAL

A incorreção da letra "C" está no fato de que o ICMS pago na aquisição das mercadorias não integra o custo dos produtos vendidos, mas sim o imposto calculado sobre o valor da venda. O ICMS da aquisição das mercadorias é registrado como um ativo da empresa, ICMS a recuperar, e quando confrontado com o valor do ICMS sobre a venda resulta no imposto a ser pago (caso onde o ICMS sobre vendas é maior que o ICMS a recuperar).

Na letra "D" a incorreção reside no fato de que o saldo devedor da conta corrente do ICMS representa um ativo das empresas, pois corresponde ao imposto a recuperar.

A letra "A" está correta pois o valor do ICMS já está embutido no preço do produto. Conforme explanada por Robinson Sakiyama Barreirinhas em seu Manual de Direito Tributário o ICMS é um "imposto por dentro". Ao contrário do que ocorre com o IPI, o valor do ICMS não é somado ao preço da operação.

Gabarito: A

(Analista judiciário - Contabilidade/TJ-PI – 2009 – FCC) O custo das mercadorias vendidas (CMV) da sociedade, nas transações do mês, se esta avaliar seus estoques pelo critério UEPS (último que entra, primeiro que sai), foi, em R$, de:

(A) 19.200,00.

(B) 19.120,00.

(C) 19.080,00.

(D) 19.000,00.

(E) 18.920,00.

O controle de estoques pelo critério UEPS está apresentado a seguir:

Entradas			Saídas			Saldo		
Qt	Preço unitário (R$)	Total (R$)	Qt	Preço unitário (R$)	Total (R$)	Qt	Preço unitário (R$)	Total (R$)
40	200,00	8.000,00				40	200,00	8.000,00
60	220,00	13.200,00				40 60 100	200,00 220,00	8.000,00 13.200,00 21.200,00
			60 30	220 200	13.200,00 6.000,00	10	200,00	2.000,00
50	240,00	12.000,00				10 50 60	200,00 240,00	2.000,00 12.000,00 14.000,00

O CMV é encontrado nas saídas do estoque e teve seu valor igual a R$ 19.200,00 (R$ 13.200,00 + R$ 6.000,00).

Gabarito "A"

(Auditor Fiscal/CE – 2006 – ESAF) A movimentação do estoque de bens de vendas da empresa Almerícias Comercial, na primeira semana de novembro, evidenciou estoque inicial de R$ 1.200,00, estoque final de 72 unidades e vendas brutas de R$ 2.900,00.

Sabendo-se que as compras do período foram de R$ 1.800,00 para 150 unidades, que já havia 120 unidades em estoque e que as operações não sofrem qualquer tributação, pode-se dizer que o valor do

(A) estoque final, pelo critério PEPS, foi de R$ 720,00.

(B) estoque final, pelo critério UEPS, foi de R$ 864,00.

(c) custo da mercadoria vendida, pelo critério PEPS, foi de R$ 2.280,00.

(d) custo da mercadoria vendida, pelo critério UEPS, foi de R$ 2.136,00.

(e) lucro operacional bruto, pelo critério PEPS, foi de R$ 764,00.

Apresentamos a seguir o controle de estoques pelos métodos PEPS e UEPS:

PEPS

Entradas			Saídas			Saldo		
Qt	Preço unitário (R$)	Total (R$)	Qt	Preço unitário (R$)	Total (R$)	Qt	Preço unitário (R$)	Total (R$)
						120	10,00	1.200,00
150	12,00	1.800,00				120	10,00	1.200,00
						150	12,00	1.800,00
						270		3.000,00
			120	10,00	1.200,00	72	12	864,00
			78	12,00	936,00			
			198		2.136,00			

UEPS

Entradas			Saídas			Saldo		
Qt	Preço unitário (R$)	Total (R$)	Qt	Preço unitário (R$)	Total (R$)	Qt	Preço unitário (R$)	Total (R$)
						120	10,00	1.200,00
150	12,00	1.800,00				120	10,00	1.200,00
						150	12,00	1.800,00
						270		3.000,00
			150	10,00	1.800,00	72	10,00	720,00
			48	12,00	480,00			
			198		2.280,00			

Com base nas fichas de controle de estoques é possível montar a seguinte Demonstração do Resultado:

	PEPS	UEPS
Vendas brutas	2.900,00	2.900,00
(-) CMV	(2.136,00)	(2.280,00)
(=) Lucro operacional bruto	764,00	620,00

Gabarito "E"

5. Contabilidade de Custos

Fabrício de Oliveira Barros

A Contabilidade de custos surgiu da necessidade de o contador apurar o valor dos estoques nas empresas industriais, e consequentemente o valor levado a resultado no momento da venda dos produtos. Essa apuração pode ocorrer a partir de técnicas variadas, algumas mais gerenciais e outras com o objetivo exclusivo de atender a legislação societária, com destaque para o Custeio por Absorção, Custeio Variável, ABC, Custo-Padrão e RKW. Os concursos públicos cobram, quase que exclusivamente, o Custeio por Absorção, Custeio Variável e ABC.

Os principais pontos da Contabilidade de custos cobrados em concursos estão apresentados a seguir.

5.1. Terminologia de Custos Industriais

Gasto – consiste na aquisição de um produto/serviço qualquer, que gere algum sacrifício financeiro para a entidade, sacrifício esse que é representado pela entrega (ou promessa de entrega) de ativos (geralmente dinheiro). Os gastos podem ser classificados como investimento, custo ou despesa.

Investimento – corresponde ao gasto com um bem ou serviço ativado em função de vida útil ou de benefícios atribuíveis a períodos futuros. Exemplo: aquisição de uma máquina.

Custo – corresponde ao gasto com bens ou serviços que serão utilizados na produção de outros bens ou serviços, ou seja, são gastos relacionados à atividade de produção. Exemplos: mão de obra da fábrica, salários da fábrica, depreciação das máquinas da fábrica, matéria-prima, etc.

Despesa – As despesas são gastos com bens ou serviços não utilizados nas atividades produtivas e consumidos com a finalidade de obtenção de receitas. Exemplos: salários da administração, comissão de vendedores, material de consumo – escritório, etc.

É importante destacar que a diferença principal entre custo e despesa diz respeito à vinculação com a produção. Dessa forma, os gastos com pessoal podem ser classificados tanto como custo (se referente ao salário de funcionários da fábrica) quanto como despesa (para os salários dos funcionários das demais áreas que não a de produção). Outro bom exemplo é a energia elétrica, cuja parte referente à fábrica é contabilizada como custo e a parte referente à administração é contabilizada como despesa.

A resolução dos exercícios de Contabilidade de custos em concursos públicos se iniciará com a classificação dos gastos como custos ou despesas. Essa classificação que definirá o tratamento dado a cada gasto, de acordo com o método de custeio que estiver sendo adotado.

A seguir, estão apresentados exemplos de como o assunto é cobrado em questões de concursos públicos:

(Analista judiciário - Contabilidade/TJ-SE – 2009 – FCC) A identificação de um gasto efetuado que NÃO produza benefícios econômicos futuros é reconhecido nas demonstrações de uma entidade como

(A) ganho.

(B) despesa.

(C) custo.

(D) receita.

(E) ativo.

Será um gasto efetuado que produzir benefícios futuros ele será contabilizado como um ativo (Ex: gasto com a compra de uma máquina). Por outro lado, se o gasto não produzir benefícios futuros deverá ser lançado diretamente para o resultado do exercício, como despesa.

Gabarito "B"

(Auditor Fiscal/MG – 2005 – ESAF) A empresa Atualíssima é totalmente automatizada, usando tecnologia de computação de última geração em seu processo produtivo, necessitando por essa razão manter um departamento de manutenção de microcomputação, que apresenta sistematicamente uma ociosidade de utilização de aproximadamente 25% por mês, mas justificada como imprescindível, pela Diretoria de Produção segundo os relatórios apresentados em reunião de diretoria.

Nessa mesma reunião o Diretor Administrativo informa que a manutenção e conserto dos micro-computadores de seu departamento vêm sendo realizados, até então, por uma empresa terceiri-zada, o que implica em um desembolso médio anual de $ 800.000,00. Tendo em vista a política de contenção de gastos aprovada, solicita que esse serviço seja realizado pelo Departamento de Produção utilizando a ociosidade de tempo relatada, tendo em vista que é plenamente viável a medição de todos os gastos que vierem a ser efetuados. Além disso, poder-se-ia aproveitar pelo menos parte da ociosidade do departamento de manutenção de microcomputação.

Nesse caso os gastos efetuados com a manutenção solicitada pela diretoria administrativa deveriam ser tratados como:

(A) Custo de Produção

(B) Despesa de Manutenção

(C) Receita Eventual

(D) Recuperação de Custo

(E) Custo Primário

A manutenção dos computadores da diretoria administrativa a ser realizada pelo departamento de manutenção de microcomputação deverá ser considerada uma despesa de manutenção, visto que não poderia ser contabilizada como custo, pois não se trata de gasto no processo de produção.

Gabarito "B"

(**Auditor do Tesouro Municipal/Fortaleza-CE – 2003 – ESAF**) A empresa Elétrica de Automóveis Ltda. apurou os seguintes dados no mês:

Itens	Valores em R$
Custo da Mão de obra	3.000,00
Custo de Baixa de Bens	1.000,00
Custo do Material Aplicado	2.000,00
Depreciação de Equipamentos Operacionais	200,00
Despesas Financeiras	300,00
Imposto sobre serviços	400,00
Vendas de Serviço	10.400,00

Indique a opção que contém o valor do custo dos serviços prestados.

(A) R$ 5.000,00

(B) R$ 5.200,00

(C) R$ 5.600,00

(D) R$ 6.200,00

(E) R$ 6.000,00

O custo dos serviços prestados é composto apenas pelos itens relacionados à prestação dos serviços, que para a questão são:

Item de custo	Valor
Custo da Mão de obra	3.000,00
Custo do Material Aplicado	2.000,00
Depreciação de Equipamentos Operacionais	200,00
Total	**5.200,00**

Os demais itens apresentados pela questão não se referem a custos, pois não estão relacionados à prestação dos serviços.

Gabarito "B"

5.2. Classificação dos Custos em Relação à Apropriação aos Produtos

Considerando a necessidade de se apropriar os custos aos produtos, é possível identificar que alguns custos podem ser diretamente apropriados aos produtos (custos diretos) e outros não oferecem condição de se aplicar uma medida objetiva na alocação (custos indiretos).

5.2.1. Custos Diretos

Custos diretos são aqueles que podem ser identificados diretamente a um produto em decorrência dos controles realizados pela empresa. Quando uma empresa possui um controle de seu almoxarifado é possível identificar qual produto recebeu determinada matéria-prima, alocando a esse produto o custo da matéria-prima consumida.

Exemplos de custos diretos:

✔ Matéria-prima: quando puderem ser apropriadas perfeitamente aos produtos, pois, os controles da empresa permitem essa separação por produto.

✔ Mão de obra: quando determinado funcionário trabalhar apenas com um produto ou quando um funcionário que trabalhe com diversos produtos conseguir medir quanto tempo trabalhou em cada um.

✔ Energia elétrica: quando consumida por apenas um produto ou quando for possível saber quanto cada produto consumiu.

Se uma empresa produz apenas um produto não haverá dificuldade em alocar custos entre diferentes produtos. Sendo assim, todos os seus custos serão diretos.

5.2.2. Custos Indiretos

Custos indiretos são aqueles que exigem cálculos, rateios ou estimativas para serem alocados (apropriados) a determinado produto. Esses custos necessitam de critérios de rateio para sua alocação. Esse critério de rateio é a regra para distribuição dos custos para os produtos da empresa.

Exemplos de custo indiretos:

✔ Matéria-prima: quando não puderem ser apropriadas perfeitamente aos produtos.

✔ Mão de obra: quando não for possível determinar quanto tempo determinado funcionário se dedicou a cada um dos produtos.

✔ Energia elétrica: quando consumida por mais de um produto e não for possível saber quanto coube a cada produto.

Não existe um critério de rateio fixo, ou seja, cada empresa definirá como distribuirá seus custos. Uma empresa poderá, por exemplo, ratear o custo com salários de supervisores pela quantidade produzida para produto enquanto outra empresa poderá adotar como critério de rateio para o mesmo custo a quantidade de horas matéria-prima recebida por cada produto.

A classificação dos custos entre diretos e indiretos depende também do tratamento despendido pela empresa. A energia elétrica de determinada fábrica pode ser considerada um custo indireto por não ser possível alocar diretamente aos produtos. No entanto, outra fábrica pode ter o controle detalhado de sua energia elétrica por produto e para ela esse custo seria direto.

Essa classificação também será importante para a apuração do custo total dos produtos na resolução das questões de concursos (principalmente as referentes ao Custeio por Absorção), pois os custos diretos serão diretamente alocados aos produtos e os custos indiretos serão alocados por algum critério de rateio.

A seguir, um exemplo de como o assunto é cobrado em questões de concursos públicos:

(Agente Fiscal/PI – 2001 – ESAF) Certos gastos de fabricação não estão ligados diretamente ao custo de um produto.

O sistema de Contabilidade de custos dispõe de um instrumento que distribui esses gastos entre os diversos produtos, sem provocar distorções inaceitáveis.

O instrumento é denominado:

(A) apropriação de custos

(B) compensação de custos

(C) estorno de despesas

(D) estorno de gastos

(E) rateio de gastos

Os custos indiretos de fabricação precisam ser distribuídos entre os produtos. Essa distribuição é chamada de rateio.
Gabarito "E"

5.3. Classificação dos Custos em Relação ao Nível de Produção

Quanto se leva em consideração o comportamento dos custos em relação à quantidade produzida é possível observar que alguns custos mantém seus valores independente da quantidade produzida (custos fixos) e outros custos variam acompanhando a variação na quantidade produzida (custos variáveis).

Essa classificação (fixos e variáveis) tem uma abordagem diferente da classificação dos custos em relação à apropriação aos produtos (diretos e indiretos). Dessa forma, um custo pode ser classificado tanto em relação ao nível de produção quanto em relação à apropriação aos produtos. Um custo poderá, portanto, ser direto e fixo, direto e variável, indireto e fixo ou indireto e variável.

5.3.1. Custos Fixos

Os custos fixos são aqueles cujos valores não se alteram, independente do volume produzido pela empresa.

Exemplos de custos fixos: aluguel, seguro, etc.

É importante ressaltar que o valor unitário dos custos fixos (custos fixo/quantidade produzida) diminui com o aumento da produção e aumenta com a redução da produção.

5.3.2. Custos Variáveis

Os custos variáveis são aqueles cujos valores se alteram em função do volume produzido pela empresa, ou seja, seus valores aumentam quanto maior a quantidade produzida e diminuem com a redução da produção.

Exemplos de custos variáveis: matéria-prima, gastos com horas extras, etc.

Diferente da classificação entre direto e indireto, que depende do controle da empresa sobre os custos e poderá variar para cada empresa, a classificação entre custos fixos e variáveis depende da observação do comportamento dos itens de custo e via de regra, terão a mesma classificação para diferentes empresas.

A seguir, um exemplo de como o assunto é cobrado em questões de concursos públicos:

(Agente Tributário Estadual/MS – 2006 – FGV) Com relação à classificação dos custos quanto ao volume (também chamada de classificação quanto à formação), analise as afirmativas a seguir:

I. Quanto ao volume, os custos são classificados em direto e indireto.

II. O custo fixo unitário varia inversamente ao volume produzido.

III. O custo variável total varia proporcionalmente ao volume produzido.

Assinale:

(A) se somente a afirmativa I estiver correta.

(B) se somente a afirmativa II estiver correta.

(C) se somente a afirmativa III estiver correta.

(D) se somente as afirmativas I e III estiverem corretas.

(E) se somente as afirmativas II e III estiverem corretas.

I: Incorreta, pois quanto ao volume de produção os custo são classificados em fixos e variáveis; II: Correta, pois como o custo permanece o mesmo, se o volume de produção aumentar haverá mais unidades para dividir o mesmo valor de custo; III: Correta, pois quanto mais se produz maior será o custo variável total.

Gabarito "E"

5.4. Apuração do Custo dos Produtos Vendidos (CPV) e do Resultado do Exercício

O foco das questões relacionadas à Contabilidade de custos nos concursos é a apuração do CPV e do resultado do exercício. Existe, no entanto, grande confusão entre os conceitos de Custo dos Produtos Vendidos e Custo da Produção do Período.

Custo dos Produtos Vendidos – soma dos custos incorridos na produção dos bens e serviços que estão sendo vendidos.

Custo da Produção do Período – soma dos custos incorridos na produção do período.

A apuração do custo do produto vendido ocorre nas empresas industriais da mesma forma que nas empresas comerciais.

Quando a empresa adotar o inventário periódico, e é dado pela seguinte fórmula: CPV = Estoque inicial + Compras – Estoque final.

Quando a empresa adotar o inventário periódico, o CPV será apurado a partir dos valores baixados das fichas de controle de estoque.

5.5. Custeio por Absorção

O custeio por absorção consiste na apropriação de todos os custos de produção aos bens produzidos, conforme apresentado no esquema a seguir:

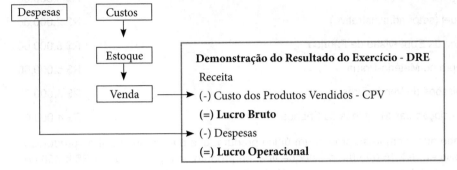

A **vantagem** do custeio por absorção é o fato de incluir no valor do estoque todos os custos, o que atende ao Princípio da Competência e torna seu uso obrigatório para atender a legislação societária e fiscal.

A **desvantagem** do uso do custeio por absorção está no fato de que os custos indiretos são rateados por critérios arbitrários, e implica na na divisão pouco criteriosa desses custos.

5.5.1. Roteiro do Custeio por Absorção

Para apuração do valor dos estoques pelo método do custeio por absorção a empresa seguirá o seguinte roteiro:

1ª Etapa: Separação entre custos e despesas

2ª Etapa: Apropriação dos custos diretos

3ª Etapa: Apropriação dos custos indiretos

A seguir, um exemplo de como o assunto é cobrado em questões de concursos públicos:

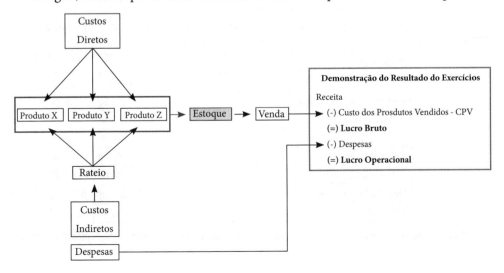

FABRÍCIO DE OLIVEIRA BARROS

(Analista judiciário - Contabilidade/TRE-AM – 2009 – FCC) A empresa Y incorreu nos seguintes gastos durante o mês de novembro de X9:

Mão de obra Direta	R$ 10.000,00
Energia Elétrica (fábrica)	R$ 3.000,00
Aluguel (setor administrativo)	R$ 2.000,00
Salário da Supervisão da Fábrica	R$ 5.000,00
Compra de Matéria-Prima	R$ 5.000,00
Comissões de Vendedores	R$ 3.000,00
Depreciação das Máquinas da Fábrica	R$ 4.000,00

Sabendo que a empresa produz um único produto, que o estoque inicial de produtos em processo era R$ 15.000,00, o estoque final de produtos em processo era R$ 4.000,00, o estoque inicial de matéria-prima era R$ 7.000 e o estoque final de matéria-prima era R$ 3.000,00. O custo da produção acabada no período utilizando o custeio por absorção foi, em reais,

(A) 46.000,00

(B) 42.000,00

(C) 32.000,00

(D) 31.000,00

(E) 27.000,00

A resolução da questão se inicia com a apuração da matéria consumida, que é encontrada a partir dos valores fornecidos para estoque inicial, compra de matéria e estoque final, conforme apresentado a seguir:

Matéria-prima	
Estoque Inicial	7.000,00
Compra de Matéria-Prima	5.000,00
Matéria-Prima Consumida	(9.000,00)
Estoque Final	3.000,00

Com o valor da matéria-prima consumida e demais valores dos custos incorridos no período é possível montar a movimentação da conta de produtos em processo, conforme apresentado a seguir:

Produtos em processo	
Estoque Inicial	15.000,00
Matéria-Prima Consumida	9.000,00
Mão de obra Direta	10.000,00
Energia Elétrica (fábrica)	3.000,00
Salário da Supervisão da Fábrica	5.000,00
Depreciação das Máquinas da Fábrica	4.000,00
Custo da Produção Acabada	(42.000,00)
Estoque Final	4.000,00

O custo da produção acabada aparece com o saldo negativo pois seu valor será transferido para a conta de produtos acabados.

Gabarito "B"

5.5.2. Departamentalização

Para a Contabilidade de custos departamentalização é o critério mais eficaz para uma racional distribuição dos custos indiretos. Esse critério consiste na divisão dos custos indiretos por departamentos, e a partir deles, os custos indiretos são distribuídos para os produtos, conforme o esquema a seguir:

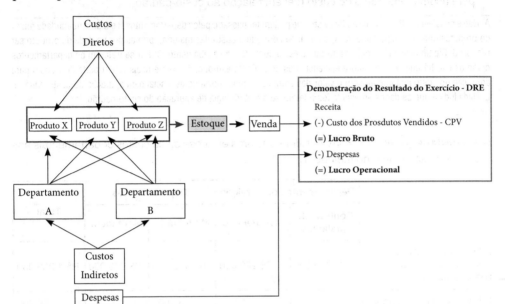

A seguir, estão apresentados exemplos de como o assunto é cobrado em questões de concursos públicos:

(Agente Fiscal/PI – 2001 – ESAF) Observe os seguintes dados: desconsidere existência de estoques inicial e final e assinale a opção correta.

	Depto. A	Depto. B	Depto. C
Matérias-Primas	200	400	400
Mão de obra	150	600	250
Gastos Gerais de Fabricação	50	200	150
Total	**400**	**1.200**	**800**
Quantidade de Produtos em Elaboração	2.000	2.400	2.400
Fase de Elaboração - %	40	50	10

Os dados indicam que:

(A) o custo das matérias-primas, por unidade fabricada, nos departamentos B e C é o dobro do custo das matérias-primas, por unidade fabricada no departamento A.

(B) estando o departamento A na fase de elaboração de 40%, significa dizer que 40% das 2.000 unidades, em elaboração nesse departamento, estão prontas para venda.

(C) sendo a fase de elaboração do departamento B muito maior que a fase de elaboração do departamento C, significa dizer que a eficiência do pessoal do departamento B é maior do que a do departamento C.

(D) para o cálculo do custo unitário da produção é indispensável que sejam conhecidos os estoques inicial e final dos produtos em elaboração, em cada departamento.

(E) foram extraídos de uma planilha de avaliação das variações positivas e negativas levantada para acompanhamento do custo real em relação ao custo-padrão.

A: Não é possível confirmar a afirmativa visto que podem ter passado pelos departamentos B e C uma quantidade maior de produtos que pelo departamento A, o que faria com que o custo das matérias-primas por unidade de produto ser menor; B: Significa que na média os produtos estão com 40% de acabamento; C: Por se tratarem de departamentos distintos não há que se comparar a eficiência dos dois; D: Os estoques iniciais e finais fazem parte do cálculo para apuração do custo juntamente com o valor das compras, sendo, portanto essencial para apuração do custo unitário; E: Nada indica que os dados apresentados referem-se à metodologia de apuração do custo-padrão.
Gabarito "D"

(Agente Fiscal de Rendas/SP – 2006 – FCC) Considere que uma empresa aloca custos departamentais aos produtos, utilizando-se do método "Direto".

	Departamentos de Serviços		Departamentos		Total
	Controle de qualidade	Manutenção	Maquinário	Montagem	
Custos de fabricação alocados diretos aos departamentos	R$ 350.000	R$ 200.000	R$ 400.000	R$ 300.000	R$ 1.250.000
Horas máquinas incorridas			50.000		50.000
Horas mão de obra direta				25.000	25.000
Horas de serviços:					
– de controle qualidade		7.000	21.000	7.000	35.000
– manutenção	10.000		18.000	12.000	40.000

Produtos	Unidades produzidas	Consumo horas/ máquinas	Consumo horas / MOD
A	5.000	6.0	3.0
B	4.000	5.0	2.5

Com base nos dados contidos no quadro acima, o custo unitário, em R$, dos produtos A e B são, respectivamente,

(A) 120,00 e 162,50

(B) 125,00 e 156,25

(C) 149,00 e 126,25

(D) 145,00 e 135,00

(E) 150,00 e 125,00

O primeiro passo para a resolução da questão é ratear os custos diretos dos departamentos produtivos. O custo do departamento de maquinário será rateado pelo total de horas/máquinas utilizadas em cada produto e o custo do departamento de montagem será rateado pelo total de horas de mão de obra utilizadas em cada produto. Apresentamos a seguir o total de horas máquina e mão de obra direta de cada produto com base na informação de quantidade produzida de cada produto:

Critério	Produto A	Produto B	TOTAL
Horas/ Máquina	30.000	20.000	50.000
Mão de obra /Direta	15.000	10.000	25.000

Utilizando o quadro acima, é possível distribuir na mesma proporção os custos dos departamentos produtivos, conforme apresentado a seguir:

	Produto A	Produto B	TOTAL
Maquinário	240.000,00	160.000,00	400.000,00
Montagem	180.000,00	120.000,00	300.000,00
Total de Custos Diretos	420.000,00	280.000,00	700.000,00
Proporção	60%	40%	100%

Os custos dos departamentos de serviços serão rateados a cada produto na mesma proporção dos custos diretos. O quadro a seguir demonstra o custo de cada departamento rateado por produto, que quando dividido pela quantidade produzida apresentará o custo unitário.

	Produto A	Produto B	TOTAL
Controle de Qualidade	210.000,00	140.000,00	350.000,00
Manutenção	120.000,00	80.000,00	200.000,00
Maquinário	240.000,00	160.000,00	400.000,00
Montagem	180.000,00	120.000,00	300.000,00
Custo total	750.000,00	500.000,00	1.250.000,00
Quantidade Produzida	5.000	4.000	
Custo Unitário (custo total ÷ quantidade produzida)	150,00	125,00	

Gabarito "E"

5.6. Custeio Variável

No Custeio Variável ou direto considera-se que o custo de produção é composto pelos custos e despesas variáveis incorridos. Os custos fixos, bem como as despesas fixas, não são considerados custos de produção e sim como despesas, sendo encerrados diretamente contra o resultado do período. Desta forma, comporão o valor do estoque apenas os custos e despesas variáveis.

O custeio variável está esquematizado a seguir:

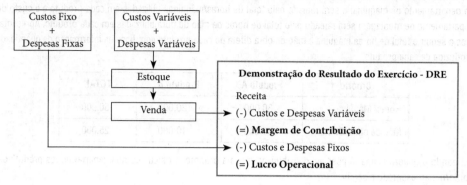

O custeio variável não pode ser utilizado pela legislação societária e fiscal, pois trata custos fixos como despesas e despesas variáveis como custos. Ainda assim é uma das principais técnicas do ponto de vista gerencial. Sendo assim, a empresa poderá adotar o custeio variável como técnica complementar, pois terá que adotar o custeio por absorção para atender a legislação.

A seguir, estão apresentados exemplos de como o assunto é cobrado em questões de concursos públicos:

(Contador/DFTRANS – 2008 – CESPE) Ao se utilizar o custeio variável, é possível simular qual o orçamento de lucros da empresa ao longo do período de um ano. Além da simulação de resultados, é possível, ainda, verificar a incidência de rendimentos decrescentes em função do implemento de insumos. O sistema de custeio variável considera tanto os custos quanto as despesas variáveis para a apuração da margem de contribuição unitária.

O custeio variável é uma sistemática utilizada para tomada de decisão e que não pode ser utilizada pela Contabilidade societária por tratar os custos fixos como se fossem despesas, ou seja, lançados diretamente no resultado do exercício. Essa metodologia de custeamento é bastante utilizada por acabar com os problemas trazidos pela apropriação dos custos fixos aos produtos, o que ocorre muitas vezes de forma arbitrária por não ser possível encontrar um critério mais adequado. Por se tratar de uma ferramenta gerencial pode ser adaptada para atender as necessidades do usuário da informação, permitindo, por exemplo, tratar custos e despesas variáveis como uma única espécie de gastos.

Gabarito: Correta

(Analista judiciário - Contabilidade/TER-RN – 2011 – FCC) A Cia. Várzea Paulista fabricou 20.000 unidades de seu produto no mês de início de suas atividades, outubro de 2010. Setenta por cento dessa produção foi vendida no período ao preço unitário de R$ 180,00. As seguintes informações adicionais foram obtidas do setor de Contabilidade da Cia. para o período em tela:

Custos e Despesas Fixos	R$ 750.000,00
Materiais Diretos	R$ 25,00 por unidade do produto
Mão de Obra Direta	R$ 20,00 por unidade do produto
Despesas Variáveis de Venda	R$ 10,00 por unidade do produto
Custos Indiretos Variáveis	R$ 30,00 por unidade do produto

Se a Companhia adotou o custeio variável como forma de custeamento de seus produtos, o seu lucro líquido no período, antes de computar o imposto de renda e a contribuição social sobre o lucro foi, em R$,

(A) 440.000,00.

(B) 730.000,00.

(C) 620.000,00.

(D) 430.000,00.

(E) 580.000,00.

Considerando que a empresa vendeu 14.000 unidades (70% das 20.000 unidades produzidas) é possível montar a seguinte Demonstração do Resultado do Exercício:

	Valor unitário	R$
Receita de vendas	180,00	2.520.000,00
(-) Materiais Diretos	(25,00)	(350.000,00)
(-) Mão de Obra Direta	(20,00)	(280.000,00)
(-) Despesas Variáveis de Venda	(10,00)	(140.000,00)
(-) Custos Indiretos Variáveis	(30,00)	(420.000,00)
(=) Margem de Contribuição	95,00	1.330.000,00
(-) Custos e Despesas Fixos		(750.000,00)
(=) Lucro antes do IR e CS		580.000,00

Gabarito "E"

5.6.1. Margem de Contribuição

Margem de contribuição significa a diferença entre o valor do preço de venda e os valores dos custos e das despesas variáveis. Contribuição porque representa em quanto esse resultado contribui para o pagamento das despesas fixas e também para gerar lucro ao negócio.

O sucesso desse indicador reside no fato de não levar em consideração qualquer rateio de custos, justamente por não constar em sua apuração qualquer custo fixo. Os custos fixos, por não terem ligação direta com a quantidade produzida, acabam por atrapalhar a tomada de decisão devido à necessidade da utilização de critérios de rateio arbitrários para distribuição dos custos entre os produtos.

A forma de apuração da Margem de Contribuição está apresentada a seguir:

RECEITA

(-) Custo e Despesas Variáveis

(=) Margem de Contribuição

A seguir, estão apresentados exemplos de como o assunto é cobrado em questões de concursos públicos:

(Agente Fiscal de Rendas/SP – 2006 – FCC) A diferença entre o preço de venda e o custo variável constitui

(A) a receita operacional bruta.

(B) a receita líquida.

(C) o ponto de equilíbrio.

(D) a margem de contribuição.

(E) a análise custo-volume-lucro.

O conceito de margem de contribuição é a diferença entre o preço de venda e o custo variável. O valor apurado nesse cálculo irá contribuir para o pagamento dos custos fixos.

Gabarito "D"

(Analista judiciário - Contabilidade/TRE-AM – 2009 – FCC) A empresa Mogno produz quatro produtos, A, B, C e D. As informações referentes a cada produto são apresentadas a seguir:

Produtos	A	B	C	D
Preço de Venda (unitário)	60	50	70	40
Custos Variáveis (unitário)	18	10	18	6
Custos Fixos (unitário)	9	5	9	3
Despesas Variáveis (unitário)	10	10	22	2
Despesas Fixas (unitário)	5	5	11	1

Os custos fixos são comuns aos quatro tipos de produtos e alocados com base nos custos variáveis unitários. As despesas fixas são alocadas em função das despesas variáveis unitárias. Sabendo que a empresa tem recursos para investir em propaganda de dois produtos e que o objetivo seja a maximização do lucro, os produtos que deverão ter sua venda incentivada são

(A) A e B.

(B) C e A.

(C) C e B.

(D) D e B.

(E) A e D.

A forma para encontrar os produtos que maximizam o lucro é através da apuração da margem de contribuição, que consiste no valor resultado do preço de venda menos os custos e despesas variáveis, conforme apresentado a seguir:

Produtos	A	B	C	D
Preço de Venda	60,00	50,00	70,00	40,00
(-) Custos Variáveis	(18,00)	(10,00)	(18,00)	(6,00)
(-) Despesas Variáveis	(10,00)	(10,00)	(22,00)	(2,00)
(=) Margem de Contribuição	32,00	30,00	30,00	32,00

Como pode ser observado no quadro, os produtos com maior margem de contribuição são A e D, sendo esses os que devem ter a venda incentivada.

Gabarito "E"

5.6.2. Limitações na Capacidade de Produção

Quando surgir algum fator que limite a capacidade de produção da empresa, devemos procurar utilizar esse recurso da melhor forma possível, para que a empresa tenha o melhor resultado. E para que isso aconteça, precisamos utilizar o conceito de margem de contribuição de uma forma diferente do que vimos anteriormente, considerando na análise o fator que limita a produção.

Exemplo

Suponha uma indústria automobilística que produza dois tipos de veículos, um com 2 portas e outro com 4 portas, com a seguinte estrutura de custos:

	Preço de Venda	Custos e Despesas Variáveis	Margem de Contribuição Unitária
Modelo 2 portas	30.000,00	22.000,00	8.000,00
Modelo 4 portas	40.000,00	26.000,00	14.000,00

O modelo 4 portas tem um mercado estimado em 1.000 unidades e o modelo 2 portas tem um mercado estimado em 3.000 unidades.

Considerando que em determinado mês, a empresa só conseguiu importar 4.000 maçanetas, e que as maçanetas são todas iguais (tanto para os carros de 4 ou 2 portas quanto para as portas dianteiras ou traseiras), quantas unidades a empresa deverá produzir para maximizar seu lucro?

Simulação 1:

Se a empresa produzir 1.000 unidades do modelo de 4 portas, sua margem de contribuição total nesse modelo seria igual a R$ 14.000.000 (1.000 unidades x R$ 14.000 de margem de contribuição unitária).

Nessa simulação, a empresa consumiria todas as 4.000 maçanetas e não conseguiria produzir mais nenhum carro de 2 portas.

Num primeiro momento poderíamos pensar que esta seria a melhor forma de maximizar o lucro, visto que o carro de 4 portas tem a maior margem de contribuição unitária. No entanto, devemos lembrar que existe um fator limitando a capacidade de produção, que é o número limitado de maçanetas que a empresa pode contar (4.000).

Simulação 2:

Numa situação contrária à simulação 1, podemos imaginar que a empresa optasse por produzir apenas modelos de 2 portas. Nesse caso a margem de contribuição total seria igual a R$ 16.000.000,00 (2.000 unidades x R$ 8.000,00 de margem de contribuição unitária).

Nessa simulação, a empresa consumiria todas as 4.000 maçanetas e não conseguiria produzir mais nenhum carro de 4 portas.

Podemos observar que mesmo tendo margem de contribuição unitária inferior ao veículo de 4 portas, a produção e venda exclusivamente de veículos de 2 portas apresenta uma margem de contribuição superior à venda de unidades de 4 portas.

Margem de Contribuição por Fator Limitador:

Quando houver algum fator que limite a capacidade de produção da empresa analisar apenas a margem de contribuição por produto, distorce o conceito da margem de contribuição, que não leva em consideração essas limitações. Nesse caso, a empresa deve analisar a margem de contribuição em relação ao fator limitador, que no exemplo apresentado seriam as maçanetas.

	Margem de Contribuição Unitária	Quantidade de Maçanetas Utilizadas	Margem de Contribuição por Maçaneta
Modelo 2 portas	8.000,00	2	4.000,00
Modelo 4 portas	14.000,00	4	3.500,00

Como é possível observar, quando a margem de contribuição é analisada em relação ao fator limitador (maçanetas), o modelo de 2 portas apresenta uma maior margem de contribuição.

Nesse caso, a empresa deve optar por maximizar a produção e venda do modelo de 2 portas e reduzir a produção e venda do modelo de 4 portas.

A seguir, um exemplo de como o assunto é cobrado em questões de concursos públicos:

(Fiscal de Rendas/RJ – 2008 – FGV) Determinada empresa industrial produz e vende somente três produtos diferentes: A, B e C, os quais são normalmente vendidos por R$ 10,00; R$ 15,00 e R$ 20,00, respectivamente.

Os custos variáveis unitários dos produtos A, B e C costumam ser R$ 6,00; R$ 8,00 e R$ 15,00, respectivamente. A empresa ainda incorre em custos fixos de R$ 400,00 por mês; despesas fixas administrativas e de vendas no valor de R$ 350,00 por mês; comissão variável aos vendedores de 3% da receita auferida.

O gerente da produção constatou, com o responsável pelo almoxarifado, que a matéria-prima X, comum aos três produtos, está com o estoque muito baixo – só se dispõe de 700kg desse recurso. Constatou-se, ainda, que só se dispõe de 60kg da matéria-prima Y.

O gerente da produção sabe que cada unidade do produto A consome 2kg da matéria-prima X; que cada unidade do produto B consome 3kg da matéria-prima X e que cada unidade do produto C consome 5kg da matéria-prima X, além de 4kg da matéria-prima Y (que é exclusiva do produto C).

O gerente de produção verificou com a equipe de vendas que a demanda mensal pelos produtos da empresa tem se mantido em 220 unidades do produto A, 100 unidades do produto B e 150 do produto C.

O gerente de produção procurou a equipe de compras e verificou que não é viável adquirir mais matérias-primas até o fim deste mês.

Sabe-se que no almoxarifado há 45 unidades da mercadoria A e 78 unidades da mercadoria C, prontas para serem vendidas, embora não haja qualquer unidade da mercadoria B.

Para se maximizar o resultado da empresa neste período, devem ser produzidas, ainda este mês, das mercadorias A, B e C, respectivamente:

(A) zero unidade, 100 unidades e 150 unidades.

(B) 175 unidades, 100 unidades e 10 unidades.

(C) 175 unidades, 300 unidades e 72 unidades.

(D) 200 unidades, 100 unidades e zero unidade.

(E) 220 unidades, 100 unidades e 150 unidades.

O exercício refere-se à alocação ótima de recursos, situação onde existe escassez de fatores de produção. Essa informação é de extrema importância para a resolução da questão, pois o exercício será trabalhado a partir dos fatores em escassez. Apresentamos a seguir um quadro com os dados fornecidos pela questão:

	Produto A	Produto B	Produto C
Preço de Venda	10	15	20
Custos Variáveis	6	8	15
Margem de Contribuição	4	7	5
Consumo Unitário da Matéria-Prima X (em kg)	2	3	5
Consumo Unitário da Matéria-Prima Y (em kg)	-	-	4
Demanda Mensal	220	100	150
Estoque	45	-	78

A partir dos dados é possível observar que a quantidade consumida do produto X deve ser levada em consideração quando da produção, visto que um produto com alta margem de contribuição unitária pode estar consumindo muito deste insumo, reduzindo a margem de contribuição total. Para solucionar esse problema é preciso considerar a margem de contribuição de cada produto em relação a quantidade consumida do insumo X, conforme apresentado a seguir:

	Produto A	Produto B	Produto C
Margem de Contribuição ÷ Consumo da Matéria-Prima X	2,00	2,33	1,00

O quadro demonstra qual produto apresenta a melhor relação entre a quantidade consumida do insumo X e a margem de contribuição. Para explicarmos melhor basta ver que o produto C, apesar ter uma margem de contribuição maior que a do produto A consome muito insumo X. Sendo assim, produzir muito produto C faria com que o insumo X acabasse mais rápido e fosse obtido um menor resultado do que se produzisse apenas o produto A. A conclusão é que o produto que garantirá o maior resultado para a empresa é o B, seguido do A e por último o C.

Mas a empresa não deverá gastar todo o seu esforço para produzir apenas o produto B, uma vez que existe uma demanda limitada para esse produto. Após atingir o suficiente para atender a demanda desse produto a empresa passará a produzir o segundo mais interessante (produto A) e depois o terceiro (produto C). Para garantir que a empresa fabricará apenas o suficiente de cada produto é preciso considerar o estoque já existente, conforme apresentado a seguir:

	Produto A	Produto B	Produto C
Demanda Mensal	220	100	150
Estoque	45	-	78
Quantidade a ser Produzida	175	100	72
Consumo Total da Matéria-Prima X (Quantidade produzida x consumo por produto)	350	300	360

Pelo quadro é possível perceber que ao produzir a quantidade necessária de produtos B (100 unidades) e A (175 unidades) a empresa já teria consumido 650kg (350kg + 300kg) da matéria-prima X, fazendo que restasse apenas 50kg para fabricação do produto C, que era o menos atraente de se fabricar. Essa quantidade de matéria-prima X seria suficiente para fabricar apenas 10 produtos C, pois este utiliza em sua fabricação 5kg da matéria-prima X por unidade.

Gabarito "B"

5.7. Custeio ABC

Custeio baseado em atividades ou custeio ABC (Activity Based Costing) é um método de custeio que está baseado nas atividades que a empresa efetua no processo de fabricação de seus produtos. Fornece um método para o tratamento dos custos indiretos, através da análise das atividades, dos seus geradores de custos, e dos utilizadores. O custeio ABC está no tratamento minucioso dos custos indiretos. Esses custos tornaram-se relevantes com o aumento da complexidade dos processos produtivos.

A importância que se dá à utilização do sistema de custeio ABC é em virtude do mesmo não ser apenas um sistema que dá valor aos estoques, mas também proporciona informações gerenciais que auxiliam os tomadores de decisão, como por exemplo, os custos das atividades, que proporcionam aos gestores atribuírem responsabilidades. Um diferencial do sistema de custeio ABC, é que a sua utilização, por exigir controles pormenorizados, proporciona o acompanhamento e correções devidas nos processos internos da empresa, ao mesmo tempo em que possibilita a implantação e/ou aperfeiçoamento dos controles internos da entidade.

No método ABC, o objetivo é rastrear quais são as atividades que estão consumindo de forma mais significativa os recursos da produção. Os custos são então direcionados, através de direcionadores de custos, para essas atividades e destas para os bens fabricados. O rastreamento de custos é um método muito mais complexo do que o simples rateio dos CIF aos produtos. É necessário elencar as atividades relevantes dentro dos departamentos, verificar quais são os recursos que estão sendo consumidos por elas, direcionar os custos para essas atividades e delas para os produtos.

O roteiro a ser seguido para apuração do custo dos produtos através do custeio ABC será:

1. Identificar as atividades relevantes dentro de cada departamento de produção (apoio o ou produção direta)
2. Atribuir os custos às atividades
3. Identificar os diversos direcionadores de custos existentes para cada atividade
4. Selecionar o direcionar de custos mais adequado
5. Atribuir o custo a cada atividade
6. Distribuir o custo de cada atividade aos produtos (levando em consideração os direcionadores de custos)

5.8.Custo Padrão

O custo-padrão é um custo pré-atribuído, tomado como base para o registro da produção antes da determinação do custo efetivo. Por se tratar de uma concepção gerencial, o custo-padrão indica um "custo ideal" que deverá ser perseguido, servindo de base para a administração mediar e eficiência da produção e conhecer as variações de custo. Esse custo ideal seria aquele que deveria ser obtido pela indústria nas condições de plena eficiência e máximo rendimento.

As principais características do método de custeio padrão são:

- ✔ Pré-fixação de seu valor, com base no histórico ou em metas a serem perseguidas pela empresa;
- ✔ Pode ser utilizado pela Contabilidade, desde que se ajuste, periodicamente, suas variações para acompanhar seu valor efetivo real (pelo método do custo por absorção);
- ✔ Permite maior facilidade de apuração de balancetes, sendo muito utilizado nas empresas que precisam grande agilidade de dados contábeis.

A seguir, um exemplo de como o assunto é cobrado em questões de concursos públicos:

(Agente Fiscal de Rendas/SP – 2006 – FCC) Uma empresa utiliza em sua Contabilidade o sistema de Custo Padrão. Ao final do mês, apurou uma variação de ociosidade de mão de obra direta.

Itens	Custo padrão	Custo real
Capacidade Instalada	15.000 horas	
Consumo de Horas p/Unidade	3 horas	2,5 horas
Taxa Horária	R$ 4,00	R$ 5,50
Produção Planejada	5.000 unidades	
Produção Real		4.000 unidades
Total de Gastos Planejados	R$ 60.000,00	
Total de Gastos Reais		R$ 55.000,00

Tomando como base as informações contidas no quadro acima, o valor da variação de ociosidade, em R$, foi

(A) 5.000 positiva.

(B) 5.000 negativa.

(C) 10.000 negativa.

(D) 15.000 negativa.

(E) 20.000 negativa.

A capacidade utilizada pela empresa foi de 10.000 horas (4.000 unidades x 2,5 horas por unidade), 5.000 horas a menos que o definido no custo-padrão. Como a taxa horária do custo-padrão é de R$4,00, a ociosidade foi de R$20.000,00 (5.000 horas x R$4,00).

Gabarito "E"

5.9. Relações Custo/Volume/Lucro

A avaliação das Relações Custo/Volume/Lucro é uma ferramenta utilizada para projetar o lucro que seria obtido a diversos níveis possíveis de produção e vendas, bem como para analisar o impacto sobre o lucro nas modificações no preço de venda, nos custos ou em ambos. Essa análise permite que a empresa estabeleça a quantidade mínima que deverá produzir e vender para que não incorra em prejuízo.

5.9.1. Pontos de Equilíbrio

O **Ponto de Equilíbrio Contábil** corresponde à quantidade que equilibra a receita total com a soma dos custos e despesas relativos aos produtos vendidos, ou seja, resultado do exercício igual a zero. A partir do ponto de equilíbrio contábil, basta excluir as contas que não envolvem desembolso para encontrar o ponto de equilíbrio financeiro.

O **Ponto de Equilíbrio Financeiro** corresponde à quantidade que iguala a receita total com a soma dos custos e despesas que representam desembolso financeiro para a empresa. Equilíbrio financeiro significa variação no fluxo de caixa igual a zero, ou seja, não deve ser levado em consideração operações que não representam entradas ou saídas de caixa. A depreciação não deve ser considerada no cálculo, uma vez que se trata de mero ajuste contábil e não representa desembolso para a empresa.

O **Ponto de Equilíbrio Econômico** corresponde à quantidade que iguala a receita total com a soma dos custos e despesas acrescidos do Custo de Oportunidade.

A seguir, estão apresentados exemplos de como o assunto é cobrado em questões de concursos públicos:

(Analista Administrativo - Contabilidade/ANTAQ – 2009 – CESPE) Sabendo-se que, em uma empresa industrial, os custos e despesas fixos são de R$ 540.000,00, e a margem de contribuição unitária, R$ 120,00, conclui-se que a empresa deverá produzir e vender, no mínimo, 4.500 unidades para que não haja prejuízo.

Cada produto vendido contribui com R$120,00 para pagar os custos e despesas fixos. Sendo assim, com a produção e venda de 4.500 unidades a empresa obterá uma margem de contribuição total de R$540.000,00. Esse valor é suficiente para pagar os custos e despesas fixos e impedir que a empresa tenha prejuízo.

O interessante é que se a questão falasse apenas em produzir e não "produzir e vender" a questão estaria errada, pois produção por si só não gera qualquer resultado para a empresa.

Gabarito: Correta

(Analista Administrativo - Contabilidade/ANTAQ – 2009 – CESPE) Considere a hipótese de o ponto de equilíbrio contábil ter sido calculado com base em custos e despesas fixos que incluem depreciação e amortização, que não representarão desembolso. Nesse caso, é correto afirmar que o ponto de equilíbrio financeiro será obtido a um nível de produção superior ao calculado para a obtenção do equilíbrio contábil.

O ponto de equilíbrio contábil consiste no resultado do exercício igual a zero. A partir do ponto de equilíbrio contábil, basta excluir as contas que não envolvem desembolso para encontrar o ponto de equilíbrio financeiro.

Na questão, foi dito que existem despesas (depreciação e amortização) incluídas no ponto de equilíbrio contábil que não representam desembolso. Sendo assim, para encontrarmos o ponto de equilíbrio financeiro basta retirar essas despesas do cálculo. A retirada das despesas tornará necessário um valor menor de receitas (nível de produção inferior) para obter o ponto de equilíbrio financeiro.

Gabarito: Errada

COMO PASSAR – SUPER-REVISÃO DE CONTABILIDADE PARA CONCURSOS

5. CONTABILIDADE DE CUSTOS

(Contador/DFTRANS – 2008 – CESPE)

Componente	Valor (em R$)
Custos Variáveis Unitários	2,10
Despesas Variáveis Unitárias	1,70
Custos Fixos Mensais	13.250,00
Despesas Fixas ao Mês (incluindo R$ 8.000 de depreciação)	21.440,00
Depreciação Mensal Fixa das Máquinas da Fábrica	6.200,00
Preço de Venda Unitário	12,00

Considere que as informações da tabela acima digam respeito a uma empresa cuja capacidade de produção mensal é de 10.000 unidades. Considere também que o imposto sobre a receita é de 10% e que o imposto sobre o lucro é de 20%.

Com respeito à situação apresentada, julgue os 3 itens a seguir, acerca da utilização do custeio variável para o gerenciamento de empresas.

(1) O ponto de equilíbrio contábil mensal é superior a 5.950 unidades.

(2) O ponto de equilíbrio financeiro mensal é superior a 6.020 unidades.

(3) Com a produção e venda de 8.200 unidades, o lucro após impostos é de R$ 13.208,00.

1: Equilíbrio contábil significa resultado do exercício (lucro/prejuízo) igual a zero. Se o lucro será igual a zero então a informação do imposto sobre o lucro não é relevante para esse item.

Para resolver esse item podemos seguir o seguinte roteiro:

1º passo: Achar a margem de contribuição para cada unidade do produto:

Preço de Venda Unitário	12,00
(-) Imposto sobre a Receita	(1,20) (10% sobre o preço de venda unitário)
(-) Custos Variáveis Unitários	(2,10)
(-) Despesas Variáveis Unitárias	(1,70)
(=) Margem de Contribuição Unitária	**7,00**

De posse dessa informação é possível saber com quanto cada unidade contribui para pagar os custos e despesas fixos.

2º passo: Definir o total de custos e despesas fixos:

Custos Fixos Mensais	13.250,00
Despesas Fixas ao Mês	21.440,00
Depreciação Mensal Fixa das Máquinas da Fábrica	6.200,00
Total de Custos e Despesas Fixos	40.890,00

3º passo: Calcular quantas unidades precisam ser vendidas para pagar todos os custos e despesas fixos e gerar resultado igual a zero:

40.890,00 ÷ 7,00 = 5.841,4

A produção de 5.841 unidades seria suficiente para atingir o equilíbrio contábil, quantidade essa inferior às 5.950 unidades propostas no enunciado do item.

2: Equilíbrio financeiro significa variação no fluxo de caixa igual a zero, ou seja, não deve ser levado em consideração operações que não representam entradas ou saídas de caixa. A depreciação não deve ser considerada no cálculo, uma vez que se trata de mero ajuste contábil e não representa desembolso para a empresa. Devem ser excluídas do cálculo da questão tanto a depreciação mensal fixa das máquinas da fábrica (R$ 6.200,00) quanto a depreciação incluída na despesa fixa (R$ 8.000,00).

Nesse item a informação sobre o imposto sobre o lucro também é irrelevante uma vez que o resultado contábil, pressuposto para utilizar a informação, foi negativo, como veremos mais adiante.

FABRÍCIO DE OLIVEIRA BARROS

Sendo assim, o ponto de equilíbrio financeiro seria o resultado necessário para cobrir os custos e despesas fixas, excluídos da depreciação, e demonstrado a seguir:

Total de custos e despesas fixos	40.890,00
(-) Depreciação incluída nas despesas fixas	(8.000,00)
(-) Depreciação mensal fixa das máquinas da fábrica	(6.200,00)
Total de custos e despesas fixos	26.690,00

Utilizando os dados do item anterior sabemos que cada produto vendido contribui com R$7,00 para pagar esses custos e despesas fixos. Para obter quantos produtos seriam necessários vender, é necessário dividir o total de custos e despesas fixos por essa margem de contribuição, conforme demonstrado a seguir:
26.690,00 ÷ 7,00 = 3.812,8

A produção de 3.812 unidades seria suficiente para atingir o equilíbrio contábil, quantidade essa inferior às 6.020 unidades propostas no enunciado do item.

3: Para responder essa questão o candidato poderia efetuar todo o cálculo da DRE utilizando a quantidade de 8.200 para multiplicar as informações unitárias. No entanto, considerando a importância de racionalizar o tempo de prova, é possível utilizarmos os cálculos dos itens anteriores para reduzir os cálculos desse item. É possível pegarmos das questões anteriores o dado sobre a margem de contribuição unitária (R$7,00), pois nessa informação estão incluídos todos os itens variáveis da questão, e também o total dos custos e despesas fixas mensais (R$40.890,00). Com esses dados montaríamos uma demonstração de resultado com a seguinte estrutura:

Margem de contribuição (8.200 unidades x R$7,00)	57.400,00
(-) Total de Custos e Despesas Fixas	(40.890,00)
(=) Lucro Antes do Imposto	16.510,00
(-) Imposto sobre o Lucro (20% de R$ 16.510)	(3.302,00)
(=) Lucro Líquido	13.208,00

É possível observar que é necessário apurar uma prévia do resultado e calcular sobre ela o imposto sobre o lucro. Essa prévia foi chamada de "Lucro antes do imposto" e sobre ela incidiu o percentual de 20% definido na questão.

Gabarito: 1: Errada, 2: Errada, 3: Correta

(Analista judiciário - Contabilidade/TER-RN – 2011 – FCC) Uma Companhia industrial projeta os seguintes valores de gastos e receitas mensais para o início de atividades de fabricação de seu produto X:

Custos e Despesas Fixas	R$ 379.980,00
Custos e Despesas Variáveis Unitários	R$ 125,00
Preço Unitário de X	R$ 215,00

Fazendo uso da análise das relações custo/volume/lucro, o ponto de equilíbrio (break-even point) da Companhia, em unidades do produto X, corresponde a

(A) 4.220.
(B) 4.222.
(C) 4.198.
(D) 4.250.
(E) 3.988.

Para resolver a questão é necessário apurar a margem de contribuição do produto "x". A margem de contribuição indicará quanto que cada produto contribuirá para pagar os custos e despesas fixos.

Preço Unitário de X	215,00
(-) Custos e Despesas Variáveis Unitários	(125,00)
(=) Margem de Contribuição	90,00

Para pagar os custos e despesas fixas será necessário vender 4.222 unidades (R$379.980,00/R$90,00).

Gabarito "B"

5.10. Exercícios de Fixação Comentados

(Auditor Fiscal/SC – 2010 – FEPESE) Dos gastos abaixo relacionados, para fins de Contabilidade de Custos, devem ser classificados como custos de produção os itens:

(A) material direto, perdas, ICMS, aluguel.

(B) matéria-prima consumida, mão de obra direta, honorários da diretoria.

(C) seguro do prédio da fábrica, mão de obra indireta, material direto.

(D) honorários da diretoria, fretes e seguros da fábrica, mão de obra indireta.

(E) depreciação dos equipamentos de produção, matéria-prima consumida, telefone, salário da administração.

A: ICMS e aluguel não se referem à produção e portanto não são custos de produção; B: Honorários da diretoria não se referem à produção e portanto não são custos de produção; C: Todos os itens relacionados estão relacionados com a produção e portanto são custos; D: Honorários da diretoria não se referem à produção e portanto não são custos de produção; E: Telefone e salário da administração não se referem à produção e portanto não são custos de produção.
Gabarito "C"

(Auditor Fiscal/SC – 2010 – FEPESE) Dos gastos abaixo relacionados, para fins de Contabilidade de Custos, devem ser classificados como despesas os itens:

(A) honorários da diretoria e fretes nas vendas.

(B) honorários da diretoria, fretes e seguros da fábrica.

(C) insumos de produção, telefone, salário da administração.

(D) materiais diversos para manutenção da fábrica, perdas, salário da administração.

(E) matéria-prima, mão de obra, honorários da diretoria.

A: Tanto honorários da diretoria quanto fretes sobre vendas não estão relacionados com a produção de bens e portanto são classificados como despesas; B: Fretes e seguros da fábrica estão relacionados à produção e portanto são classificados como custos ; C: Insumos de produção estão relacionados à produção e portanto são classificados como custos; D:Materiais diversos para manutenção da fábrica e perdas estão relacionados à produção e portanto são classificados como custos; E: Matéria-prima e mão de obra estão relacionados à produção e portanto são classificados como custos.
Gabarito "A"

(Auditor Fiscal/SC – 2010 – FEPESE) Analise as afirmativas abaixo e assinale com (V) as verdadeiras e (F) as falsas.

( ) Custo dos Produtos Vendidos é a soma dos custos incorridos na fabricação dos bens que estão sendo vendidos.

( ) Custo de Produção do Período é a soma dos gastos incorridos na empresa durante um determinado período.

( ) Custo Direto é aquele que pode ser medido (identificado) objetivamente com o produto.

( ) Custo da Produção Acabada é a soma dos custos incorridos no período dentro da fábrica.

( ) Custo Fixo não depende do volume de produção.

Assinale a alternativa que indica a sequência **correta** de cima para baixo.

(A) V – F – V – F – V

(B) V – F – F – V – V

(C) V – V – F – V – F

(D) F – V – F – F – V

(E) F – V – V – F – V

I: Verdadeiro, pois os custos dos produtos é o somatório dos custos de produção dos bens vendidos; II: Falso, pois o custo de produção representa o somatório dos custos e não dos gastos; III: Verdadeiro, pois o que define um custo como direto é a possibilidade de identificá-lo a um produto; IV: Falso, pois o custo da produção acabada não considera aqueles incorridos em produtos que não foram concluídos no período; V: Verdadeiro, pois o custo fixo permanece estável independente da quantidade produzida.

Gabarito "A"

(Auditor Fiscal/CE – 2006 – ESAF) A Cia. Boa Vista fabrica e vende os produtos A e B, durante um determinado mês, o departamento fabril reporta para a Contabilidade o seguinte relatório da produção:

CUSTOS	PRODUTO A	PRODUTO B	VALOR TOTAL
Matéria Prima	1.600.000	2.000.000	3.600.000
Mão de obra Direta	1.200.000	800.000	2.000.000
Unidades Produzidas no Período	10.000 Und.	8.000 Und.	18.000 Und.
CIF - Custos Indiretos de Produção			5.000.000

Se a empresa distribui os CIF com base nos custos diretos de produção, os custos unitários dos produtos "A" e "B" são respectivamente:

(A) R$ 675,25 e R$ 705,00

(B) R$ 670,50 e R$ 675,25

(C) R$ 662,50 e R$ 570,50

(D) R$ 545,25 e R$ 530,00

(E) R$ 530,00 e R$ 662,50

Apresentamos a seguir o quadro resumo da distribuição dos custos:

	Produto A	Produto B	Total
Matéria Prima	1.600.000,00	2.000.000,00	3.600.000,00
Mão de obra Direta	1.200.000,00	800.000,00	2.000.000,00
Total de Custos Diretos	2.800.000,00	2.800.000,00	5.600.000,00
Custos Indiretos	2.500.000,00	2.500.000,00	5.000.000,00
Custo Total	5.300.000,00	5.300.000,00	10.600.000,00
Custo Unitário	530,00	662,50	

Como o total de custos diretos foi dividido igualmente entre os dois produtos, e sendo esse o critério de rateio dos custos indiretos, é possível verificar que os custos indiretos também foram divididos igualmente entre os produtos. A apuração do custo unitário é obtida dividindo o custo total pela quantidade produzida.

Gabarito "E"

(Auditor Fiscal/MG – 2005 – ESAF) Assinale a opção que contém procedimento, utilizado no tratamento de custos, conflitante com princípios/ normas/ convenções contábeis.

(A) Custeio variável

(B) Custeio por absorção

(C) Custo benefício

(D) Consistência

(E) Materialidade

O custeio variável consiste em contabilizar os custos variáveis diretamente para o resultado do exercício, tratamento equivalente ao dado às despesas. Ocorre que essa sistemática contraria os princípios contábeis, visto que esses custos formam o estoque e, portanto, deveriam estar contabilizados como tal.

Gabarito "A"

Com base nas informações abaixo, resolva as três questões que seguem.

A Indústria de Ferro e Ferragem, fabricante do produto x, possuía a seguinte estrutura de custos e despesas em 20x4:

Estrutura de Custos em R$	
Custos Fixos	12.000.000/ano
Custos Variáveis	1.200/unidade
Estrutura de Despesas em R$	
Despesas Fixas	3.000.000/ano
Despesas Variáveis	600/unidade

O mercado no qual atua valida o preço de venda de R$3.800/unidade o que proporcionou a obtenção de uma receita total de R$39.900.000 em 20x4.

(Auditor Fiscal/MG – 2005 – ESAF) Conforme as informações dadas pode-se afirmar que:

(A) o lucro obtido pela empresa, no período de 20x4, foi na ordem de R$ 11.299.000.

(B) para que a empresa não tivesse prejuízo em 20x4 deveria vender pelo menos 7.301 unidades.

(C) se a empresa vendesse 7.550 unidades, o resultado obtido pela empresa seria nulo.

(D) no ano de 20x4 essa empresa teria equilíbrio no resultado se vendesse 7.800 unidades.

(E) a empresa vendeu 3.000 unidades acima de seu ponto de equilíbrio em 20x4.

Apresentamos a seguir a Demonstração do Resultado do Exercício considerando as unidades efetivamente vendidas (10.500 unidades) e considerando o ponto de equilíbrio (resultado igual a zero com a venda de 7.500 unidades:

	Venda de 10.500 unidades	Venda de 7.500 unidades
Receita de Vendas	39.900.000,00	28.500.000,00
(-) Custos Variáveis	(12.600.000,00)	(9.000.000,00)
(-) Despesas Variáveis	(6.300.000,00)	(4.500.000,00)
(=) Margem de Contribuição	**21.000.000,00**	**15.000.000,00**
(-) Custos Fixos	(12.000.000,00)	(12.000.000,00)
(-) Despesas Fixas	(3.000.000,00)	(3.000.000,00)
(=) Lucro Líquido	**6.000.000,00**	-

Gabarito "E"

(Auditor Fiscal/MG – 2005 – ESAF) O valor da margem de contribuição da empresa é:

(A) R$ 2.000

(B) R$ 2.500

(C) R$ 3.000

(D) R$ 3.500

(E) R$ 3.800

A margem de contribuição é apurada deduzindo da receita de vendas os custos variáveis. Apresentamos a seguir o cálculo da margem de contribuição da indústria:

Receita de Vendas	3.800,00
(-) Custos Variáveis	(1.200,00)
(-) Despesas Variáveis	(600,00)
(=) Margem de Contribuição	2.000,00

Gabarito "A"

(Auditor Fiscal/MG – 2005 – ESAF) Nas condições dos dados fornecidos, o percentual de margem de segurança é:

(A) 18,5%

(B) 20,7%

(C) 28,6%

(D) 36,8%

(E) 38,2%

A margem de segurança representa as unidades vendidas a mais que o ponto de equilíbrio. Como foram vendidas 10.500 unidades e o ponto de equilíbrio é de 7.500 unidades, a margem de segurança é igual a 28,6%, apurado pela seguinte fórmula: (7.500/10.500) – 1.

Gabarito "C"

(Auditor do Tesouro Municipal/Fortaleza-CE – 2003 – ESAF) A empresa Reparadora Ltda. apurou os seguintes dados no mês:

Itens	Valores em R$
Custo da Mão de obra	5.000,00
Custo de Baixa de Bens	1.000,00
Custo do Material Aplicado	4.000,00
Depreciação de Equipamentos Operacionais	300,00
Despesas Financeiras	500,00
Imposto sobre Serviços	500,00
Vendas de Serviços	15.500,00

Indique a opção que contém o valor correspondente ao Lucro Bruto.

(A) R$ 4.200,00

(B) R$ 4.700,00

(C) R$ 5.000,00

(D) R$ 5.200,00

(E) R$ 5.700,00

Com base nos dados apresentados pela questão é possível montar a seguinte Demonstração do Resultado:

Vendas de Serviços	15.500,00
(-) Imposto sobre Serviços	(500,00)
(-) Custo dos Serviços Prestados	
Custo da Mão de obra	(5.000,00)
Custo do Material Aplicado	(4.000,00)
Depreciação de Equipamentos Operacionais	(300,00)
(=) Lucro Bruto	5.700,00

Gabarito "E"

(Agente Tributário Estadual/MS – 2001 – ESAF) A Firma ComServiçal Limitada, no exercício de 2000, apurou resultados baseados nas seguintes informações:

Serviços Prestados à Vista	R$ 12.000,00
Serviços Prestados a Prazo	R$ 18.000,00
Materiais estocados no fim do período:	
Para Uso nos Serviços Oferecidos	R$ 1.400,00
Para Revenda Direta "in natura"	R$ 7.000,00
Compras à Vista:	
Materiais para Uso nos Serviços	R$ 4.000,00
Materiais para Revenda Direta	R$ 5.000,00
Compras a Prazo:	
Materiais para Uso nos Serviços	R$ 6.000,00
Materiais para Revenda Direta	R$ 5.000,00
Estoques Iniciais Inexistentes em Ambos os Tipos de Materiais:	
Mão de obra Direta do Serviço	R$ 6.200,00
Mão de obra do Restante da Atividade	R$ 2.700,00
Despesas de Juros e Multas	R$ 1.000,00
COFINS e PIS/Faturamento:	4%
ICMS e ISS: Alíquota Zero	
Lucro Operacional Bruto da Atividade de Revenda de Materiais:	R$ 6.500,00

A contabilização correta desses valores vai demonstrar, no referido exercício, a existência de:

(A) custo das mercadorias vendidas no valor de R$ 3.260,00

(B) custo dos serviços prestados no valor de R$ 20.200,00

(C) custo total (de mercadorias e serviços) no valor de R$ 21.500,00

(D) lucro bruto na atividade serviços no valor de R$ 14.000,00

(E) lucro líquido no valor de R$ 16.540,00

Para apurarmos qual o resultado da empresa na atividade serviços é necessário primeiramente apurar o custo dos materiais aplicados, da mesma forma que se apura o custo da mercadoria vendida, conforme apresentado a seguir:
Materiais aplicados = Estoque inicial + Compras(à vista e a prazo) – Estoque Final
Materiais aplicados = 0 + 4.000 + 6.000 – 1.400 = 8.600
Agora já é possível montar a Demonstração do Resultado da atividade serviços, conforme apresentado a seguir:

Receita de prestação de serviços	30.000,00
(-) COFINS e PIS (4% da receita)	(1.200,00)
(-) Materiais Aplicados	(8.600,00)
(-) Mão de obra Direta	(6.200,00)
(=) Lucro Bruto	**14.000,00**

Gabarito "D"

(Agente Fiscal/PI – 2001 – ESAF) Indique a opção correta.

(A) Quando a empresa fabrica um produto único, com especificações próprias, deve avaliar o seu custo de produção pelo critério de apuração denominado custos por processo, uma vez que o processo de fabricação se desenvolve durante um determinado período de tempo.

(B) Quando a empresa tem necessidade de conhecer e controlar as diversas fases de fabricação de seus produtos, deve organizar os registros de sua Contabilidade de custos atendendo aos critérios que norteiam o denominado custo-padrão, porque é a forma segura de obter informações prévias quanto ao custo final do produto e manter controles que assegurem a execução conforme tenha sido planejado.

(C) Quando a empresa mantém uma produção contínua, desenvolvida em diversas fases distintas, a apuração de custos poderá ser feita por departamentos, mas está sujeita, ao final de cada período, à verificação do nível de acabamento de todos os produtos existentes em cada departamento ligado à produção.

(D) Quando a empresa não tem necessidade de conhecer com exatidão e de manter controle sobre os custos, como nos casos de produção sob encomenda, o departamento de custos pode ser organizado em Centros de Custos, em um sistema denominado Centro de Custo-Padrão.

(E) Quando a empresa adota a apuração de custos pelo método de custo-padrão, como o sistema mais simples de registro dos custos de produção, deve tomar como base de verificação e acompanhamento dos custos de produção os parâmetros de padrões registrados em fabricações anteriores, na própria empresa ou em empresa similar.

A: Se a empresa fabrica apenas um produto não é necessário adotar critérios de apuração; B: A metodologia do custo-padrão não assegura a execução conforme o planejamento; C: Ao final de cada período a empresa deverá identificar quantos produtos estão acabados e quantos estão em elaboração de forma a reparar os custos entre esses produtos; D: Os centros de custos representam uma forma sofisticada de apuração do custo; E: O custo-padrão não é uma metodologia simples de registro dos custos de produção.
Gabarito "C"

(Agente Fiscal/PI – 2001 – ESAF) A empresa industrial é uma organização que:

(A) visa, além da transformação, da compra e venda de bens, atender a fins sociais da comunidade.

(B) visa à transformação de matérias-primas em bens.

(C) visa à exploração de atividades de transformação de matérias-primas e à prestação de serviços em geral.

(D) visa à compra e venda de produtos.

(E) exerce várias funções na sociedade, como compra e venda de produtos, transformação de matérias-primas e criação de empregos.

Se a empresa é exclusivamente industrial sua atividade é a transformação de matérias-primas em bens.
Gabarito "B"

(Agente Fiscal/PI – 2001 – ESAF) Assinale a opção que não pode ser considerada como representativa de operações de gestão de uma empresa industrial.

(A) Aplicação de capitais na aquisição de máquinas e equipamentos.

(B) Venda de produtos de fabricação própria.

(C) Compra de matérias-primas e de produtos secundários.

(D) Contratação de mão de obra e aquisição de componentes.

(E) Compra e venda de produtos de terceiros.

A: Máquinas e equipamentos que serão utilizados na produção de bens; B: Uma empresa industrial venderá apenas os produtos fabricados por ela; C: É com esses produtos que a empresa fabricará seus produtos; D: A aplicação desses custos transformará a matéria-prima em produtos para revenda; E: A venda de produtos de terceiros não se enquadra como atividade de uma empresa industrial.
Gabarito "E"

(Agente Fiscal/PI – 2001 – ESAF) Indique a opção que contém lançamento contábil que representa uma etapa do processo de produção industrial.

(A) Matérias-Primas
  Chapas de aço nº 18
 a Fornecedores Cia. do Aço
  Pago sua fatura nº 2323, nesta data   50

(B) Matérias-Primas
  Chapas de aço nº 18
 a Produtos em Elaboração
  Caldeiras
  Pelo consumo de matérias-primas no Período 50

(C) Matérias-Primas
  Chapas de aço nº 16
 a Produtos Prontos
  Fogões elétricos
  Produção concluída neste mês   50

(D) Produtos Prontos
  Fogões elétricos
 a Produtos em Elaboração
  Fogões elétricos
  Valor da produção concluída neste mês 50

(E) Produtos em Elaboração
  Fogões elétricos
 a Produtos Prontos
  Fogões elétricos
  Produção concluída no corrente mês 50

A: Refere-se à aquisição de matérias-primas, operação não relacionada à produção; B: Lançamento incoerente com a descrição, pois transfere produtos em elaboração para a conta de matérias-primas; C - Lançamento incoerente com a descrição, pois transfere produtos prontos para a conta de matérias-primas; D: O lançamento representa a conclusão do processo de elaboração, transferindo o valor referente aos produtos prontos para sua conta contábil; E: Lançamento incoerente com a descrição, pois transfere produtos prontos para a conta de produtos em elaboração.

Gabarito "D"

(Fiscal de Rendas/RJ – 2008 – FGV) Analise as afirmativas a seguir:

I. Os co-produtos são todos os produtos secundários, isto é, deles se espera a geração esporádica de receita que é relevante para a entidade.

II. Dos subprodutos se espera a geração de receita regular ou esporádica para a entidade, sendo seu valor irrelevante para a entidade, em relação ao valor de venda dos produtos principais.

III. Os subprodutos são avaliados, contabilmente, pelo valor líquido de realização.

IV. A receita auferida com a venda de sucatas é reconhecida como "Receita Não Operacional".

Assinale:

(A) se somente as afirmativas I e II forem corretas.

(B) se somente as afirmativas I, II e IV forem corretas.

(C) se somente as afirmativas II e III forem corretas.

(D) se somente as afirmativas II e IV forem corretas.

(E) se somente a afirmativa III for correta.

I: Incorreta, pois esse é o conceito de subproduto; II: Correta, pois apresentou corretamente o conceito de subproduto; III: Incorreta, pois os subprodutos são avaliados contabilmente como qualquer outro produto, pelo custo de fabricação; IV: Incorreta, pois a geração de sucatas é reflexo da atividade operacional da empresa, representa, portanto uma receita operacional.

Gabarito "E"

O enunciado abaixo se refere às três questões a seguir.

A empresa industrial Grasse fabrica e vende 2 tipos de perfume: X e Y.

A fabricação do produto X consome 2,75kg de matéria-prima por unidade e 2h de mão de obra direta por unidade, ao passo que a fabricação do produto Y consome 10kg de matéria-prima por unidade e 3h de mão de obra direta por unidade.

Sabe-se que a matéria-prima e a mão de obra direta podem ser utilizadas indistintamente nos dois produtos.

O quilo da matéria-prima custa R$ 2,00 e a taxa da mão de obra R$ 3,00/h.

A empresa incorre em custos fixos mensais (comuns aos dois produtos) de R$ 9.400 e em despesas fixas mensais de R$ 4.000, além de despesas variáveis correspondentes a 10% da receita.

Considere que, em agosto próximo passado, a empresa Grasse produziu 100 unidades do produto X e 90 unidades do produto Y.

Considere, ainda, que em agosto os estoques iniciais estavam vazios e que a empresa vendeu 80 unidades de cada produto, sendo o produto X ao preço unitário de R$ 150 e o produto Y por R$ 250.

(Fiscal de Rendas/RJ – 2008 – FGV) O resultado que a empresa industrial Grasse apurou em agosto próximo passado, pelo custeio por Absorção (utilizando-se as horas totais de mão de obra direta como critério de rateio), foi:

(A) R$ 20.760,00.

(B) R$ 13.400,00.

(C) R$ 13.538,67.

(D) R$ 13.560,00.

(E) R$ 12.160,00.

Esquematizando os dados apresentados pela questão é possível montar o seguinte quadro:

	Produto X	Produto Y	Total
Consumo de Matéria-Prima Unitário(kg)	2,75	10,00	
Consumo de Mão de Obra Unitário (horas)	2	3	
Custo Unitário de Matéria-Prima (quantidade x preço - R$2,00)	5,50	20,00	
Custo Unitário de Mão de Obra (quantidade x preço - R$3,00)	6,00	9,00	
Custo Variável Unitário (matéria-prima + mão de obra)	11,50	29,00	
Preço de Venda	150,00	250,00	
Quantidade Vendida	80,00	80,00	
Receita de Vendas (preço de venda x quantidade vendida)	12.000,00	20.000,00	32.000,00
Custo Variável Total (quantidade vendida x custo unitário total)	920,00	2.320,00	3.240,00
Quantidade Produzida	100,00	90,00	190,00
Total de Horas de Mão de Obra (quantidade produzida x consumo de mão de obra unitário)	200,00	270,00	470,00
Custo Fixo pelas Horas Totais de Mão de obra (proporcional ao total de horas de mão de obra que cada produto recebeu)	4.000,00	5.400,00	9.400,00
Custo Fixo Rateado por Produto (custo fixo ÷ quantidade produzida)	40	60	
Custo Fixo dos Produtos Vendidos (custo fixo rateado por produto x quantidade vendida)	3.200,00	4.800,00	8.000,00

Com base nos dados do quadro acima é possível montar a seguinte Demonstração do Resultado do Exercício:

Receita de Vendas	32.000,00
(-) CMV (custo variável de R$3.240 + custo fixo de R$8.000)	(11.240,00)
(=) Lucro Bruto	20.760,00
(-) Despesas Fixas	(4.000,00)
(-) Despesas Variáveis (10% da receita)	(3.200,00)
(=) Lucro Líquido	13.560,00

Gabarito "D"

FABRÍCIO DE OLIVEIRA BARROS

(Fiscal de Rendas/RJ – 2008 – FGV) O ponto de equilíbrio contábil da empresa industrial Grasse, em valores arredondados, é:

(A) R$ 5.007,82.

(B) R$ 14.909,60.

(C) R$ 11.768,39.

(D) R$ 10.458,97.

(E) R$ 16.776,21.

Caso a empresa vendesse o total de unidades produzidas (100 unidades do produto X e 90 unidades do produto Y) o lucro líquido seria igual a R$16.590,00, sendo o valor mais próximo a esse dentre as respostas é letra "E" (R$16.776,21).

Gabarito "E"

(Fiscal de Rendas/RJ – 2008 – FGV) Admitindo que, para setembro, todas as variáveis de agosto próximo passado permanecem válidas (inclusive a demanda: 80 unidades de cada produto), salvo a disponibilidade de matérias-primas, pois, em função da greve dos transportadores, a empresa industrial Grasse só dispõe de 605kg dessa matéria-prima. Considerando que a única decisão viável diz respeito ao volume a ser produzido, determine quantas unidades de cada produto deverão ser produzidas e vendidas a fim de a empresa industrial Grasse apurar o maior lucro possível em setembro. (Perfume X e Perfume Y, respectivamente – valores arredondados.)

(A) zero unidade e 76,7 unidades

(B) 10 unidades e 70 unidades

(C) 100 unidades e 33 unidades

(D) 80 unidades e 38,5 unidades

(E) 60 unidades e 44 unidades

A forma mais lógica de definir qual produto produziria em maior quantidade seria dar preferência ao produto com maior margem de contribuição. No entanto, caso este produto com maior margem de contribuição consumisse muita matéria-prima (produto em escassez) ele se tornaria inviável. Por esse motivo é importante analisar a margem de contribuição em relação à quantidade de matéria-prima que consome, conforme apresentado a seguir:

	Produto X	Produto Y
Receita	150,00	250,00
Custos Variáveis	26,50	54,00
Margem de Contribuição Unitária	123,50	196,00
Margem de Contribuição Unitária/quantidade de matéria-prima consumida	44,91	19,60

Pelo quadro acima é possível observar que, mesmo apresentando a melhor margem de contribuição, o produto Y apresenta menor margem de contribuição pela quantidade de matéria-prima consumida. Isso indica que a empresa deverá dar preferência para vender o produto X.

Como existe uma demanda limitada pelos produtos (80 unidades) e um estoque inicial da cada produto (20 unidades de X e 10 unidades de Y) esses dados devem ser considerados na análise. Sendo assim, a empresa deveria produzir inicialmente 60 unidades de X, pois é o produto mais rentável em relação à matéria-prima consumida, pois essa quantidade somada ao estoque inicial atingiria a quantidade demandada de 80 unidades. A produção dessas 60 unidades consumiriam 165kg de matéria-prima, restando ainda 440kg, que devem ser utilizados na produção de Y. Como Y consome 10kg de matéria-prima por unidade seria possível produzir ainda 44 unidades desse produto.

Gabarito "E"

COMO PASSAR – SUPER-REVISÃO DE CONTABILIDADE PARA CONCURSOS

5. CONTABILIDADE DE CUSTOS

(Agente Tributário Estadual/MS – 2006 – FGV) A Cia. Industrial 501 S/A só fabrica o produto JSC, tem uma capacidade instalada que lhe permite produzir, no máximo, 2.000 unidades do produto JSC, por mês. Em janeiro de 2006, a Cia. Industrial 501 S/A incorreu nos seguintes gastos:

Matéria-prima direta: R$ 7,00 por unidade de JSC fabricada;

Mão de obra direta: R$ 3,00 por unidade de JSC fabricada;

Aluguel do parque fabril: R$ 9.000,00 por mês;

Salário dos diretores: R$ 12.000,00 por mês;

Força, luz, água e esgoto: $ 16.000,00 por mês.

Sabendo-se que o preço de venda de cada unidade do produto JSC é R$ 40,00 e considerando, somente, essas informações, e sem considerar, portanto, a legislação tributária, determine a quantidade de produtos JSC que a Cia. Industrial 501 S/A precisa fabricar e vender por mês para ter um lucro operacional mensal de R$ 20.000,00.

(A) Não adianta, sempre vai apurar prejuízo.

(B) 1.234 unidades (valor arredondado)

(C) 1.728 unidades (valor arredondado)

(D) 1.900 unidades

(E) 2.000 unidades

A venda de cada produto garante para a empresa o ingresso de R$ 30,00 de margem de contribuição (Receita – Custo diretos). Sendo assim, para conseguir pagar todos os custos e despesas fixos (R$ 37.000,00) e ainda ter um lucro de R$ 20.000,00, a empresa teria que vender o suficiente para gerar uma margem de contribuição igual a R$ 57.000,00 (R$ 37.000,00 + R$ 20.000,00). Desta forma é possível concluir que empresa deveria vender 1.900 unidades (R$ 57.000,00 ÷ R$ 30,00), ficando com a Demonstração do Resultado do Exercício apresentada a seguir:

Receita de vendas (1.00 unidades x R$40)	76.000,00
(-) CMV (R$ 10 x 1.900 unidades + R$ 9,000 de aluguel)	(28.000,00)
(=) Lucro Bruto	**48.000,00**
(-) Desoesas administrativas	
Salário dos diretores	(12.000,00)
Força, luz, água e esgoto	(16.000,00)
(=) Lucro Líquido	**20.000,00**

OBS: O salário de diretores e as despesas com força, luz, água e esgoto foram classificadas como despesas pelo fato da questão não ter especificado que se tratavam de custos. Independente de contabilizar como custo ou despesa o resultado seria o mesmo.

Gabarito "D"

(Auditor Fiscal/ES – 2009 – CESPE) Com relação aos conceitos e aplicações de custos, julgue os próximos itens.

(1) Na comparação entre os sistemas de custeio direto e por absorção, a regra geral é que, sendo a quantidade produzida superior à vendida, as despesas, no período, tenderão a ser maiores com o custeio direto, e o lucro operacional, maior com o custeio por absorção.

(2) Em um departamento que produza um bem para o mercado interno e o mesmo bem, com características diferentes, para exportação, a remuneração do gerente constituirá custo direto em relação a cada tipo desse bem, e indireto em relação ao departamento.

1: No custeio por absorção todos os custos são alocados aos produtos. Já no custeio direto, apenas os custos diretos (identificados a cada produto sem necessidade de critério de rateio) são alocados aos produtos, os demais custos (indiretos) são lançados diretamente no resultado do exercício. Sendo assim, é possível concluir que no caso de uma empresa que produziu mais do que vendeu terá pelo custeio direto um valor menor de estoques do que se houvesse adotado o custeio por absorção, visto que nessa metodologia um volume menor de custos foi alocado aos produtos, pois os custos indiretos foram lançados diretamente ao resultado como despesa. Ainda pela mesma lógica, é possível concluir que se um volume maior de despesa é lançado no resultado do exercício quando a empresa utiliza o método do custeio direto, o lucro operacional obtido ao utilizar o custeio por absorção será maior que o obtido por esse método. Caso a quantidade vendida tivesse sido maior que a quantidade produzida no período, o resultado apresentado seria diverso.

Apresentamos a seguir um exemplo numérico da situação apresentada na questão:

Custo Direto Unitário	R$ 10,00	Quantidade Produzida	100
Custo Indireto Total	R$ 1.500,00	Quantidade Vendida	30
Custo Total	R$ 25,00	Preço de Venda	R$ 70,00

Demonstração do Resultado do Exercício

	Custeio Direto	Custeio por Absorção
Receita de Vendas	2.100,00	2.100,00
(-) CMV	(300,00)	(750,00)
(-) Despesas	(1.500,00)	
(=) **Lucro Operacional**	**300,00**	**1.350,00**

Na Demonstração do Resultado do Exercício, é possível observar a diferença entre o valor do CMV em cada metodologia. Essa diferença se origina no fato de que o custo da mercadoria vendida no custeio direto é composto apenas pelos custos diretos multiplicados pela quantidade vendida, enquanto no custeio por absorção é utilizado o custo direto multiplicado pela quantidade vendida somado ao custo indireto, que foi absorvido pelo estoque através de critérios de rateio. A despesa apresentada no custeio direto é referente ao custo indireto, que nessa metodologia é lançado diretamente no resultado do exercício. No custeio por absorção não foi considerado qualquer valor de despesa, pois todos os custos foram alocados aos produtos.

2: A remuneração do gerente só seria considerada custo direto caso fosse possível dividir de forma objetiva seu custo entre os diferentes produtos produzidos no departamento.

Gabarito: 1: Correta, 2: Errada

(Fiscal de Tributos/Vila Velha-ES – 2008 – CESPE) A depreciação incidente sobre os bens utilizados no processo de industrialização deve ser imputada à produção e computada no custo dos produtos vendidos, na Demonstração do Resultado do Exercício.

1: A depreciação deve ser segregada em dois grupos: um será registrado como despesa, pois refere-se à depreciação de itens não ligados à produção de estoques, o outro será registrado como custo, pois refere-se à depreciação de itens ligados à produção de estoques.

Gabarito: Correta

(Fiscal de Tributos Estaduais/AL – 2002 – CESPE)

Empresa Z	
Capacidade de Produção (em unidades)	400.000
Nível de Produção Atual (em unidades)	350.000
Custo e Despesas Unitários Variáveis (em R$)	2,80
Custo e Despesa Fixos Total (em R$)	320.000,00
Preço de Venda (em R$)	4,20

COMO PASSAR – SUPER-REVISÃO DE CONTABILIDADE PARA CONCURSOS

5. CONTABILIDADE DE CUSTOS

A respeito de Contabilidade avançada e dos dados da empresa Z, apresentados no quadro acima, julgue os itens que se seguem.

(1) A margem de contribuição unitária para a empresa Z menor que R$ 1,30.

(2) Para a empresa Z, o ponto de equilíbrio é alcançado com menos de 230.000 unidades.

(3) Caso a empresa Z apresente um crescimento de 20% nas suas vendas e de 10% nas suas despesas, deverá, certamente, apresentar lucro no período.

(4) A empresa Z poderia vender as 50.000 unidades correspondentes à sua capacidade ociosa por R$ 3,00 e, ainda assim, aumentaria o seu resultado positivo.

(5) Caso a empresa Z apresente um giro do ativo (vendas brutas sobre o ativo operacional) de 120% e uma margem líquida (lucro líquido antes das despesas financeiras sobre as vendas brutas) de 20% terá um retorno do ativo operacional de 24%.

1: ANULADA;

2: O ponto de equilíbrio significa resultado do exercício (lucro/prejuízo) igual a zero. Considerando que com a venda de cada produto, ingressa na empresa um valor líquido igual a R$ 1,40 (R$ 4,20 – R$ 2,80), para que seja possível pagar os custos e despesas fixas (R$ 320.000), é necessário vender 228.572 unidades;

3: Com o nível de produção atual de 350.000 unidades, a empresa apresenta um lucro de R$ 268.000. Nessa situação, sempre que o aumento das vendas for superior ao aumento das despesas, a empresa continuará a ter lucro, visto que as receitas, diretamente ligadas ao volume de vendas, crescerão em percentual superior às despesas;

4: Considerando que o valor de R$ 320.000 de custos e despesas fixos total não se alterará com esse aumento de produção, qualquer que seja o valor que a empresa queira vender seu produto acima do valor do custo unitário variável implicará o aumento do resultado positivo;

5: Se o giro do ativo é de 120%, é possível concluir a partir das vendas brutas (R$ 1.470.000,00) que o valor do ativo operacional é de R$ 1.225.009,62 (R$ 1.470.000,00 ÷ 120%). Se a margem líquida é de 20%, é possível concluir a partir das vendas brutas (R$ 1.470.000,00) que o valor do lucro líquido antes das despesas financeiras é de R$ 294.000,00 (R$ 1.470.000,00 x 20%).

Gabarito: 1:ANULADA, 2: Correta, 3: Correta, 4: Correta, 5: Correta

---

(Fiscal de Tributos Estaduais/AL – 2002 – CESPE) A respeito da Contabilidade de custos, julgue os itens subsequentes.

(1) Aluguel e depreciação pelo método linear são dois exemplos de custos indiretos, incluídos nos gastos gerais de fabricação, para apropriação aos produtos por meio e critério de rateio.

(2) O custo departamental é relevante para a qualidade do rateio de gastos indiretos de fabricação de produtos diversos, quando se tratar de uma indústria com mais de um processo de fabricação.

(3) Em um período de inflação elevada, o custo das mercadorias vendidas apurado segundo o critério de avaliação de estoques PEPS deve apresentar valor maior que aquele que seria apurado, caso se adotasse o critério UEPS.

(4) Um produto que receba mais custo de mão de obra direta que outro em um mesmo processo deverá, obrigatoriamente, receber proporção maior de gastos indiretos de fabricação.

(5) O sistema de custeio por absorção é utilizado, principalmente, para atender necessidades gerenciais; o custeio direto ou variável, para preparar o custo de estoques e de produtos vendidos das demonstrações contábeis oficiais objeto de divulgação.

1: Não existe a possibilidade de se dividir aluguel e depreciação de forma direta aos produtos e esses dois itens permanecerem fixos independente da quantidade produzida, necessitando, portanto, de um critério de rateio. É por esse motivo que esses itens são exemplos clássicos de custos indiretos;

2: O custo de operação de cada departamento que atende os departamentos de produção será rateado pelos produtos de forma proporcional ao esforço despendido na produção de cada produto;

3: A inflação elevada implica um aumento gradual dos preços, inclusive das mercadorias adquiridas pela empresa. Se o valor do estoque adquirido é cada vez maior, as últimas unidades adquiridas possuem valor maior que as primeiras. Sendo assim, caso a empresa use o método PEPS para avaliar seu estoque, as unidades levadas ao resultado como custo da mercadoria vendida serão as primeiras adquiridas, sendo essas as de menor valor. Caso a empresa adotasse o método UEPS, as unidades vendidas seriam as últimas adquiridas, sendo essas as de maior valor;

4: O critério de rateio dos custos indiretos é definido pela empresa e levará em conta as peculiaridades de cada cadeia produtiva. A afirmativa só estaria correta caso a empresa em questão adotasse como critério de rateio dos custos indiretos a proporção de mão de obra direta recebida por cada produto;

5: A ciência contábil exige que todo gasto considerado custo deve ser alocado ao produto, sendo essa a definição de custeio por absorção. Essa sistemática, apesar de exigida para as demonstrações contábeis oficiais objeto de divulgação, não atende as necessidades de informações gerenciais, pois aloca por critérios subjetivos o custo fixo (indireto). Por esse motivo, o sistema de custeio que melhor atende as empresas em suas necessidades gerenciais é o custeio direto.

Gabarito: 1: Correta, 2: Correta, 3: Errada, 4: Errada, 5: Errada

(Analista de Controle Externo/TCU – 2008 – CESPE) Considerando-se que os custos de oportunidade não são evidenciados pelos sistemas contábeis convencionais, é correto afirmar que o tempo de espera de um usuário dos serviços públicos em uma fila de atendimento de uma repartição é um exemplo desse tipo de custo para o contribuinte que deixa de auferir uma renda que o exercício de sua atividade profissional lhe proporcionaria durante o tempo perdido na fila.

O conceito de custo de oportunidade foi originalmente empregado por Frederich Von Wieser para mensuração do valor econômico dos fatores de produção. Para ele, o custo de oportunidade de um fator de produção representa a renda líquida gerada por esse fator em seu melhor uso alternativo. Nesse sentido, ao ficar na fila, o contribuinte não está fazendo o melhor uso do seu tempo, pois, poderia estar trabalhando e consequentemente gerando renda, corretamente abordado na questão.

Gabarito: Correta

(Analista Administrativo - Contabilidade/ANTAQ – 2009 – CESPE) A minimização dos custos de administração dos estoques depende de uma combinação entre seus custos de reposição e de manutenção. A fórmula adotada resulta no pedido econômico de estoques, que se traduz na quantidade máxima de unidades a ser solicitada para que a reposição se dê o menor número possível de vezes.

Na administração dos estoques, o administrador deve fazer uma ponderação entre o custo de estocagem e o custo de reposição. O ideal é estocar a menor quantidade possível para evitar os custos de estocagem e fazer pedidos de compra grandes o suficiente para diluir os custos de aquisição (frete, seguro, etc). Sendo assim, o pedido econômico de estoques consiste em adquirir a quantidade mínima de unidades, visando reduzir o custo de estocagem, a ser solicitada para que a reposição se dê o menor número possível de vezes.

Gabarito: Errada

(Auditor Fiscal/RO – 2010 – FCC) Para que se possa determinar os custos de produtos, serviços, atividades e outros objetos de custeio é imprescindível que se conheça conceitos, nomenclaturas, terminologias e classificações aplicadas à Contabilidade de Custos. Em relação a este assunto, considere:

I. A aquisição de matéria-prima, a prazo, para ser utilizada posteriormente no processo produtivo de uma empresa é um investimento.

II. O custo variável unitário de um produto não tem seu valor alterado por variações no volume de produção e o custo fixo total pode sofrer variações de valor.

III. A produção por ordem reside na elaboração de produtos padronizados ou na prestação dos mesmos serviços de forma ininterrupta por um longo período de tempo.

IV. A segregação entre custos diretos e indiretos baseia- se na relação entre montante total do custo e oscilações no volume de produção.

Está correto o que se afirma APENAS em

(A) I e II.

(B) I e IV.

(C) II e III.

(D) II e IV.

(E) III e IV.

I: Correto, pois do ponto de vista econômico a aquisição de um bem representa um investimento; II: Correto, pois o custo variável varia proporcionalmente à variação da quantidade produzida, mantendo seu valor unitário sem alterações. Quanto ao custo total, este poderá sofrer aumentos quando a indústria atingir sua capacidade produtiva máxima; III: Incorreto, a produção em ordem consiste na elaboração de produtos sob encomenda; IV: Incorreto, a segregação entre custos diretos e indiretos consiste na vinculação do custo ao produto.

Gabarito "A"

(Auditor Fiscal/RO – 2010 – FCC) A empresa Utilidades é produtora de vasilhas plásticas. Para sua linha de baldes de 10 litros, foi estabelecido um padrão de consumo de 600 gramas de matéria-prima a um preço de R$ 3,00/Kg para cada unidade de balde produzida. Em determinado mês, apurou-se que, para cada balde foram usados 650 gramas de matéria-prima a um preço de R$ 2,80 cada quilo. Na comparação entre padrão e real, a empresa apura três tipos de variações: quantidade, preço e mista. Sendo assim, pode-se afirmar que a variação de quantidade da matéria-prima, em reais, foi

(A) 0,01 favorável.

(B) 0,12 favorável.

(C) 0,14 desfavorável.

(D) 0,14 favorável.

(E) 0,15 desfavorável.

A análise da variação da quantidade consiste na identificação de quanto a quantidade variou em relação ao padrão estabelecido, e o uso de 50 gramas a mais em matéria-prima, ao preço de R$3,00/Kg, representa uma variação de R$0,15 no gasto com esse item de custo, o que representa uma situação desfavorável para a empresa em relação ao padrão definido.

Gabarito "E"

(Auditor Fiscal/São Paulo-SP – 2007 – FCC) Considere os dados a seguir:

Estoque Inicial de Materiais Diretos	60.000,00
Estoque Final de Produtos em Elaboração	68.000,00
Compras de Materiais Diretos	160.000,00
Estoque Inicial de Produtos Acabados	20.000,00
Mão de obra Direta	15.000,00
Estoque Final de Produtos Acabados	16.000,00
Custos Indiretos de Fabricação	53.000,00
Estoque Final de Materiais Diretos	77.000,00
Estoque Inicial de Produtos em Elaboração	42.000,00
Despesas Administrativas	22.000,00
Despesas com Vendas	18.000,00
Despesas Financeiras Líquidas	4.000,00

Considerando apenas essas informações, extraídas da Contabilidade da Cia. Rio Negro, o custo dos produtos vendidos, no período, correspondeu a, em R$:

(A) 145.000,00
(B) 167.000,00
(C) 185.000,00
(D) 189.000,00
(E) 211.000,00

Apresentamos a seguir um quadro com o total de estoque inicial e final:

	Estoque Inicial	Estoque Final	Variação do Estoque
Materiais Diretos	60.000,00	77.000,00	17.000,00
Produtos em Elaboração	42.000,00	68.000,00	26.000,00
Produtos Acabados	20.000,00	16.000,00	(4.000,00)
TOTAL	**122.000,00**	**161.000,00**	**39.000,00**

O quadro a seguir demonstra o total de custos incorridos no período:

Compra Materiais Diretos	160.000,00
Mão de Obra Direta	15.000,00
Custos Indiretos de Fabricação	53.000,00
Total de Custos Incorridos no Período	**228.000,00**

Do total de R$ 228.000 de custos incorridos no período, R$ 39.000 ficou no estoque, representando um total de R$ 189.000 (R$ 228.000 – R$ 39.000) de custo dos produtos vendidos.

Gabarito "D"

(**Agente Fiscal de Rendas/SP – 2006 – FCC**) Para um ponto de equilíbrio financeiro de 2.000 unidades serão necessários, na sequência, custos e despesas variáveis, custos e despesas fixas, preço unitário de venda, depreciação:

(A) R$ 700,00 unitário; R$ 4.000.000,00; R$ 1.200,00 unitário; R$ 800.000,00.
(B) R$ 725,00 unitário; R$ 2.500.000,00; R$ 1.500,00 unitário; R$ 950.000,00.
(C) R$ 650,00 unitário; R$ 3.900.000,00; R$ 1.225,00 unitário; R$ 625.000,00.
(D) R$ 600,00 unitário; R$ 2.600.000,00; R$ 1.350,00 unitário; R$ 750.000,00.
(E) R$ 750,00 unitário; R$ 1.400.000,00; R$ 1.050,00 unitário; R$ 845.000,00.

Como a depreciação não representa uma saída de recursos da empresa, seu valor não deve ser considerado no ponto de equilíbrio financeiro. Apresentamos a seguir o resultado gerado por cada item da questão, estando correto aquele que apresentar movimentação financeira igual a zero:

	Receita Total (2.000 unidades x preço unitário de venda)	Custo Total (2.000 unidades x custos e despesas variáveis + custos e despesas fixas)	Lucro Líquido (receita total - custo total)	Depreciação	Movimentação Financeira (lucro líquido - depreciação)
a)	2.400.000,00	5.400.000,00	(3.000.000,00)	(800.000,00)	(2.200.000,00)
b)	3.000.000,00	3.950.000,00	(950.000,00)	(950.000,00)	-
c)	2.450.000,00	5.200.000,00	(2.750.000,00)	(625.000,00)	(2.125.000,00)
d)	2.700.000,00	3.800.000,00	(1.100.000,00)	(750.000,00)	(350.000,00)
e)	2.100.000,00	2.900.000,00	(800.000,00)	(845.000,00)	45.000,00

Gabarito "B"

Instruções: Considere as informações abaixo para responder às duas questões que seguem.

Uma empresa inicia suas operações no mês de março de 2006. No final do mês produziu 12.100 unidades, sendo que 8.500 foram acabadas e 3.600 não foram acabadas. Os custos de matéria-prima foram R$ 3.200.450,00. Os custos de mão de obra direta foram R$ 749.920,00 e os custos indiretos de fabricação foram R$ 624.960,00. A produção não acabada recebeu os seguintes custos: 100% da matéria-prima, 2/3 da mão de obra e 3/4 dos custos indiretos de fabricação.

(Agente Fiscal de Rendas/SP – 2006 – FCC) Aplicando-se a técnica do equivalente de produção, o custo médio unitário do mês é:

(A) R$ 544,80

(B) R$ 455,20

(C) R$ 410,25

(D) R$ 389,10

(E) R$ 355,20

A técnica do equivalente de produção consiste em considerar que as unidades em acabamento estão 100% acabadas na quantidade proporcional ao total já recebido de custos. O quadro a seguir calcula o custo unitário de cada produto com base no equivalente de produção:

	Proporção de Custos recebidos	Quantidade de produtos não acabados	Equivalente de produção para os produtos não acabados (quantidade X proporção de custos recebidos)	Quantidade total de produtos (produtos acabados mais equivalente de produção para produtos não acabados)	Custo total	Custo unitário (custo total ÷ quantidade total)
Matétia-prima	100%	3.600	3.600	12.100	3.200.450,00	264,50
Mão de Obra	02/mar	3.600	2.400	10.900	749.920,00	68,80
Custos indiretos de fabricação	3/4	3.600	2.700	11.200	624.960,00	55,80

Gabarito "D"

(Agente Fiscal de Rendas/SP – 2006 – FCC) O valor total da produção em processo no final do mês será:

(A) R$ 1.125.432,00

(B) R$ 1.267.980,00

(C) R$ 1.380.444,00

(D) R$ 1.400.760,00

(E) R$ 1.525.740,00

Para apurar o total dos produtos não acabados, basta multiplicar a quantidade equivalente de produção pelo custo unitário, conforme apresentado a seguir:

	Equivalente de Produção para os Produtos não Acabados (quantidade x proporção de custos recebidos)	Custo Unitário (custo total ÷ quantidade total)	Custo Total
Matéria-Prima	3.600	264,50	952.200,00
Mão de Obra	2.400	68,80	165.120,00
Custos Indiretos de Fabricação	2.700	55,80	150.660,00
VALOR TOTAL DOS PRODUTOS NÃO ACABADOS			1.267.980,00

Gabarito "B"

(Agente Fiscal de Rendas/SP – 2006 – FCC) Uma empresa calcula os custos de seus produtos utilizando dois métodos: o método do custeio por absorção e o método do custeio variável. Os estoques iniciais eram "zero", a produção do mês foi de 8.000 unidades totalmente acabadas, foram vendidas no mês 6.000 unidades. No fechamento do mês foram apurados os seguintes resultados líquidos finais: Lucro de R$ 348.750,00 no custeio por absorção, e lucro de R$ 345.000,00 no custeio variável. Para atingir esses valores de resultado, a empresa manteve os custos variáveis correspondentes a 40% do preço de venda praticado. Desse modo, os valores correspondentes ao preço de venda unitário, aos custos variáveis unitários e aos custos fixos totais foram, respectivamente, em R$,

(A) 100,00; 40,00; 15.000,00
(B) 120,00; 48,00; 14.000,00
(C) 130,00; 52,00; 12.000,00
(D) 125,00; 50,00; 14.000,00
(E) 150,00; 52,00; 17.000,00

A diferença entre o custeio por absorção e o custeio variável está no fato de que o custeio por absorção soma ao estoque todos os custos (fixos e variáveis), enquanto o custeio variável soma ao estoque apenas os custos variáveis, lançando diretamente ao resultado todo o custo fixo. A diferença apresentada no lucro apurado pelas duas metodologias é justamente o valor do custo fixo referente às 2.000 unidades não vendidas, que é na questão igual a R$3.750. É possível concluir que para as 8.000 unidades o custo fixo é de R$ 15.000 (R$ 3.750 x 4). A seguir está apresentada a Demonstração do Resultado do Exercício para as duas metodologias:

Custeio por absorção		Custeio Variável	
Receita	600.000,00	Receita	600.000,00
(-) Custos Variáveis	(240.000,00)	(-) Custos Variáveis	(240.000,00)
		(=) Margem de contribuição	360.000,00
(-) Custos Fixos	(11.250,00)	(-) Custos Fixos	(15.000,00)
(=) Lucro	**348.750.00**	**(=) Lucro**	**345.000,00**

Gabarito "A"

(Agente Fiscal de Rendas/SP – 2006 – FCC) Na terminologia de custos, são custos de conversão ou de transformação de:

(A) mão de obra direta e indireta.

(B) mão de obra direta e materiais diretos.

(C) mão de obra direta e custos indiretos de fabricação.

(D) matéria-prima, mão de obra direta e custos indiretos de fabricação.

(E) custos primários e custos de fabricação fixos.

Custo de transformação é a soma de todos os custos de produção, exceto a matéria-prima e outros elementos adquiridos, ou seja, é o custo do esforço realizado pelas empresas.
Gabarito "C"

(Agente Fiscal de Rendas/SP – 2006 – FCC) A Cia. Capricórnio tem planejado para o exercício 2007 os seguintes dados na área de produção: Horas/máquinas projetadas anual 240.000,00, mão de obra direta unitária R$ 22,00, Gastos indiretos de fabricação anual projetado R$ 3.600.000,00, Gastos indiretos de fabricação unitário/projetado de R$ 10,00. A empresa aplica gastos indiretos de fabricação baseados nas horas/máquinas. A Taxa de aplicação de gastos indiretos de fabricação para o exercício 2007 será, em R$,

(A) 15,00

(B) 17,00

(C) 19,00

(D) 21,50

(E) 22,00

Aplicar os gastos indiretos de fabricação baseado nas horas /máquinas significa dizer que cada hora/máquina que o produto utilizar fará com que seja alocada uma fração dos gastos indiretos de fabricação. Dividindo o total de gastos indiretos (R$ 3.600.000) pelo total de horas/máquina (240.000), é possível apurar quanto de gastos indiretos será alocado para cada hora/máquina, que no caso será R$ 15,00.
Gabarito "A"

Instruções: Considere as informações abaixo para responder às duas questões seguintes.

A Cia. Atenas utiliza duas unidades de matéria-prima para cada unidade acabada. Ao fazer seu planejamento, para o ano fiscal de 2.006, estabelece como meta os seguintes saldos:

Itens	Saldo Inicial em Unidades	Saldo Final em Unidades
Matéria-Prima	30.000	40.000
Produtos em Processo	10.000	10.000
Produtos Acabados	70.000	40.000

(Agente Fiscal de Rendas/SP – 2006 – FCC) Se a empresa planeja produzir 400.000 unidades, no período, o número de unidades de matéria-prima que deverá adquirir será:

(A) 1.020.000

(B) 1.010.000

(C) 1.000.000

(D) 990.000

(E) 810.000

Considerando que cada unidade de produto acabado utiliza duas unidades de matéria-prima é possível concluir que 800.000 unidades de matéria-prima, seriam suficientes para produzir as 400.000 do produto. No entanto, o planejamento da empresa prevê que o estoque final de matéria-prima será maior em 10.000 unidades quando comparada ao estoque inicial, o que implica a necessidade de aquisição dessas 10.000 unidades de matéria-prima, que somadas às 800.000 totalizam 810.000 unidades de matéria-prima adquiridas no período.

Gabarito "E"

(Agente Fiscal de Rendas/SP – 2006 – FCC) Para que a empresa venda 480.000 unidades durante o ano fiscal de 2006, a quantidade de unidades que deverá produzir no decorrer desse período é:

(A) 440.000

(B) 450.000

(C) 460.000

(D) 480.000

(E) 520.000

O planejamento da empresa indica que do estoque inicial de 70.000 serão vendidas 30.000 unidades, visto que o estoque final será de apenas 40.000 unidades. Se a empresa pretende vender 480.000 unidades, será necessário produzir apenas 450.000, que somadas às 30.000 unidades totalizaram 480.000 unidades.

Gabarito "B"

Instruções: Considere as informações abaixo para responder às três questões que seguem.

No mês de janeiro de 2006, dos relatórios de produção da Cia. Albion foram extraídas as seguintes informações:

I. Valor dos inventários de início e final do mês (valores em R$):

Itens	Saldo Inicial	Saldo Final
Unidades Acabadas	125.000	117.000
Unidades em Processo	235.000	251.000
Matéria-Prima	134.000	124.000

II. Movimentos ocorridos no período (valores em R$):

Itens	Valor
Compra de Matéria-prima	191.000
Mão de Obra Direta Utilizada	300.000
Custos Indiretos de Fabricação Ocorridos	175.000

III. Informações adicionais:

A empresa aplica custos indiretos de fabricação a uma taxa de 60% da mão de obra direta. Os excessos ou subaplicação dos CIF serão apropriados no final do exercício.

(Agente Fiscal de Rendas/SP – 2006 – FCC) Custos primários no mês:

(A) 501.000

(B) 499.000

(C) 489.000

(D) 201.000

(E) 199.000

Os custos primários são matéria-prima e mão de obra. O cálculo da matéria-prima consumida no processo de produção está apresentado a seguir:

	Matéria-Prima
Saldo Inicial	134.000,00
Entradas	191.000,00
Saídas	(201.000,00)
Saldo Final	124.000,00

As saídas de matéria-prima representam a matéria-prima consumida, que somada à mão de obra representa R$ 501.000.

Gabarito "A"

(Agente Fiscal de Rendas/SP – 2006 – FCC) Total de custos de produção no mês de janeiro:

(A) 501.000

(B) 665.000

(C) 673.000

(D) 681.000

(E) 743.000

Apesar de o gabarito indicar que o total de custos de produção no período foi de R$ 681.000 (letra "D"), não é possível encontrar tal valor como resposta. A resposta correta seria R$ 660.000, conforme apresentado a seguir:

Variação do Total de Estoques Matéria-Prima e Unidades em Processo no Período (saldo inicial R$ 369.000 - saldo final R$ 375.000)	(6.000,00)
Matéria Prima	191.000,00
Mão de Obra	300.000,00
Custos Indiretos de Fabricação	175.000,00
Custo Total de Produção	**660.000,00**

Gabarito "D"

(Agente Fiscal de Rendas/SP – 2006 – FCC) Custo das unidades vendidas em janeiro:

(A) 697.000

(B) 681.000

(C) 673.000

(D) 657.000

(E) 665.000

Apesar de o gabarito indicar que o total de custos das unidades vendidas no período foi de R$ 673.000 (letra "C"), não é possível encontrar tal valor como resposta. A resposta correta seria R$ 668.000, conforme apresentado a seguir:

Variação do Total de Estoques no Período (saldo inicial R$ 494.000 - saldo final R$ 492.000)	2.000,00
Matéria-Prima	191.000,00
Mão de Obra	300.000,00
Custos Indiretos de Fabricação	175.000,00
Custo Total das Unidades Vendidas	**668.000,00**

Gabarito "C"

(Analista judiciário - Contabilidade/TER-RN – 2011 – FCC) A Cia. Campos Verdes apresentou os seguintes dados no mês de setembro de 2010, em R$:

Consumo de materiais diretos	100.000,00
Mão de obra direta	80.000,00
Estoque inicial de produtos em elaboração	60.000,00
Custo dos produtos vendidos	470.000,00
Custos indiretos de fabricação	240.000,00
Estoque inicial de produtos acabados	110.000,00
Estoque final de produtos em elaboração	70.000,00

O custo da produção acabada e o estoque final de produtos acabados, neste mês, equivaleram, respectivamente, a, em R$,

(A) 410.000,00 e 50.000,00.

(B) 420.000,00 e 40.000,00.

(C) 480.000,00 e 50.000,00.

(D) 410.000,00 e 40.000,00.

(E) 420.000,00 e 60.000,00.

A resolução da questão consiste em movimentar adequadamente o estoque da empresa a partir das informações fornecidas. Primeiramente, para apurar o custo da produção acabada é necessário montar a movimentação da conta de produtos em elaboração, conforme apresentado a seguir:

Eventos	Valor
Estoque inicial de produtos em elaboração	60.000,00
Consumo de materiais diretos	100.000,00
Mão de obra direta	80.000,00
Custos indiretos de fabricação	240.000,00
Transferência do custo da produção acabada	(410.000,00)
Estoque final de produtos em elaboração	70.000,00

Uma vez apurado o custo da produção acabada (R$ 410.000,00), esta será transferida para a conta de produtos acabados, cuja movimentação está apresentada a seguir:

Eventos	Valor
Estoque inicial de produtos acabados	110.000,00
Estoque produzido no período	410.000,00
Custo dos produtos vendidos	(470.000,00)
Estoque final de produtos acabados	50.000,00

Gabarito "A"

(Analista judiciário - Contabilidade/TRT 24a Região – 2011 – FCC) Os custos de transformação incluem os custos diretamente relacionados à unidade de produção, como mão de obra

(A) direta, bem como a alocação sistemática das despesas indiretas fixas e variáveis de produção incorridas na transformação das matérias-primas em produtos não acabados.

(B) indireta, bem como a alocação sistemática das despesas indiretas fixas e variáveis de produção incorridas na transformação das matérias-primas em produtos acabados.

(C) direta, bem como a alocação sistemática das despesas diretas de produção incorridas na transformação das matérias-primas em produtos acabados.

(D) direta, bem como a alocação sistemática das despesas variáveis de produção incorridas na transformação das matérias-primas em produtos acabados.

(E) direta, bem como a alocação sistemática das despesas indiretas fixas e variáveis de produção incorridas na transformação das matérias-primas em produtos acabados.

Custo de transformação é a soma de todos os custos de produção, exceto a matéria-prima e outros elementos adquiridos, ou seja, é o custo do esforço realizado pelas empresas. Estão incluídas nesse conceito, além da mão de obra direta, a alocação sistemática das despesas indiretas fixas e variáveis de produção incorridas na transformação das matérias-primas em produtos acabados.

Gabarito "E"

(Analista judiciário - Contabilidade/TRE-AM – 2009 – FCC) A empresa Baratear adquiriu uma máquina para uso, exclusivo, na produção do produto A. A vida útil estimada da máquina é de 10 anos e a empresa utiliza o método das cotas constantes para depreciá-la. Em relação ao produto A, a depreciação da máquina é classificada como custo

(A) fixo e primário.

(B) fixo e indireto.

(C) variável e direto.

(D) variável e indireto.

(E) fixo e direto.

Como a máquina é utilizada apenas na produção do produto "A" não há que se falar em rateio de custos, pois todo o custo da depreciação será alocada ao produto "A". Sendo assim, trata-se de um custo direto.
Como a depreciação é feita em cotas constantes, o valor da depreciação será fixo, ou seja, independe da quantidade produzida.

Gabarito "E"

Atenção: Considere os dados abaixo para responder as duas próximas questões.

A empresa Beta produz um único produto e para produzir 800 unidades desse produto incorreu nos seguintes gastos durante o mês de outubro:

Custo fixo: R$ 12.000,00

Custos variáveis: Matéria-prima: R$ 8,00/unidade

Mão de obra direta: R$ 3,00/unidade

Despesas fixas: R$ 4.000,00

Despesas variáveis: R$ 3,00/unidade

Comissões sobre vendas: 10% do preço de venda

Preço de venda: R$ 80,00/unidade

Quantidade vendida: 600 unidades

(Analista judiciário - Contabilidade/TRE-AM – 2009 – FCC) Pelo Custeio por Absorção, o custo unitário da produção do período foi, em reais,

(A) 11
(B) 14
(C) 26
(D) 29
(E) 34

Pelo custeio por absorção todos os custos são alocados ao estoque, conforme apresentado a seguir:

Itens	Valores Unitários
Custo Fixo(R$ 12.000,00/800 unidades produzidas)	15,00
Custos Variáveis	8,00
Mão de obra Direta	3,00
TOTAL	26,00

Gabarito "C"

(Analista judiciário - Contabilidade/TRE-AM – 2009 – FCC) Pelo custeio variável, o custo unitário da produção do período foi, em reais,

(A) 8
(B) 11
(C) 14
(D) 22
(E) 29

Pelo custeio variável apenas os custos variáveis são alocados ao estoque. Sendo assim, a composição do custo unitário contará apenas com os valores de matéria-prima (R$8,00) e mão de obra direta (R$3,00), totalizando R$11,00.
Gabarito "B"

SUPER-REVISÃO DE CONTABILIDADE PARA CONCURSOS

6. Análise das Demonstrações Financeiras

Fabrício de Oliveira Barros

A análise das demonstrações financeiras consiste em analisar os dados financeiros disponíveis sobre empresa. Essa análise ocorre através da análise do comportamento das contas contábeis, seja por seus valores absolutos ou por meio de índices.

6.1. Análise Vertical e Horizontal

6.1.1. Análise Horizontal

O principal objetivo da análise horizontal é permitir o exame da evolução histórica de cada uma das contas que compõem as diversas demonstrações contábeis das empresas. Essa análise avalia o aumento ou a diminuição dos valores que expressam os elementos patrimoniais ou do resultado em uma determinada série histórica de exercícios.

Normalmente, em uma análise horizontal considera-se o primeiro exercício como base 100 a evolução dos demais exercícios ocorre em relação ao exercício estabelecido como base. Também há a possibilidade de utilizar a análise horizontal com a base móvel, ou seja, o cálculo será realizado sempre em relação ao ano imediatamente anterior.

Um exemplo de análise horizontal do balanço patrimonial pode ser visto a seguir:

Ativo				Passivo			
	Ano 1	Ano 2	A.H. %		Ano 1	Ano 2	A.H. %
Caixa	100	120	120,00	Fornecedores	170	150	88,24
Contas a Receber	50	40	80,00	Empréstimos	150	110	73,33
Estoques	300	280	93,33	**PL**			
Imobilizado	200	250	125,00	Capital Social	400	400	100,00
Diferido	150	100	66,67	Reservas	80	130	162,50
TOTAL	800	790	98,75	TOTAL	800	790	98,75

A seguir, um exemplo de como o assunto é cobrado em questões de concursos públicos:

(Analista de Controle Externo/TCU – 2008 – CESPE) Considere que uma empresa apresente, ao longo de três exercícios, a seguinte situação, relativa ao comportamento de suas despesas financeiras:

Exercício 1 . . . . R$ 150.000,00

Exercício 2 . . . . R$ 180.000,00

Exercício 3 . . . . R$ 360.000,00

Com base nessas informações, é correto afirmar que, na análise horizontal, utilizando-se base móvel, o índice correspondente ao exercício 3 será igual a 200.

A análise horizontal é a comparação de uma conta em diferentes exercícios sociais. O uso da base móvel consiste na técnica de considerar como comparativo sempre o exercício imediatamente anterior. Na situação apresentada o exercício 3 seria comparado com o exercício 2. O valor da despesa financeira do exercício 3 (R$ 360.000) representa 200% da mesma despesa no exercício 2 (R$ 180.000) e por esse motivo índice seria de 200.

Gabarito: Correta

6.1.2. Análise Vertical

A análise vertical tem como principal objetivo demonstrar as participações relativas de cada item de uma demonstração contábil em relação a determinado referencial.

Normalmente, no balanço patrimonial, é comum determinar qual é a relação percentual de cada elemento do ativo em relação ao ativo total e também a relação percentual entre cada elemento do passivo e o passivo total.

A identificação da relação percentual de um elemento do ativo ou do passivo em relação ao ativo total ou passivo total, respectivamente, não é suficiente para possibilitar ao analista tirar conclusões sobre a situação da empresa. Mais importante ao analista é observar a representatividade de um item ao longo de dois ou mais exercícios, pois, deste modo, é possível concluir sobre as mudanças da estrutura do demonstrativo.

A análise vertical demonstra, em cada exercício, a relevância de cada item em relação à base adotada. Logo, se o índice de determinado item não é relevante, o analista não deve dar destaque a esse item.

Um exemplo de análise vertical do balanço patrimonial pode ser visto a seguir:

Ativo			Passivo		
	Ano 1	A.V. %		Ano 1	A.V%
Caixa	100	12,5	Fornecedores	170	21,75
Contas a receber	50	6,25	Empréstimos	150	18,75
Estoques	300	37,5	PL		-
Imobilizado	200	25	Capital Social	400	50
Diferido	150	18,75	Reservas	88	10
TOTAL	**800**	**100**	**TOTAL**	**800**	**100**

6.2. Indicadores de Liquidez

6.2.1. Capital Circulante Líquido

O capital circulante líquido demonstra a diferença entre o Ativo Circulante e o Passivo Circulante, e representa a parcela de capital de curto prazo aplicada pela empresa em seu ciclo operacional. Esse indicador é apresentado pela seguinte fórmula:

Capital Circulante Líquido = Ativo Circulante – Passivo Circulante

A seguir, estão apresentados exemplos de como o assunto é cobrado em questões de concursos públicos:

(Analista Judiciário - Contabilidade/STF – 2008 – CESPE) Acerca da classificação dos itens patrimoniais, da sua movimentação e do reflexo desta no capital circulante líquido, julgue se o aumento do saldo do Ativo Permanente intangível advindo de pagamento por aquisição de marca provocará redução no capital circulante líquido, imediatamente.

O capital circulante líquido é representado pela seguinte fórmula:

Capital Circulante Líquido = Ativo Circulante – Passivo Circulante

O objetivo desse indicador é demonstrar a capacidade da empresa em pagar suas dívidas de curto prazo com recursos também de curto prazo.

A aquisição de Ativo Permanente com pronto pagamento ocasionaria uma redução no Ativo Circulante da empresa e consequente redução do capital circulante líquido.

Existe a possibilidade de ocorrerem operações envolvendo simultaneamente contas do Ativo Circulante e Passivo Circulante mas que não alterem o capital circulante líquido. Ex: recebimento de clientes, aquisição de mercadorias à vista ou a prazo, contratação de empréstimos, etc.

Gabarito: Correta

(Auditor Fiscal/São Paulo-SP – 2007 – FCC) A Cia. Aresta registrou as seguintes transações em sua contabilidade num determinado exercício (em R$):

Venda à Vista de Bem do Ativo Imobilizado	70.000,00
Venda a Curto Prazo de Mercadorias	790.000,00
Custo das Mercadorias Vendidas	440.000,00
Resultado da Equivalência Patrimonial	110.000,00
Constituição da Provisão para Créditos de Liquidação Duvidosa	60.000,00
Incorporação de Reservas de Lucro ao Capital	80.000,00
Obtenção de Empréstimos de Longo Prazo	30.000,00
Pagamento de Dividendos não Provisionados	240.000,00

Considerando apenas essas informações, é correto concluir que o efeito das transações no aumento do capital circulante líquido da companhia foi, em R$:

(A) 340.000,00

(B) 260.000,00

(C) 230.000,00

(D) 210.000,00

(E) 150.000,00

Apresentamos a seguir a movimentação decorrente das operações descritas na questão em cada grupo de contas:

	Ativo Circulante	Ativo não circulante	Passivo circulante	Passivo não circulante	Patrimônio Líquido
Venda a vista de bem do ativo imobiliário	70.000,00	(70.000,00)			
Venda à vista de bem do ativo imobilizado	790.000,00				790.000,00
Custo das mercadorias vendidas	(440.000,00)				(440.000,00)
Resultado da equivalência patrimonial		110.000,00			110.000,00
Constituição da provisão para créditos de liquidação duvidosa	(60.000,00)				(60.000,00)
Imcorporação de reservas de lucro ao capital					
Obtenção de empréstimos de longo prazo	30.000,00			30.000,00	
pagamento de dividendos não provisionados	(240.000,00)				(240.000,00)
TOTAL	**150.000,00**	**40.000,00**	**-**	**30.000,00**	**160.000,00**

Como o capital circulante líquido é a diferença entre o Ativo Circulante e o Passivo Circulante, é possível concluir que esse indicador aumentou R$ 150.000, equivalente ao aumento do Ativo Circulante.

Gabarito "E"

6.2.2. Capital de Giro Próprio

O capital de giro próprio demonstra quanto do capital de giro da empresa é composto por recursos próprios.. Esse indicador é apresentado pela seguinte fórmula:

Capital de giro próprio = Patrimônio Líquido – (Ativo Permanente + Realizável a longo prazo)

A seguir, um exemplo de como o assunto é cobrado em questões de concursos públicos:

(Analista Judiciário - Contabilidade/TST – 2007 – CESPE) Uma dívida vencida, convertida em obrigação a longo prazo, aumenta o capital de giro próprio pela entrada de novos recursos.

O capital de giro próprio é representado pela seguinte fórmula:

Capital de giro próprio = Patrimônio Líquido – (Ativo Permanente + Realizável a longo prazo)

A situação proposta na questão não afeta nenhum dos itens envolvidos no cálculo do capital de giro próprio, e por esse motivo não o afeta. O impacto da conversão da dívida vencida, e, portanto, no curto prazo, em obrigação de longo prazo afeta apenas o capital circulante líquido.

Gabarito: Errada

6.2.3. Índice de Liquidez Corrente

O índice de liquidez corrente demonstra o quanto a empresa possui em dinheiro, bens e direitos realizáveis no curto prazo, para fazer face as suas dívidas a serem pagas no mesmo período. Ou seja, mostra a capacidade de a empresa pagar suas dívidas de curto prazo com recursos também de curto prazo. Esse indicador é apresentado pela seguinte fórmula:

$$\text{Liquidez Corrente} = \frac{\text{Ativo Circulante}}{\text{Passivo Circulante}}$$

A interpretação isolada deste índice indica que quanto maior a liquidez corrente, melhor, pois mostra que a empresa possui condições de pagar suas dívidas de curto prazo.

A seguir, estão apresentados exemplos de como o assunto é cobrado em questões de concursos públicos:

(Analista judiciário - Contabilidade/TRT 24a Região – 2011 – FCC) Considere:

	Companhia X	Companhia Y	Companhia Z	Companhia T	Companhia W
ATIVO CIRCULANTE					
Disponível	50.000	55.000	33.000	1000.000	200.000
Contas a Receber	190.000	250.000	125.000	380.000	100.000
Estoques	170.000	230.000	115.000	340.000	30.000
Valores e Bens	110.000	170.000	85.000	220.000	60.000
Despesas Antecipadas	80.000	95.000	42.000	160.000	120.000
TOTAL	**600.000**	**800.000**	**400.000**	**1.200.000**	**510.000**
PASSIVO CIRCULANTE					
Fornecedores	60.000	120.000	30.000	140.000	250.000
Empréstimos	80.000	160.000	40.000	180.000	220.000
Salários	20.000	40.000	10.000	60.000	50.000
Contas a Pagar	10.000	20.000	5.000	40.000	20.000
Provisões	30.000	60.000	15.000	80.000	100.000
TOTAL	**200.00**	**400.000**	**100.000**	**500.000**	**640.000**

A melhor situação de liquidez corrente é a da Companhia

(A) T.

(B) X.

(C) Y.

(D) Z.

(E) W.

A liquidez corrente é dada pela seguinte fórmula:

$$Liquidez\ Corrente = \frac{Ativo\ Circulante}{Passivo\ Circulante}$$

A liquidez corrente das empresas da questão está apresentada a seguir:

	Companhia X	Companhia Y	Companhia Z	Companhia T	Companhia W
Ativo Circulante	600.000	800.000	400.000	1.200.000	510.000
Passivo Circulante	200.000	400.000	100.000	500.000	640.000
Liquidez Corrente	3,00	2,00	4,00	2,40	0,80

Como é possível observar, a maior liquidez foi apurada pela Companhia Z.

Gabarito "D"

(Contador/DFTRANS – 2008 – CESPE) Ao apurar o Imposto de Renda de pessoa jurídica, a empresa pode optar pelo seu pagamento ou por sua apropriação. No caso do pagamento imediato, a redução do índice de liquidez corrente será imediata. Caso a empresa opte pela apropriação, o índice de liquidez corrente será acrescido no momento do registro.

O índice de liquidez corrente é representado pela seguinte fórmula:

$$\text{Liquidez Corrente} = \frac{\text{Ativo Circulante}}{\text{Passivo Circulante}}$$

O objetivo desse indicador é demonstrar a capacidade da empresa em pagar suas dívidas de curto prazo. Quanto maior o valor do índice melhor para a empresa.

O pagamento imediato do Imposto de Renda, ou qualquer outro desembolso de caixa, reduz o Ativo Circulante da empresa, e consequentemente seu índice de liquidez corrente. Já a apropriação do imposto para pagamento futuro aumenta o Passivo Circulante, reduzindo a liquidez corrente. Ou seja, em ambos os casos ocorre variação no índice de liquidez corrente.

Gabarito: Errada

(Auditor Fiscal/MG – 2005 – ESAF) As demonstrações financeiras da Cia. Abaptiste Comercial foram elaboradas com base nas contas e saldos abaixo:

Caixa e Bancos	R$ 200,00
Mercadorias	R$ 620,00
Clientes	R$ 400,00
Móveis e Máquinas	R$ 2.000,00
Depreciação Acumulada	R$ 180,00
Títulos a Receber a LP	R$ 200,00
Fornecedores	R$1.150,00
Contas a Pagar	R$ 250,00
Empréstimos a Longo Prazo	R$ 430,00
Capital Social	R$1.400,00
Lucros Acumulados	R$ 100,00
Vendas de Mercadorias	R$5.120,00
Compras de Mercadorias	R$3.160,00
Despesas Administrativas	R$1.370,00
Despesas Financeiras	R$ 500,00
Encargos de Depreciação	R$ 180,00

Observações:

1. Desconsiderar quaisquer implicações fiscais ou tributárias.
2. O estoque final de mercadorias está avaliado em R$ 780,00.

Promovendo-se a análise das demonstrações financeiras elaboradas com base nas informações supra, certamente, encontraremos um quociente percentual de liquidez corrente ou comum equivalente a

(A) 43%

(B) 70%

(C) 86%

(D) 87%

(E) 99%

A liquidez corrente é apurada dividindo o Ativo Circulante pelo Passivo Circulante. Apresentamos a seguir as contas que compõem esses grupos:

Caixa e Bancos	200,00	Fornecedores	1.150,00
Mercadorias	780,00	Contas a Pagar	250,00
Clientes	400,00		
Ativo Circulante	1380,00	Passsivo Circulante	1400,00

$$\text{Liquidez Imediata} = \frac{\text{Disponível}}{\text{Passivo Circulante}} = \frac{1.380,00}{1.400,00} = 99\%$$

Observe que o valor da conta mercadorias é R$ 780,00, pois foi este o valor informado como estoque final.

Gabarito "E"

6.2.4. Índice de Liquidez Imediata

O índice de liquidez imediata demonstra quanto a empresa possui em dinheiro, para fazer face as suas dívidas a serem pagas no curto prazo. Ou seja, mostra o percentual de dívidas de curto prazo que a empresa tem condições de liquidar imediatamente. Normalmente, as empresas que pagam a maior parte de suas obrigações à vista possuem maior necessidade de elevados índices de liquidez imediata. Esse indicador é apresentado pela seguinte fórmula:

$$\text{Liquidez Imediata} = \frac{\text{Disponível}}{\text{Passivo Circulante}}$$

A interpretação isolada deste índice indica que quanto maior a liquidez imediata, melhor, pois mostra que a empresa possui condições de pagar suas dívidas de curto prazo.

6.2.5. Índice de Liquidez Seca/Ácida

O índice de liquidez seca mostra a porcentagem de dívidas de curto prazo que podem ser liquidadas com a utilização de itens monetários de maior liquidez do Ativo Circulante.

O índice de liquidez seca pode ser considerado um aprimoramento do índice de liquidez corrente, visto que não considera os estoques que, como são necessários à própria atividade da empresa, podem ser considerados como uma espécie de investimento permanente do ativo circulante. Esse indicador é apresentado pela seguinte fórmula:

$$\text{Liquidez Seca (Ácida)} = \frac{\text{Ativo Circulante - Estoques}}{\text{Passivo Circulante}}$$

A interpretação isolada deste índice indica que quanto maior a liquidez seca, melhor, pois mostra que a empresa possui condições de pagar suas dívidas de curto prazo.

A seguir, um exemplo de como o assunto é cobrado em questões de concursos públicos:

(Auditor Fiscal/SC – 2010 – FEPESE) A empresa Curitiba tem um Ativo Circulante de R$ 7.200.000 (representado por aplicações financeiras, duplicatas a receber e dinheiro em espécie) e Passivo Circulante de R$ 2.800.000 (representado por obrigações com terceiros de curto prazo), em 30 de dezembro de 2009.

Se no dia 31 de dezembro de 2009, fizer apenas uma aquisição de mercadorias, a prazo, no valor de R$ 1.600.000, seu índice de liquidez seca será de:

(A) 1,3

(B) 1,6

(C) 2,0

(D) 3,1

(E) 3,6

A aquisição de mercadorias a prazo implica no aumento no Passivo Circulante e no Ativo Circulante. No entanto, apenas o aumento do Passivo Circulante impactará no índice de liquidez seca, cuja fórmula está apresenta a seguir:

$$\text{Liquidez Seca (Ácida)} = \frac{\text{Ativo Circulante - Estoques}}{\text{Passivo Circulante}}$$

$$\text{Liquidez Seca (Ácida)} = \frac{7.200.000}{(2.800.000 + 1.600.000)} = 1,6$$

Gabarito "B"

6.2.6. Índice de Liquidez Geral

O índice de liquidez geral demonstra o quanto a empresa possui em dinheiro, bens e direitos realizáveis a curto e longo prazo, para fazer face as suas dívidas totais. Esse indicador é apresentado pela seguinte fórmula:

$$\text{Liquidez Geral} = \frac{\text{Ativo Circulante + Realizável a Longo Prazo}}{\text{Passivo Circulante + Exigível a Longo Prazo}}$$

A interpretação isolada deste índice indica que quanto maior a liquidez geral, melhor, pois mostra que a empresa possui condições de pagar suas dívidas totais. Como regra geral, para considerar uma empresa com condição favorável é necessário que a liquidez geral seja maior que 1.

A seguir, um exemplo de como o assunto é cobrado em questões de concursos públicos:

(Contador/DFTRANS – 2008 – CESPE)A utilização do índice de liquidez geral proporciona a visualização da quitação de todas as obrigações da empresa de curto e longo prazo em função de seus recursos econômicos também de curto e longo prazo. Assim, é possível determinar se a empresa possui recursos suficientes para quitar todas as suas obrigações, desconsiderando--se a possibilidade de comercializar seu ativo fixo.

O índice de liquidez geral é representado pela seguinte fórmula:

$$\text{Liquidez Geral} = \frac{\text{Ativo Circulante} + \text{Realizável a Longo Prazo}}{\text{Passivo Circulante} + \text{Exigível a Longo Prazo}}$$

O objetivo desse indicador é demonstrar a capacidade da empresa em pagar suas dívidas de curto e longo prazo. Quanto maior o valor do índice melhor para a empresa.

Nesse indicador desconsidera-se o Ativo Permanente, uma vez que se trata do grupo de ativos fixos cujo objetivo não é ser realizado para quitar dívidas.

Gabarito: Correta

6.3. Indicadores de Rentabilidade

6.3.1. Retorno Sobre o Patrimônio Líquido

O retorno sobre o Patrimônio Líquido fornece o ganho obtido pelos proprietários como uma consequência das margens de lucro, da eficiência operacional e do planejamento eficiente de seus negócios. Este indicador demonstra a rentabilidade da empresa em relação ao seu capital próprio, representado pelo Patrimônio Líquido, ou seja, indica quanto de prêmio os acionistas ou proprietários da empresa estão obtendo em relação aos seus investimentos no empreendimento. Esse indicador é apresentado pela seguinte fórmula:

$$\text{Retorno sobre o PL} = \frac{\text{Lucro Líquido do Exercício}}{\text{Patrimônio Líquido Médio}}$$

A interpretação isolada deste índice indica que quanto maior o retorno sobre o Patrimônio Líquido, melhor o prêmio dos acionistas ou proprietários em relação ao capital investido na empresa.

A seguir, estão apresentados exemplos de como o assunto é cobrado em questões de concursos públicos:

(Agente Fiscal de Rendas/SP – 2006 – FCC) O índice de rentabilidade do Patrimônio Líquido é

(A) 4,0%

(B) 3,7%

(C) 3,5%

(D) 3,0%

(E) 2,5%

A rentabilidade do Patrimônio Líquido é encontrada dividindo o lucro líquido pelo Patrimônio Líquido. Se o lucro líquido da empresa é de R$ 2.225,00, conforme demonstrado na questão anterior, a rentabilidade sobre o Patrimônio Líquido será de 4,0% (R$2.225,00 ÷ R$55.625,00).

Gabarito "A"

(Analista Judiciário - Contabilidade/STF – 2008 – CESPE) O retorno sobre o Patrimônio Líquido pode ser representado como o produto de três fatores: retorno sobre as vendas; giro do ativo; e estrutura de capitais. Desse modo, utiliza-se a expressão a seguir, em que LL é o lucro líquido, PLm é o Patrimônio Líquido médio, VL é vendas líquidas, e Atm é o ativo total médio, para estabelecer a relação entre essas variáveis.

LL/ PLm = LL/VL × VL/Atm × Atm/PLm

A partir dessas informações, é correto afirmar que é possível melhorar esse indicador

(A) expandindo a capacidade de produção, mediante deslocamento de recursos para novos investimentos.

(B) convertendo ativos não operacionais em operacionais.

(C) aumentando as vendas na mesma proporção de um aumento dos estoques, mediante desimobilizações, sem alteração da margem de lucro.

(D) convertendo empréstimos dos sócios em aumento de capital.

A letra "A" está incorreta, pois, a expansão da capacidade de produção por si só não altera nenhum dos itens que compõem a fórmula do retorno sobre o Patrimônio Líquido.

A incorreção da letra "C" está no fato de que a conversão de ativos não operacionais em operacionais irá aumentar o valor da despesa de depreciação, e consequentemente reduzirá o resultado. Isso porque os ativos não operacionais não geram depreciação. A redução do resultado impactará em um retorno sobre o Patrimônio Líquido menor.

Na letra "D" a incorreção reside no fato de que converter empréstimos em aumento de capital irá aumentar o valor do Patrimônio Líquido. Esse aumento, mantido o valor do lucro líquido, impactará em um retorno sobre o Patrimônio Líquido menor.

A letra "C" está correta, pois, as desimobilizações reduzem o valor da despesa depreciação, aumentando o lucro líquido. O aumento das vendas irá marjorar a receita e consequentemente o lucro líquido. Quanto maior lucro, mantido o mesmo Patrimônio Líquido, maior será o retorno sobre o Patrimônio Líquido.

Gabarito "C"

(Analista judiciário - Contabilidade/TJ-AP – 2009 – FCC) Considere os dados fornecidos a seguir (valores em reais).

DADOS	ANO 1	ANO 2
Ativo Circulante	1.500.000	2.500.000
Ativo Não Circulante	4.500.000	6.500.000
Ativo Total	6.000.000	9.000.000
Passivo Circulante	1.000.000	2.200.000
Passivo Não Circulante	2.000.000	2.600.000
Patrimônio Líquido	3.000.000	4.200.000
Passivo + Patrimônio Líquido	6.000.000	9.000.000
Vendas Líquidas	10.000.000	14.000.000
Despesas Totais	8.800.000	11.000.000

A taxa de retorno do Patrimônio Líquido no Ano 1 é

(A) 71%

(B) 50%

(C) 47%

(D) 40%

(E) 33%

O lucro líquido da questão é R$ 1.200.000, e é apurado subtraindo das vendas líquidas o valor das despesas totais. A fórmula do retorno sobre o PL está apresentada a seguir:

$$\text{Retorno sobre o PL} = \frac{\text{Lucro Líquido}}{\text{Patrimônio Líquido}} = \frac{1.200.000}{3.000.000} = 40\%$$

Gabarito "D"

6.3.2. Retorno Sobre o Investimento Total

Este indicador demonstra a rentabilidade da empresa em relação aos investimentos totais, representados pelo ativo total médio. Esse indicador é apresentado pela seguinte fórmula:

$$\text{Retorno sobre o investimento total} = \frac{\text{Lucro Líquido do Exercício}}{\text{Ativo Total Médio}}$$

A interpretação isolada deste índice indica que quanto maior o retorno sobre o ativo, melhor o aproveitamento dos recursos aplicados no ativo, isto é, o índice mostra o nível de eficiência em que são utilizados os recursos aplicados na empresa (ativo total) para proporcionar lucros.

6.3.3. Margem de Lucro

Este indicador compara o lucro operacional líquido com o montante vendido, e é apresentado pela seguinte fórmula:

$$\text{Margem de Lucro} = \frac{\text{Lucro operacional líquido}}{\text{Vendas Líquidas}}$$

A interpretação isolada deste índice indica que quanto maior a margem de lucro, melhor para a empresa, pois, representa um maior ganho para a empresa.

A seguir, um exemplo de como o assunto é cobrado em questões de concursos públicos:

(Analista de Controle Externo/TCU – 2008 – CESPE) Considere que uma empresa apresente, em determinado período, os seguintes dados:

Vendas líquidas . . . . R$ 1.000.000,00
Lucro operacional líquido . . . . R$ 100.000,00
Ativo operacional médio . . . . R$ 500.000,00

Considere, ainda, que a administração dessa empresa, insatisfeita com o retorno sobre o investimento operacional, estabeleça como meta aumentá-lo em 50%. Nessa situação, para atingir tal objetivo, uma das opções da empresa será aumentar as vendas em 50%, mantendo a margem de lucro, sem novos investimentos.

A margem de lucro é representada pela seguinte fórmula:

$$\text{Margem de Lucro} = \frac{\text{Lucro operacional líquido}}{\text{Vendas Líquidas}}$$

Tendo essa fórmula em mente não é sequer necessário efetuar cálculos. Para manter a margem de lucro aumentando as vendas em 50% é necessário aumentar o lucro operacional líquido na mesma proporção, ou seja, em 50%.

Gabarito: Correta

6.4. Indicadores de Estrutura e Endividamento

6.4.1. Imobilização do Patrimônio Líquido

Este índice mostra quanto do Patrimônio Líquido da empresa está aplicado no Ativo Permanente. Esse indicador é apresentado pela seguinte fórmula:

$$\text{Imobilização do patrimônio líquido } = \frac{\text{Ativo Permanente}}{\text{Patrimônio Líquido}}$$

A interpretação isolada deste índice indica que quanto maior o índice de imobilização do Patrimônio Líquido, pior, visto que, representa um percentual do capital próprio da empresa no imobilizado, que é de menor liquidez.

6.4.2. Participação de Capital de Terceiros

Este índice mostra o percentual de capitais de terceiros em relação ao Patrimônio Líquido, demonstrando a dependência da empresa em relação aos recursos externos. Esse indicador é apresentado pela seguinte fórmula:

$$\text{Participação do capital de terceiros } = \frac{\text{Passivo Circulante + Passivo Não Circulante}}{\text{Patrimônio Líquido}}$$

A interpretação isolada deste índice indica que quanto maior o índice de participação de capitais de terceiros, pior, visto que, há um maior risco em investir na empresa que possui grande dependência de recursos externos.

6.4.3. Composição do Endividamento

Este índice mostra o quanto da dívida total da empresa deverá ser pago no curto prazo, isto é, mostra a relação das dívidas de curto prazo com as dívidas de longo prazo. Esse indicador é apresentado pela seguinte fórmula:

$$\text{Composição do Endividamento } = \frac{\text{Passivo Circulante}}{\text{Passivo Circulante + Passivo Não Circulante}}$$

A interpretação isolada deste índice indica que quanto maior a composição do endividamento, pior, visto que, quanto mais dívidas de curto prazo a empresa tiver que pagar, maior a pressão para geração de recursos, de modo que a empresa possa honrar seus compromissos.

6.5. Índice de Solvência

Representa a capacidade da empresa pagar suas dívidas de curto e longo prazo com os recursos totais do ativo. Esse indicador é apresentado pela seguinte fórmula:

$$\text{Índide de solvência } = \frac{\text{Ativo Circulante + Ativo Não Circulante}}{\text{Passivo Circulante + Passivo Não Circulante}}$$

A interpretação isolada deste índice indica que quanto maior a margem de garantia, melhor, pois mostra que a empresa possui condições de pagar suas dívidas totais.

A seguir, um exemplo de como o assunto é cobrado em questões de concursos públicos:

(Contador/DFTRANS – 2008 – CESPE) Ao utilizar o índice de solvência, não se considera o volume de recursos disponível no Patrimônio Líquido da empresa. Desse modo, a análise restringe-se a recursos econômicos e obrigações de curto e longo prazo.

O índice de solvência é representado pela seguinte fórmula:

$$\text{Índide de solvência} = \frac{\text{Ativo Circulante} + \text{Ativo Não Circulante}}{\text{Passivo Circulante} + \text{Passivo Não Circulante}}$$

O objetivo desse indicador é representar a capacidade de a empresa pagar suas dívidas de curto e longo prazo com os recursos totais do ativo. Quanto maior o valor do índice melhor para a empresa.

É possível observar que o índice de solvência não utiliza em sua fórmula o Patrimônio Líquido da empresa.

Gabarito: Correta

6.6. Alavancagem Operacional e Financeira

6.6.1. Grau de Alavancagem Operacional

O grau de alavancagem operacional revela como a alteração no volume da atividade influi no lucro operacional. Esse indicador é determinado pela estrutura de custos da empresa, apresentando maior capacidade de alavancar os lucros aquela que apresentar maiores custos/despesas fixas em relação aos custos/despesas totais. Esse indicador é apresentado pela seguinte fórmula:

$$\text{Grau de Alavancagem Operacional} = \frac{\text{Variação \% do Lucro Operacional}}{\text{Variação \% da Receita de Vendas}}$$

6.6.2. Grau de Alavancagem Financeira

O grau de alavancagem financeira resulta da participação de recursos de terceiros na estrutura de capital da empresa. Esse indicador representa a capacidade dos recursos de terceiros elevar os resultados líquidos da empresa.

$$\text{Grau de Alavancagem Financeira} = \frac{\text{Lucro Operacional}}{\text{Lucro Operacional - Despesas Financeiras}}$$

Ou

$$\text{Grau de Alavancagem Financeira} = \frac{\text{Variação \% no Lucro Líquido}}{\text{Variação \% no Lucro Operacional}}$$

6.7. Indicadores do Ciclo Operacional

6.7.1. Prazo Médio de Rotação dos Estoques

O prazo médio de rotação dos estoques indica quantos dias em média os produtos ficam estocados na empresa antes da sua venda. Esse indicador é apresentado pela seguinte fórmula:

$$\text{Prazo médio de rotação dos estoques} = \frac{\text{Estoque (Média do período)}}{\text{Custos de Mercadoria Vendida}}$$

A seguir, estão apresentados exemplos de como o assunto é cobrado em questões de concursos públicos:

(Analista judiciário - Contadoria/TRF 4ª Região – 2010 – FCC) Dados, em R$:

Estoque Inicial de Mercadorias	200.000,00
Saldo médio da conta Estoque de Mercadorias no Exercício	120.000,00
Compras	700.000,00
Estoque Final de Mercadorias	180.000,00

Supondo-se o ano comercial de 360 dias, o prazo médio de renovação de estoques foi, em número de dias, igual a

(A) 65.

(B) 60.

(C) 50.

(D) 55.

(E) 70.

Os dados da questão permitem apurar o custo da mercadoria vendida (CMV) conforme apresentado a seguir:
CMV = Estoque Inicial + Compras – Estoque Final
CMV = 200.000,00 + 700.000,00 – 180.000,00
CMV = 720.000,00
O prazo médio de renovação de estoques (rotação do estoque) é dado pela seguinte fórmula:
PMRE = (Estoque Médio/CMV) x 360 dias
Substituindo os dados da questão teríamos:
PMRE = (120.000/720.000)x360
PMRE = 60
Gabarito "B"

(Auditor Fiscal/MG – 2005 – ESAF) A empresa Anna Alisée S/A iniciou o exercício com estoque de mercadorias avaliadas em R$ 12.000,00 e contabilizou, durante o período, um custo de vendas no valor de R$ 81.000,00. Sabendo-se que o prazo médio de rotação dos estoques alcançou oitenta dias, podemos afirmar que

(A) o giro do estoque teve quociente igual a quatro.

(B) o estoque inicial foi um terço do estoque médio.

(C) o estoque médio foi avaliado em R$ 24.000,00.

(D) o estoque que vai a balanço é o dobro do estoque inicial.

(E) não há dados suficientes para efetuar os cálculos.

O prazo médio de rotação do estoque é dado pela seguinte fórmula:
PMRE = (Estoque Médio/CMV) x 360 dias
Substituindo os dados da questão teríamos:
80 = (estoque médio/81.000)x360
Estoque médio = R$ 18.000
Para o estoque médio ser igual a R$ 18.000, considerando que o estoque inicial era de R$ 12.000, é necessário que o estoque final seja igual R$ 24.000, o dobro do estoque inicial.

Gabarito "D"

6.7.2. Prazo Médio de Recebimento das Vendas

O prazo médio de recebimento das vendas indica quantos dias em média a empresa demora para receber pelas vendas realizadas a prazo. Esse indicador é apresentado pela seguinte fórmula:

$$\text{Prazo médio de recebimento das vendas} = \frac{\text{Duplicatas a Receber (Média do período)}}{\text{Receita Bruta}} \times 360$$

6.7.3. Prazo Médio de Pagamento das Compras

O prazo médio de pagamento das compras tem como objetivo demonstrar o tempo médio que a empresa demora para pagar suas compras. Esse indicador é apresentado pela seguinte fórmula:

$$\text{Prazo médio de pagamento das compras} = \frac{\text{Fornecedores (Média do período)}}{\text{Compras}} \times 360$$

A seguir, um exemplo de como o assunto é cobrado em questões de concursos públicos:

(Analista Administrativo - Contabilidade/ANTAQ – 2009 – CESPE) Dispõe-se dos seguintes dados obtidos das demonstrações contábeis de uma empresa comercial:
– Fornecedores – saldo inicial: R$ 550.000,00;
– Fornecedores – saldo final: R$ 850.000,00;
– CMV: R$ 3.400.000,00;
– EI de mercadorias: R$ 300.000,00;
– EF de mercadorias: R$ 400.000,00.

Com base nos dados acima e sabendo-se que correspondem a um período de 360 dias, conclui-se que o prazo médio de pagamento das compras é de 72 dias.

O prazo médio de pagamento das compras é representado pela seguinte fórmula:

$$\text{Prazo médio de pagamento das compras} = \frac{\text{Fornecedores (Média do período)}}{\text{Compras}} \times 360$$

O objetivo desse indicador é demonstrar o tempo médio que a empresa demora para pagar suas compras. Para encontrar o valor das compras é preciso organizar os valores de CMV, estoque inicial e estoque final, conforme apresentado a seguir:
CMV = Estoque inicial + Compras – Estoque final
3.400.000,00 = 300.000,00 + Compras – 400.000,00
Compras = 3.400.000,00 - 300.000,00 + 400.000,00
Compras = 3.500.000,00
O preenchimento da fórmula com os dados da questão está a seguir apresentado:

$$\text{Prazo médio de pagamento das compras} = \frac{(550.000,00 + 850.000,00) \ /2}{3.500.000,00} \times 360 = 72$$

Gabarito: Correta

6.7.4. Índice de Cobertura de Juros

O índice de cobertura de juros tem como objetivo demonstrar o número de vezes que o lucro da empresa pode diminuir sem afetar a remuneração devida aos recursos de terceiros, e é representado pela seguinte fórmula:

$$\text{Índice de cobertura de juros} = \frac{\text{Lucro Operacional}}{\text{Despesas Financeiras}}$$

A seguir, estão apresentados exemplos de como o assunto é cobrado em questões de concursos públicos:

(Analista de Controle Externo/TCU – 2008 – CESPE) Caso uma empresa apure um lucro operacional de R$ 1.500.000,00, antes das despesas financeiras e dos tributos sobre os resultados, e tais despesas financeiras atinjam R$ 250.000,00, o índice de cobertura dessas despesas permite que se afirme que o lucro operacional dessa empresa seria capaz de cobrir cinco vezes esses encargos.

O índice de cobertura de juros é representado pela seguinte fórmula:

$$\text{Índice de cobertura de juros} = \frac{\text{Lucro Operacional}}{\text{Despesas Financeiras}}$$

O objetivo desse indicador é demonstrar o número de vezes que o lucro da empresa pode diminuir sem afetar a remuneração devida aos recursos de terceiros.

Sendo assim, obtemos o seguinte valor para o índice:

$$\text{Índice de cobertura de juros} = \frac{1.500.000}{250.000} = 6$$

Se o lucro operacional é capaz de cobrir 6 vezes os encargos financeiros, é capaz de cobrir 5 vezes.

Gabarito: Correta

(Analista Administrativo - Contabilidade/ANTAQ – 2009 – CESPE) Sabendo-se que o lucro operacional de uma empresa antes das despesas financeiras de juros e dos tributos sobre o resultado foi de R$ 4.570.000,00 e que as referidas despesas de juros atingiram R$ 190.000,00, conclui-se que, pelo índice de cobertura de juros, o lucro operacional cobre as despesas financeiras por 25 exercícios sociais.

O índice de cobertura de juros é representado pela seguinte fórmula:

$$\text{Índice de cobertura de juros} = \frac{\text{Lucro Operacional}}{\text{Despesas Financeiras}}$$

O objetivo desse indicador é demonstrar o número de vezes que o lucro da empresa pode diminuir sem afetar a remuneração devida aos recursos de terceiros.

O lucro operacional da empresa em questão é de R$ 4.380.000,00 (R$ 4.570.000,00 – R$ 190.000,00), visto que as despesas financeiras estão dentro do lucro operacional. Sendo assim, obtemos o seguinte valor para o índice:

$$\text{Índice de cobertura de juros} = \frac{4.380.000}{190.000} = 23,05$$

Gabarito: Errada

6.8. Necessidade de Investimento em Giro

6.8.1. Definição de Ativo e Passivo Circulante Cíclico (operacional)

O Ativo Circulante pode ser dividido em Ativo Circulante Financeiro (ACF) e Ativo Circulante Operacional ou Ativo Circulante Cíclico (ACO).

O Ativo Circulante financeiro é o conjunto de contas composto pelas disponibilidades e pelas aplicações financeiras. O Ativo Circulante operacional corresponde aos direitos da empresa oriundos das atividades operacionais, tais como clientes, estoques, ICMS a recuperar, adiantamento a fornecedores, entre outros.

Ampliando o conceito de Ativo Circulante operacional, os ativos operacionais são utilizados pela empresa para a execução de suas atividades operacionais propriamente ditas, compreendendo a aplicação de recursos de caráter permanente na capacidade de produção instalada (equipamentos, máquinas e outros itens necessários) e no capital em giro (necessidade de capital de giro somado ao caixa operacional).

Por outro lado, os **ativos não operacionais** são aqueles que não estão ligados diretamente à execução das atividades operacionais da empresa. Ou seja, existem alguns ativos, como as aplicações financeiras e participações em outras empresas, que não se relacionam diretamente com a atividade operacional da empresa.

O Passivo Circulante também pode ser dividido em Passivo Circulante Financeiro (PCF) e Passivo Circulante Operacional ou Passivo Circulante Cíclico (PCO).

O Passivo Circulante financeiro é o conjunto de contas composto pelos empréstimos a pagar, financiamentos a pagar e duplicatas descontadas (na reclassificação do balanço, para efeitos de análise, deixam de ser retificadoras do Ativo Circulante e passam a ser do Passivo Circulante). O Passivo Circulante operacional corresponde às obrigações da empresa oriundas das atividades operacionais, tais como salários a pagar, ICMS a recolher, duplicatas a pagar, provisão para o Imposto de Renda, entre outras.

6.8.2. Fórmula da Necessidade de Investimento em Giro

A Necessidade de Capital de Giro ou Investimento Operacional em Giro ou Necessidade de Investimento em Giro (NCG) corresponde à diferença entre o Ativo Circulante operacional e o Passivo Circulante operacional.

$$\text{Necessidade de Investimento em Giro} = \frac{\text{Ativo Ciculante Operacional} - \text{Passivo}}{\text{Circulante Operacional}}$$

Se o ativo cíclico for maior que o passivo cíclico a empresa não tem fontes de financiamento suficientes e, para isso, deverá utilizar o Passivo Circulante financeiro, o passivo exigível de longo prazo ou o Capital de Giro Próprio (CGP).

Se o ativo cíclico for menor que o passivo cíclico há excesso de fontes de financiamento operacionais sobre investimentos operacionais. Logo, os recursos excedentes podem ser utilizados nas disponibilidades ou em investimentos.

A seguir, um exemplo de como o assunto é cobrado em questões de concursos públicos:

(Agente Fiscal de Rendas/SP – 2006 – FCC) A Cia. Estrela possui as seguintes contas patrimoniais, dentre outras, com valores em reais:

Fornecedores	1.500
Provisões 13° Salário e Férias	1.200
Contas a Receber 90 dias	2.500
Empréstimos de Curto Prazo	1.500
Empréstimos a Controladas	2.500
Contas a Receber por Venda de Imobilizado	2.500
Estoques	3.000
Impostos a Pagar	900

Tendo como base somente essas informações, a necessidade de capital de giro da empresa é em R$

(A) 1.200,00

(B) 1.600,00

(C) 1.900,00

(D) 2.100,00

(E) 2.500,00

A necessidade de capital de giro é dada pela seguinte fórmula: Necessidade de capital de giro = Ativo Circulante Operacional – Passivo Circulante Operacional. O Ativo Circulante Operacional e o Passivo Circulante Operacional são compostos de valores que mantêm estreita relação com a atividade operacional da empresa. Na questão, as contas do Ativo Circulante Operacional são contas a receber e estoques, e as contas do Passivo Circulante Operacional são fornecedores, provisão para 13° salário, férias e impostos a pagar. Sendo assim, é possível concluir que a necessidade de capital de giro da empresa é de R$ 1.900,00.

Gabarito "C"

6.9. Exercícios de Fixação Comentados

(Analista de Controle Externo/TCE-AC – 2008 – CESPE) Balance de verificação para as questões 1 a 6

nº	Conta	Saldo (em R$)
1	Outras Despesas	1.200
2	Fornecedores	1.470
3	Energia a Pagar	2.210
4	Contas a Pagar	3.200
5	Investimento em Ações	3.200
6	Despesas Antecipadas	3.340
7	Disponível	8.000
8	Despesas de Depreciação	8.100
9	Material de Consumo	8.410
10	Móveis e Utensílios	8.450
11	Participações em Controladas	8.900
12	Impostos a Recolher	9.214
13	Despesas Financeiras	9.850
14	Deduções da Receita	10.000
15	Provisão para Contingências	10.020
16	Despesas Administrativas	12.500
17	Estoque de Mercadorias para Revenda	12.500
18	Contas a Receber	12.580
19	Salários a Pagar	12.850
20	Despesas Tributárias	13.500
21	Prédios	13.850
22	Veículos	14.800
23	Títulos a Receber de Longo Prazo	15.980
24	Máquinas e Equipamentos	19.050
25	Terrenos	21.500
26	Custo da Mercadoria Vendida	25.000
27	Casas	25.800
28	Resultados Acumulados após a DRE	29.004
29	Receita de Vendas	80.000
30	Financiamentos a Pagar de Longo Prazo	80.000
31	Florestas	80.000
32	Depreciação Acumulada	100.500
33	Fazendas	120.000
34	Capital Social	185.900

Para resolver todos os itens relacionados à tabela acima é necessário classificar todas as contas de acordo com os grupos do ativo, passivo, Patrimônio Líquido e resultado. Essa classificação está apresentada a seguir:

Conta	Saldo (em R$)	Classificação das Contas
Outras Despesas	1.200	Resultado Devedora
Fornecedores	1.470	Passivo Circulante
Energia a Pagar	2.210	Passivo Circulante
Contas a Pagar	3.200	Passivo Circulante
Investimento em Ações	3.200	Ativo Realizável a Longo Prazo
Despesas Antecipadas	3.340	Ativo Circulante
Disponível	8.000	Ativo Circulante
Despesas de Depreciação	8.100	Resultado Devedora
Material de Consumo	8.410	Ativo Circulante
Móveis e Utensílios	8.450	Ativo Permanente
Participações em Controladas	8.900	Ativo Permanente
Impostos a Recolher	9.214	Passivo Circulante
Despesas Financeiras	9.850	Resultado Devedora
Deduções da Receita	10.000	Resultado Devedora
Provisão para Contingências	10.020	Passivo Circulante
Despesas Administrativas	12.500	Resultado Devedora
Estoque de Mercadorias para Revenda	12.500	Ativo Circulante
Contas a Receber	12.580	Ativo Circulante
Salários a Pagar	12.850	Passivo Circulante
Despesas Tributárias	13.500	Resultado Devedora
Prédios	13.850	Ativo Permanente
Veículos	14.800	Ativo Permanente
Títulos a Receber de Longo Prazo	15.980	Ativo Realizável a Longo Prazo
Máquinas e Equipamentos	19.050	Ativo Permanente
Terrenos	21.500	Ativo Permanente
Custo da Mercadoria Vendida	25.000	Resultado Devedora
Casas	25.800	Ativo Permanente
Resultados Acumulados após a DRE	29.004	Patrimônio Líquido
Receita de Vendas	80.000	Resultado Credora
Financiamentos a Pagar de Longo Prazo	80.000	Passivo Exigível de Longo Prazo
Florestas	80.000	Ativo Permanente
Depreciação Acumulada	100.500	Ativo Permanente (Redutora)
Fazendas	120.000	Ativo Permanente
Capital Social	185.900	Patrimônio Líquido

O somatório das contas por grupo está apresentado a seguir:

Grupo de contas	Total
Ativo Circulante	44.830
Ativo Realizável a Longo Prazo	19.180
Ativo Permanente	312.350
Ativo Permanente (Redutora)	(100.500)
Passivo Circulante	38.964
Passivo Exigível de Longo Prazo	80.000
Patrimônio Líquido	214.904
Resultado Credor	80.000
Resultado Devedor	(80.150)

(1) O índice de liquidez corrente apurado nesse balancete é

(A) inferior a 1,20.

(B) superior a 1,20 e inferior a 1,91.

(C) superior a 1,92 e inferior a 2,42.

(D) superior a 2,43 e inferior a 3,13.

(E) superior a 3,74.

(2) O índice de liquidez imediata apurado é

(A) inferior a 0,15.

(B) superior a 0,16 e inferior a 0,26.

(C) superior a 0,27 e inferior a 0,37.

(D) superior a 0,38 e inferior a 0,48.

(E) superior a 0,49.

(3) O índice de endividamento apurado é

(A) inferior a 22%.

(B) superior a 23% e inferior a 40%.

(C) superior a 41% e inferior a 58%.

(D) superior a 59% e inferior a 75%.

(E) superior a 76% .

(4) O capital circulante líquido apurado é

(A) inferior a R$ 6.000,00.

(B) superior a R$ 6.001,00 e inferior a R$ 7.000,00.

(C) superior a R$ 7.001,00 e inferior a R$ 8.000,00.

(D) superior a R$ 8.001,00 e inferior a R$ 9.000,00.

(E) superior a R$ 9.001,00.

(5) O índice de liquidez geral apurado é

(A) inferior a 0,15.

(B) superior a 0,16 e inferior a 0,26.

(C) superior a 0,27 e inferior a 0,37.

(D) superior a 0,38 e inferior a 0,48.

(E) superior a 0,49.

(6) Considerando-se que o estoque inicial da empresa corresponda a R$ 6.800,00, é correto concluir que o giro do estoque é

(A) inferior a 1,75.

(B) superior a 1,76 e inferior a 2,06.

(C) superior a 2,07 e inferior a 2,77.

(D) superior a 2,78 e inferior a 3,48.

(E) superior a 3,49.

1: O índice de liquidez corrente é representado pela seguinte fórmula:

$$\text{Liquidez Corrente} = \frac{\text{Ativo Circulante}}{\text{Passivo Circulante}}$$

O objetivo desse indicador é demonstrar a capacidade da empresa em pagar suas dívidas de curto prazo. Substituindo na fórmula os valores das contas apresentadas na questão teremos:

$$\text{Liquidez Imediata} = \frac{44.830}{38.964} = 1,15$$

2: O índice de liquidez imediata é representado pela seguinte fórmula:

$$\text{Liquidez Imediata} = \frac{\text{Disponível}}{\text{Passivo Circulante}}$$

O objetivo desse indicador é demonstrar a capacidade da empresa em pagar suas dívidas de curto prazo com os recursos de curtíssimo prazo (caixa, bancos e aplicações de liquidez imediata). Substituindo na fórmula os valores das contas apresentadas na questão teremos:

$$\text{Liquidez Imediata} = \frac{8.000}{38.964} = 0,2$$

3: O índice de endividamento é representado pela seguinte fórmula:

$$\text{Índice de endividamento} = \frac{\text{Passivo Total (Circulante + Exigível a longo Prazo)}}{\text{Patrimônio Líquido}}$$

O objetivo desse indicador é demonstrar a proporção existente entre o capital de terceiros e o capital próprio. Substituindo na fórmula os valores das contas apresentadas na questão teremos:

$$\text{Índice de individamento} = \frac{38.964 + 80.000}{214.904} = 0,55$$

4: O capital circulante líquido é representado pela seguinte fórmula:

Capital Circulante Líquido = Ativo Circulante – Passivo Circulante

O objetivo desse indicador é demonstrar a capacidade da empresa em pagar suas dívidas de curto prazo com recursos também de curto prazo. Quanto maior o valor do índice melhor para a empresa. Substituindo na fórmula os valores das contas apresentadas na questão teremos:

Capital Circulante Líquido = 44.830 – 38.964 = 5.866

5: O índice de liquidez geral é representado pela seguinte fórmula:

$$\text{Liquidez Geral} = \frac{\text{Ativo Circulante + Realizável a Longo Prazo}}{\text{Passivo Circulante + Exigível a Longo Prazo}}$$

O objetivo desse indicador é demonstrar a capacidade da empresa em pagar suas dívidas de curto e longo prazo. Substituindo na fórmula os valores das contas apresentadas na questão teremos:

$$\text{Liquidez Geral} = \frac{44.830 + 19.180}{38.964 + 80.000} = 0,53$$

6: O giro do estoque é representado pela seguinte fórmula:

$$\text{Giro do estoque} = \frac{\text{Custo da mercadoria vendida (CMV)}}{\text{Estoque Médio}}$$

O objetivo desse indicador é demonstrar quantas vezes a empresa renova seu estoque no período analisado. Substituindo na fórmula os valores das contas apresentadas na questão teremos:

$$\text{Giro do estoque} = \frac{25.000}{(6.800 + 12.500) \div 2} = 2,59$$

Gabarito: 1A, 2B, 3C, 4A, 5E, 6C

(Auditor Fiscal/ES – 2009 – CESPE) Com base nos conceitos e aplicações da análise das demonstrações contábeis, julgue os itens seguintes.

(1) Suponha que, em uma análise horizontal, se tenha comparado a evolução das despesas operacionais de uma empresa com a das vendas líquidas e que os valores correspondentes ao período-base tenham sido, respectivamente, de R$ 3.000.000,00 e R$ 1.200.000,00. Se, no período seguinte, o índice das despesas aumentou o dobro da proporção das vendas, tendo alcançado R$ 1.800.000,00, então o índice das vendas, nesse período, foi correspondente a 75.

(2) Considerando-se que, em uma empresa, a relação entre capitais de terceiros e capitais próprios seja igual a 0,5, é correto afirmar que essa empresa é fortemente capitalizada e que sua situação financeira é cômoda.

1: Se as despesas passaram de R$ 1.200.000 para R$ 1.800.000, significa que houve um aumento de 50%, ou seja, o índice na análise horizontal foi de 50. Se esse índice foi o dobro do índice das vendas, significa que as vendas aumentaram apenas 25%, ou seja, seu índice corresponde a 25;

2: A relação entre os capitais de terceiros e capitais próprios diz muito pouco sobre a situação financeira da empresa. Mesmo que a empresa tenha poucas dívidas em relação ao total do Patrimônio Líquido, como apresentado na questão, é possível que a situação financeira não seja boa, pois existe a possibilidade das dívidas serem de curto prazo enquanto os ativos de longo prazo.

Gabarito: 1: Errada, 2: Errada

(Auditor Fiscal/Vitória-ES – 2007 – CESPE) Considere que uma dívida de ISS, vencida e registrada, foi renegociada com um município, mediante parcelamento de 5 anos. Nessa situação, é correto inferir que, à data do balanço, as parcelas vincendas após o encerramento do exercício subsequente, transferidas para o passivo exigível a longo prazo, propiciaram um aumento do capital circulante líquido da empresa devedora.

1: O capital circulante é apurado pela diferença entre o Ativo Circulante e o Passivo Circulante. Sendo assim, ao transferir um valor registrado no Passivo Circulante para o passivo exigível, a empresa está melhorando (aumentando) o capital circulante líquido, pois estará reduzindo o Passivo Circulante.

Gabarito: Correta

(Auditor Fiscal/Limeira-SP – 2006 – CESPE) Considere a seguinte situação hipotética. Uma empresa com estoque médio de R$ 1.000.000,00 apurou custo das vendas de R$ 5.000.000,00. As vendas foram de R$ 10.000.000,00. Para aumentar as vendas em 20%, a empresa teve de reduzir sua margem de lucro para 40%.

Nessa situação, se mantido o mesmo quociente de rotação do estoque médio, conclui-se que o estoque médio será de R$ 1.440.000,00.

Como a empresa aumentou suas vendas em 20%, sua receita de vendas passou de R$ 10.000.000 para R$ 12.000.000. Como a margem de lucro reduziu para 40%, o lucro bruto passou a representar 40% da receita líquida, ou seja, R$ 4.800.000. Com base nessas informações, é possível concluir que o custo da mercadoria vendida foi de R$ 7.200.000 (R$ 12.000.000 – R$ 4.800.000). Como o estoque médio representava, e continuou representando, 20% do custo das vendas (R$ 1.000.000 de estoque médio para R$ 5.000.000 de custo das vendas), é possível concluir que o estoque médio é agora de R$ 1.440.000 (20% de R$ 7.200.000)

Gabarito: Correta

FABRÍCIO DE OLIVEIRA BARROS

(Agente de Tributos/MT – 2004 – CESPE) Julgue os itens a seguir, relativos à Contabilidade.

(1) Os quocientes de estrutura de capitais e de liquidez evidenciam a situação financeira, enquanto a situação econômica é evidenciada pelos quocientes de rentabilidade.

(2) A análise horizontal ou análise por índices, por meio da qual se evidencia a variação dos itens das demonstrações contábeis ao longo de um determinado período que tenha apresentado valores homogêneos, tem como principal objetivo acompanhar o desempenho de todas as contas que compõem a demonstração contábil analisada, verificando as tendências de retração ou de evolução em cada uma delas.

(3) O desenvolvimento de uma análise, tanto interna quanto externa, envolve os seguintes procedimentos: exame detalhado das demonstrações contábeis objeto da análise, coleta de dados, cálculos dos indicadores mediante aplicação de fórmulas já consagradas, interpretação dos quocientes, índices e coeficientes, análise vertical e horizontal, comparação com índices padrões e elaboração e apresentação de informações por meio de relatórios.

(4) A representação gráfica a seguir indica uma situação líquida favorável à empresa a que ela se refere.

ATIVO	PATRIMÔNIO
PASSIVO LÍQUIDO (SL)	

1: Os indicadores de estrutura de capitais e de liquidez permitem identificar se a situação financeira da empresa é favorável do ponto de vista do equilíbrio entre as entradas e saídas de recursos (situação financeira). Já os indicadores de rentabilidade informam se a empresa tem obtido os resultados esperados do ponto de vista de geração de receitas e maximização do investimento (situação econômica);
2: O principal objetivo da análise horizontal é permitir a análise da evolução histórica de cada conta que compõe as diversas demonstrações contábeis, ou seja, esta análise avalia o aumento ou a diminuição dos valores que expressam os elementos patrimoniais ou do resultado em um determinado período de tempo, podendo indicar a tendência de comportamento dessas contas;
3: A questão apresenta importantes etapas a serem seguidas para uma análise completa das demonstrações contábeis;
4: A situação apresentada na questão demonstra que o valor dos passivos é maior que o dos ativos, sendo essa uma situação desfavorável à empresa, pois a venda de todos os ativos não seria suficiente para liquidar os passivos.

Gabarito: 1: Correta, 2: Correta, 3: Correta, 4: Errada

Demonstrações contábeis da empresa Y – Duas questões a seguir

Balanço Patrimonial (em R$ mil)			
Ativo	**31/12/2001**	**Passivo**	**31/12/2001**
Circulante	134.250	Circulante	100.000
Disponibilidades	1.250	Fornecedores	45.000
Contas a receber de vendas	85.000	Pessoal e encargos a pagar	15.000
Estoque de mercadorias	46.000	Tributos a pagar	19.000
Despesas do período seguinte	2.000	Aluguéis e seguros a pagar	2.500
Realizável a longo prazo		Dividendos	15.000
Empréstimos	2.000	Empréstimos	3.500
Permanente	102.000	Patrimônio Líquido	138.250
Investimentos	15.000	Capital Social	100.00
Imobilizado	85.000	Reservas de Capital	2.500
Diferido	2.000	Reservas de Lucros	3.000
		Lucros acumulados	32.750
Total	**238.250**	**Total**	**238.250**

COMO PASSAR – SUPER-REVISÃO DE CONTABILIDADE PARA CONCURSOS

6 ANÁLISE DAS DEMONSTRAÇÕES FINANCEIRAS

Demonstração do resultado do exercício social de 2001 (em R$ mil)	
Vendas Brutas	850.000
(-) Tributos sobre as vendas	(157.250)
(=) **Vendas líquidas**	**692.750**
(-) Custo das mercadorias vendidas	(381.705)
(=) **Lucro Bruto**	**311.045**
(-) Despesas administrativas	(125.000)
(-) Depesas comerciais	(112.000)
(-) Outras despesas e receitas	(2.000)
(-) Despesas financeiras	(1.000)
(=) **Lucro antes de IR e CSLL**	**(71.045)**
(-) IR e CSLL	(24.155)
(=) **Lucro Líquido**	**46.890**

Demonstração das Origens e Aplicações de Recursos do exercício de 2001 (em R$ mil)	
Origens	
Recursos geradps pela operação	65.000
Aumento do capital social	3.000
Total	**68.000**
Aplicações	
Aquisição de controlada	15.000
Aquisição de bens do imobilizado	38.500
Dividendos	15.000
Aplicações no diferido	2.000
Total	**70.500**
Variação do capital circulante líquido	**(2.500)**

(Fiscal de Tributos Estaduais/AL – 2002 – CESPE) Acerca de Contabilidade avançada e das demonstrações contábeis da empresa Y, julgue os itens a seguir.

(1) O índice de rentabilidade do capital próprio da empresa Y é menor que 30%.

(2) Considerando, para a empresa Y, um ativo líquido de R$ 141.750 mil, o giro do ativo, calculado com a receita bruta, foi maior que 6.

(3) O lucro líquido, caso a empresa Y operasse sem capital de terceiros e despesas financeiras, seria de R$ 47.550 mil, considerando uma alíquota de IR e CSLL de 34%.

(4) A rentabilidade do capital próprio da empresa Y foi maior com dívida do que seria caso a dívida onerosa não existisse, porque o custo dela é inferior ao retorno do ativo, indicando uma alavancagem financeira positiva.

(5) O retorno do ativo líquido de R$ 141.750 mil, caso a empresa Y operasse sem dívida, seria de 33,5%.

1: A rentabilidade do capital próprio também é conhecida como retorno sobre o Patrimônio Líquido. Sua fórmula é dada pelo lucro líquido do exercício dividido pelo Patrimônio Líquido. Nesse caso, como valor do lucro líquido é R$ 46.890 e o Patrimônio Líquido R$ 138.250, temos uma rentabilidade do capital próprio de 33,9%;

2: O giro do ativo é calculado normalmente dividindo as vendas líquidas pelo valor do ativo. No entanto, a questão propõe algumas adaptações à fórmula original, sendo proposto dividir a receita bruta (R$ 850.000) pelo ativo líquido de R$ 141.750. O resultado dessa divisão é igual a 5,99;

FABRÍCIO DE OLIVEIRA BARROS

3: Caso a empresa não tivesse despesas financeiras, o lucro antes do IR e CSLL seria de R$ 72.045. Ao aplicarmos sobre esse valor a alíquota de 34% proposta na questão encontraríamos o valor de R$ 24.495, referente ao IR e CSSL. O lucro líquido seria de R$ 47.550 (R$ 72.045 – R$ 24.495);

4: O grau de alavancagem financeira é dado pela divisão da rentabilidade do capital próprio com a utilização de capitais de terceiros (lucro líquido divido pelo Patrimônio Líquido) pela rentabilidade do capital próprio sem a utilização de capitais de terceiros (lucro líquido mais despesas financeiras dividido pelo ativo total). Se esse indicador se apresentar superior a 1,00, a alavancagem financeira é favorável (positiva). Com base nos dados apresentados pela questão, apresentamos a seguir o grau de alavancagem financeira da empresa Y:

$$\text{Grau de alavancagem financeira} = \frac{\text{Lucro Líquido/PL}}{\text{(Lucro Líquido + Despesas financeiras)/ativo total}}$$

$$\text{Grau de alavancagem financeira} = \frac{46.890/138.250}{(46.890 + 1000)/238.250} = \frac{0,34}{0,2} = 1,69$$

5: Se a empresa operasse sem dívida, seu lucro líquido seria de R$ 47.550, conforme cálculo já apresentado anteriormente no item 3 desta questão. Sendo assim, ao dividirmos esse valor pelo ativo líquido de R$ 141.750, obteríamos 33,5%.

Gabarito: 1: Errada, 2: Errada, 3: Correta, 4: Correta, 5: Correta

(Fiscal de Tributos Estaduais/AL – 2002 – CESPE) Ainda acerca das demonstrações contábeis da empresa Y, julgue os itens abaixo.

(1) De acordo com a demonstração das origens e aplicações de recursos, a empresa fez todas as suas aplicações utilizando somente recursos próprios.

(2) A demonstração das origens e aplicações de recursos evidencia uma variação negativa do capital circulante líquido, correspondendo a uma situação de capital circulante líquido negativo no balanço de final de período.

(3) A margem de lucro líquido sobre as vendas líquidas é superior a 6%.

(4) A margem de lucro bruto sobre as vendas líquidas é maior que 46%.

(5) A rentabilidade apresentada pela empresa é muito baixa, considerando o custo do dinheiro no mercado e a rentabilidade média das empresas no mercado.

1: Como pode ser observado na demonstração de origens e aplicações de recursos, a empresa utilizou como origem apenas recursos gerados pela operação (vendas) e aumento de capital, não tendo utilizado qualquer tipo de recurso de terceiros, como empréstimos e financiamentos;

2: A variação negativa no capital circulante líquido indica que o valor desse indicador é em 2001 menor em R$ 2.500 do que era em 2000. Como pode ser observado no balanço patrimonial, o capital circulante líquido (Ativo Circulante – Passivo Circulante) é positivo em R$ 34.250;

3: A margem de lucro líquido é dada pelo lucro líquido dividido pela receita líquida. Nesse caso, como o lucro líquido é igual a R$ 46.890 e a receita líquida é igual a R$ 692.750, temos que a margem de lucro líquido é igual a 6,8%;

4: A margem de lucro bruto é dada pelo lucro bruto dividido pela receita líquida. Nesse caso, como o lucro bruto é igual a R$ 311.045 e a receita líquida é igual a R$ 692.750, temos que a margem de lucro bruto é igual a 44,9%;

5: A afirmativa está errada, pois não existem dados suficientes para poder fazer esse tipo de afirmativa.

Gabarito: 1: Correta, 2: Errada, 3: Correta, 4: Errada, 5: Errada

(Analista de Controle Externo/TCE-AC – 2008 – CESPE) Balancete de verificação para as questões 1 e 2

Contas	Saldo (em R$)
Capital Social	87.874
Clientes	6.520
Contas a Pagar	800
Custo da Mercadoria Vendida	18.500
Deduções da Receita	9.000
Depreciação Acumulada	8.500
Despesas Administrativas	2.500
Despesas Antecipadas	3.340
Despesas de Depreciação	4.120
Despesas Financeiras	6.522
Despesas Tributárias	10.600
Disponível	2.000
Energia a Pagar	3.200
Estoque para Revenda	9.500
Financiamentos a Pagar de Longo Prazo	30.000
Fornecedores	1.200
Impostos a Recolher	3.200
Investimentos em Ações	2.100
Máquinas e Equipamentos	19.050
Material de Consumo	8.410
Móveis e Utensílios	8.450
Outras Despesas	3.200
Participações em Controladas	6.520
Provisões para Contingências	820
Receita de Vendas	60.000
Resultados Acumulados após a DRE	29.004
Salários a Pagar	14.100
Terrenos	21.500
Títulos a Receber de Longo Prazo	12.300
Veículos	21.000

O primeiro passo na resolução das questões relacionadas ao balancete é elaborar a demonstração do resultado do exercício, conforme apresentado a seguir.

Receita bruta	60.000
(-) Devoluções de vendas	(9.000)
(=) Receita Líquida	51.000
(-) CMV	(18.500)
(=) Lucro bruto	32.500
(-) Despesas administratívas	(2.500)
(-) Despesas de depreciação	(4.120)
(-) Despesas financeiras	(6.522)
(-) Despesas Tributárias	(10.600)
(-) Outras Depesas	(3.200)
(=) Lucro líquido	(5.558)

(1) A margem bruta apurada é

(A) inferior a 45%.

(B) superior a 46% e inferior a 56%.

(C) superior a 57% e inferior a 67%.

(D) superior a 68% e inferior a 78%.

(E) superior a 79%.

(2) A margem operacional é

(A) inferior a 20%.

(B) superior a 21% e inferior a 31%.

(C) superior a 32% e inferior a 42%.

(D) superior a 43% e inferior a 53%.

(E) superior a 54%.

1: A margem bruta é representada pela seguinte fórmula:

$$\text{Margem Bruta} = \frac{\text{Lucro Bruto}}{\text{Receita Líquida}}$$

Com base na fórmula apresentada temos que a margem bruta da empresa está assim apresentada.

$$\text{Margem Bruta} = \frac{32.500}{51.000} = 0,64$$

2: A margem operacional é representada pela seguinte fórmula:

$$\text{Margem Operacional} = \frac{\text{Lucro Operacional}}{\text{Receita Líquida}}$$

Como a questão não apresentou resultado não operacional, o lucro líquido equivale ao lucro operacional. Com base na fórmula apresentada temos que a margem bruta da empresa está assim apresentada.

$$\text{Margem Operacional} = \frac{5.558}{51.000} = 0,11$$

Gabarito: 1 "C", 2 "A"

(Analista Judiciário - Contabilidade/STF – 2008 – CESPE) A respeito da constituição das provisões e dos seus reflexos na estrutura patrimonial, julgue os itens a seguir.

(1) O registro da provisão para desvalorização de estoques reduz tanto o capital circulante líquido como o resultado do exercício.

(2) O registro da provisão para contingências judiciais aumenta o capital circulante líquido e reduz o resultado do exercício. O pagamento das provisões já contabilizadas não afetará o capital circulante líquido.

(3) O registro da provisão para perda de investimentos afetará o saldo do Ativo Permanente e também o saldo do resultado do exercício de maneira negativa. O registro da perda de investimentos provisionada será a débito da provisão para perda de investimentos e a crédito da conta de investimento.

1: O estoque é um item que compõem o Ativo Circulante. Qualquer alteração no seu valor afetará o capital circulante líquido. A provisão para desvalorização de estoques reduz o saldo da conta estoques e consequentemente o capital circulante líquido. A contrapartida da provisão é uma conta de despesa no resultado do exercício.

2: As provisões para contingências compõem o passivo das empresas. O aumento do Passivo Circulante ocasiona uma redução no capital circulante líquido, o que torna o item errado. A contrapartida do registro da provisão é uma conta de despesa de provisão, que reduz o resultado do exercício.

A afirmativa de que o pagamento das provisões já contabilizadas não afeta o capital circulante líquido está correta, pois o pagamento implicará em uma redução do caixa (Ativo Circulante) e da provisão (Passivo Circulante) no mesmo montante.

3: O registro da provisão será feito a débito da conta de resultado, representando a despesa referente à diminuição do valor do ativo, e a crédito da conta de provisão, conta essa redutora do ativo. No momento que a perda se realizar não será necessário qualquer lançamento no resultado pois isso já ocorreu no momento do registro da provisão. Tampouco será necessário qualquer lançamento de caixa, uma vez que o registro da perda não representa qualquer desembolso. O lançamento a ser feito é a baixa da provisão (débito) contra o investimento (crédito).

Gabarito: 1:Correta, 2: Errada, 3: Correta

(Analista de Controle Externo/TCU – 2008 – CESPE) O balanced scorecard é uma ferramenta gerencial que reflete o desafio que uma organização tem de enfrentar para harmonizar os interesses de vários grupos em torno de objetivos diversos. Neste sentido, o desempenho social poderia ser objeto de um parecer de auditoria social, paralelamente ao tradicional parecer de auditoria financeira, aplicável ao desempenho financeiro.

Robert Kaplan, criador do Balanced Scorecard, definiu que o objetivo dessa ferramenta é "traduzir a missão e a estratégia das empresas em um conjunto abrangente de medidas de desempenho que serve de base para um sistema de medição e gestão estratégica". Nesse conceito de abrangência de medidas de desempenho encontra-se o desempenho social, que pode ser objeto de parecer de auditoria, sem é claro eliminar a necessidade da auditoria financeira (de balanço).

Gabarito: Correta

(Analista de Controle Externo/TCU – 2008 – CESPE) Se, ao analisar a margem operacional de uma empresa, um consultor verificar que essa margem se situa abaixo da média do setor, e se esse quociente for o mais sensível às variações do retorno sobre o investimento operacional, nessa situação, esse consultor deve sugerir, para a melhoria da rentabilidade da empresa, uma das seguintes opções: reduzir as despesas não operacionais; aumentar as vendas, ainda que a margem de lucro seja sacrificada; ou ampliar a capacidade produtiva.

A margem operacional é representada pela seguinte fórmula:

$$\text{Liquidez Corrente} = \frac{\text{Lucro Operacional}}{\text{Receita Líquida}}$$

As 3 operações propostas para melhorar a rentabilidade da empresa não surtiriam o efeito desejado. A redução das despesas não operacionais não afeta a margem operacional, pois tanto o lucro operacional quanto a receita líquida são apurados sem interferência dessas despesas. O aumento das vendas com margem de lucro sacrificada iria aumentar a receita líquida em proporção maior que aumentaria o lucro operacional, impactando em uma margem operacional menor. O aumento da capacidade produtiva implica no aumento das despesas com depreciação, reduzindo o lucro operacional e consequentemente a margem operacional.

Gabarito: Errada

(Analista de Controle Externo/TCU – 2008 – CESPE) Na análise dos índices de liquidez, o analista de controle externo deve estar atento a certos aspectos que podem mascarar uma situação aparentemente favorável. Nesse sentido, ele deve considerar com mais rigor, a exigibilidade efetiva dos passivos, que a possibilidade de realização dos ativos, e assegurar-se de que os prazos de realização dos ativos são maiores que os de vencimento dos passivos.

A liquidez de uma empresa é garantida tanto pela exigibilidade efetiva dos passivos quanto pela possibilidade de realização dos ativos. Tendo os ativos prazos de realização superiores ao vencimento dos passivos a situação seria desfavorável para empresa. O analista de controle externo deve, portanto, considerar a exigibilidade dos passivos com o mesmo rigor que a realização dos ativos, e assegurar-se que o prazo de realização dos ativos é inferior ao de vencimento dos passivos.

Gabarito: Errada

(Analista Judiciário - Contabilidade/STF – 2008 – CESPE) A reclassificação ou padronização das demonstrações contábeis é necessária nos procedimentos de análise econômico-financeira, com vistas a diminuir as diferenças nos critérios utilizados pelas empresas na apresentação dessas demonstrações. Assinale a opção correta com relação a um tipo de reclassificação usualmente efetuada.

(A) Os títulos descontados devem ser classificados no passivo exigível a longo prazo, para evidenciar a dependência da empresa em relação às instituições financeiras.

(B) As depreciações, na demonstração do resultado, devem destacar as parcelas que constituem custo e despesa, quando se trata de uma indústria.

(C) O capital a integralizar é representado no ativo, para que o capital social represente, no Patrimônio Líquido, o valor efetivamente à disposição da empresa.

(D) As dívidas vencidas e não pagas devem ser excluídas, para não distorcer o montante das obrigações a curto prazo.

Para fins de análise econômico-financeira o analista pode efetuar ajustes que permitam uma melhor percepção da situação da empresa, mesmo que esses ajustes não estejam previstos na legislação societária.

A letra "A" está incorreta, pois a classificação dos títulos descontados no passivo é usual, mas precisa ocorrer de acordo com o prazo de vencimento desses títulos (curto prazo ou longo prazo).

A incorreção da letra "C" está no fato de que a reclassificação do capital a integralizar não é usual.

Na letra "D" a incorreção reside no fato de que as dívidas vencidas e não pagas ainda representam um passivo da empresa e jamais poderiam ser excluídas.

A letra "B" está correta, pois essa segregação da depreciação em custos e despesas além de usual do ponto de vista da análise econômico-financeira é o recomendado do ponto de vista da legislação societária.

Gabarito "B"

(Auditor Fiscal/São Paulo-SP – 2007 – FCC) A Cia. Beta possui bens e direitos no valor total de R$ 1.750.000,00, em 31.12.2005. Sabendo-se que, nessa mesma data, inexistem Resultados de Exercícios Futuros e que o Passivo Exigível da companhia representa 2/5 (dois quintos) do valor do Patrimônio Líquido, este último corresponde a, em R$:

(A) 1.373.000,00

(B) 1.250.000,00

(C) 1.050.000,00

(D) 750.000,00

(E) 500.000,00

Sabe-se que o somatório do Patrimônio Líquido e Passivo Exigível será igual ao total de bens e direitos da empresa. Sendo assim, ao somarmos as frações informadas na questão teremos que o somatório do Passivo Exigível (2/5 do Patrimônio Líquido) e o Patrimônio Líquido (5/5 do Patrimônio Líquido) representam 7/5 do Patrimônio Líquido, e é equivalente ao total do ativo. Apresentamos a seguir o cálculo do valor do Patrimônio Líquido:

Ativo = 7/5 Patrimônio Líquido
R$1.750.000 = 7/5 Patrimônio Líquido
Patrimônio Líquido = 5/7 x R$1.750.000
Patrimônio Líquido = R$1.250.000

O balanço patrimonial da empresa em questão está assim apresentado:

Ativo		Passivo	
Bens e direitos	**1.750.000**	Passivo exigível	500.000
		Patrimônio Líquido	1.250.000
TOTAL	1.750.000	TOTAL	1.750.000

Gabarito "B"

(Fiscal de Tributos/Santos-SP – 2005 – FCC) São dados os seguintes índices de liquidez da Cia. Santista, calculados a partir de suas demonstrações contábeis:

– Índice de liquidez corrente	1,5
– Índice de liquidez seca	1,2

Sabendo-se que o valor dos estoques da companhia era de R$ 150.000,00 no final do exercício, o Ativo Circulante e o Passivo Circulante correspondem, respectivamente, a (em R$):

(A) 360.000,00 e 300.000,00

(B) 450.000,00 e 300.000,00

(C) 600.000,00 e 400.000,00

(D) 750.000,00 e 500.000,00

(E) 900.000,00 e 600.000,00

O índice de liquidez corrente é dado pela seguinte fórmula:

$$\text{Liquidez Corrente} = \frac{\text{Ativo Circulante}}{\text{Passivo Circulante}}$$

O índice de liquidez seca é dado pela seguinte fórmula:

$$\text{Liquidez Seca} = \frac{\text{Ativo Circulante - Estoques}}{\text{Passivo Circulante}}$$

A liquidez corrente ser igual a 1,5 significa dizer que o Ativo Circulante é igual a 1,5 x Passivo Circulante. Substituindo essa informação na fórmula da liquidez seca, teremos:

$$1,2 = \frac{(1,5 \text{ Passivo Circulante}) - 150.000}{\text{Passivo Circulante}}$$

(1,2 x Passivo Circulante) – (1,5 x Passivo Circulante) = -150.000
0,3 x Passivo Circulante = 150.000
Passivo Circulante = 150.000÷0,3 = 500.000
Se o Ativo Circulante é igual a 1,5 vezes o Passivo Circulante, então o Ativo Circulante é igual a R$ 750.000.
Gabarito "D"

(Agente Fiscal de Rendas/SP – 2006 – FCC) A Cia. ITA possui, no final de 2004, os dados identificados a seguir, com valores em reais:

I. Saldos finais no rol das contas listadas a seguir:

Contas a Receber	25.000
Contas a Pagar	15.000
Fornecedores	18.000
Estoques	16.000
Empréstimos obtidos de Curto Prazo	50.000
Ativo Permanente Total	25.000
Empréstimos a Controladas	23.000

II. Um Patrimônio Líquido com valor médio no período de R$ 55.625,00.

III. O índice de rentabilidade do ativo é 2,5%.

Para alcançar este índice, o Lucro Líquido do Período, deve ter sido de R$
(A) 1.410,00
(B) 1.450,00
(C) 1.955,00
(D) 2.000,00
(E) 2.225,00

O total do ativo da empresa é R$ 89.000,00, conforme apresentado no quadro a seguir:

Conta	Valor
Contas a Receber	25.000,00
Estoques	16.000,00
Empréstimos a Controladas	23.000,00
Ativo Permanente Total	25.000,00
Total do ativo	**89.000,00**

Aplicando sobre esse ativo o percentual de rentabilidade informado (2,5%), encontramos o valor de R$ 2.225,00.
Gabarito "E"

Instruções: Para responder às três questões seguintes, considere SOMENTE as seguintes informações:

A Cia. Vila Isabel possui os seguintes saldos contábeis ao final de um exercício, com valores em reais:

Itens	Valores em R$
Contas a Receber	24.000
Vendas do Período	360.000
Estoques	17.500
Custo dos Produtos Vendidos	252.000
Fornecedores	24.000
Compras do Período	288.000

(Agente Fiscal de Rendas/SP – 2006 – FCC) O prazo médio de Recebimento das Vendas é

(A) 28 dias.

(B) 26 dias.

(C) 24 dias.

(D) 22 dias.

(E) 19 dias.

O prazo médio de recebimento de vendas é dado pela seguinte fórmula:

$$\text{Prazo médio de recebimento de vendas} = \frac{\text{Contas a receber}}{\text{Vendas do período}} \times 360$$

Substituindo os valores na fórmula encontraremos um prazo médio de recebimento de vendas igual a 24 dias (R$24.000 ÷ R$360.000 x 360).

Gabarito "C"

(Agente Fiscal de Rendas/SP – 2006 – FCC) O prazo médio de rotação dos estoques é

(A) 25 dias.

(B) 20 dias.

(C) 19 dias.

(D) 14 dias.

(E) 10 dias.

O prazo médio de rotação dos estoques é dado pela seguinte fórmula:

$$\text{Prazo médio de rotação dos estoques} = \frac{\text{Estoques}}{\text{Custo dos produtos vendidos}} \times 360$$

Substituindo os valores na fórmula encontraremos um prazo médio de rotação dos estoques igual a 25 dias (R$17.500 ÷ R$252.000 x 360).

Gabarito "A"

(Agente Fiscal de Rendas/SP – 2006 – FCC) O prazo de pagamento das compras é

(A) 25 dias.

(B) 27 dias.

(C) 28 dias.

(D) 30 dias.

(E) 35 dias.

O prazo médio de pagamento das compras é dado pela seguinte fórmula:

$$\text{Prazo médio de pagamento das compras} = \frac{\text{Fornecedores}}{\text{Compras do período}} \times 360$$

Substituindo os valores na fórmula encontraremos um prazo médio de pagamento das compras igual a 30 dias (R\$ 24.000 ÷ R\$ 288.000 x 360).

Gabarito "D"

(Agente Fiscal de Rendas/SP – 2006 – FCC) Com relação à estrutura e à participação do Capital Próprio (KP) e do Capital de Terceiros (KT) é correto afirmar que

(A) a participação do KT é crescente ao longo dos anos.

(B) a participação do KP é 39% no terceiro ano.

(C) o aumento do KP justifica-se apenas por presença de lucros.

(D) a participação do KT no primeiro ano é menor que a do KP.

(E) a dependência do KT é crescente ao longo dos anos.

A: O capital de terceiros é o somatório do Passivo Circulante e Exigível a Longo Prazo. Apesar do capital de terceiros ser crescente ao longo dos anos (R\$ 340.000 no ano I, R\$ 470.000 no ano II e R\$ 490.000 no ano III), a participação percentual desse valor em relação ao total do ativo reduziu ao longo dos anos (68% no ano I, 67% no ano II e 61% no ano III); B: O Capital Próprio é representado pelo patrimônio, sua participação em relação ao total de ativos é de 32% no ano I, 33% no ano II e 39% no ano III; C: O aumento do Patrimônio Líquido pode ter ocorrido também pelo aumento no Capital Social; D: Conforme demonstrado nos itens "A" e "B", a participação do capital de terceiros no ano I é maior que a participação de capital próprio; E: Conforme observado no item "A", a dependência de capital de terceiros se reduz ao longo dos três anos.

Gabarito "B"

(Analista judiciário - Contabilidade/TRT 24a Região – 2011 – FCC) Indica o tempo médio que a empresa leva para produzir, vender e receber a receita de seus produtos:

(A) Giro do Ativo.

(B) Ciclo Operacional.

(C) Giro do Estoque.

(D) Ciclo Financeiro.

(E) Rentabilidade do Ativo Total.

A: o giro do ativo mostra quantas vezes a empresa recuperou o valor de seu ativo por meio de vendas em um período de um ano; B: O ciclo operacional é o período de tempo desde a compra de matéria-prima para a indústria ou de mercadorias para serem revendidas, até o recebimento do dinheiro relativo à venda dos produtos fabricados ou revendidos; C: O giro do estoque mostra quantas vezes o estoque da empresa gira em relação às vendas ; D: Apresenta o período de tempo entre o pagamento a fornecedores e o recebimento das vendas. ; E: A rentabilidade do ativo compara o lucro em relação ao valor do ativo da empresa.

Gabarito "B"

Instruções: Considere os dados a seguir, extraídos das demonstrações contábeis da Cia. São José, relativas ao exercício de 2009, para responder às próximas duas questões.

Ativo	31/12/2009	31/12/2008
Disponível	120.000,00	100.000,00
Duplicatas a Receber	540.000,00	422.500,00
Estoques	250.000,00	150.000,00
Realizável a Longo Prazo	100.000,00	77.500,00
Imobilizado Líquido	600.000,00	390.000,00
Investimentos	140.000,00	110.000,00
Total	**1.750.000,00**	**1.250.000,00**
Passivo + PL	31/12/2009	31/12/2008
Fornecedores	420.000,00	280.000,00
Contas a Pagar	190.000,00	170.000,00
Tributos a Pagar	118.000,00	100.000,00
Passivo Não Circulante	242.000,00	232.000,00
Capital	410.000,00	268.000,00
Reservas	370.000,00	200.000,00
Total	1.750.000,00	1.250.000,00

Demonstração do Resultado do Exercício – 2009

Vendas a Prazo	**1.443.750,00**
(-) Custos das Mercadorias Vendidas	(500.000,00)
(=) Lucro bruto	**943.750,00**
(-) Despesas Operacionais	(598.500,00)
(-) IRPJ e CSLL	(180.250,00)
(-) Lucro Líquido do Exercício	165.000,00

(Analista judiciário - Contabilidade/TER-RN – 2011 – FCC) Os índices de liquidez seca em 31/12/2008 e de liquidez corrente em 31/12/2009 são, respectivamente,

(A) 0,90 e 1,30.

(B) 0,95 e 1,28.

(C) 0,90 e 1,20.

(D) 0,95 e 1,25.

(E) 0,98 e 1,20.

O índice de liquidez seca é representado pela seguinte fórmula:

$$\text{Liquidez seca} = \frac{\text{Ativo Circulante - Estoques}}{\text{Passivo Circulante}}$$

O índice de liquidez corrente é dado pela seguinte fórmula:

$$\text{Liquidez seca} = \frac{\text{Ativo circulante}}{\text{Passivo circulante}}$$

Substituindo os valores nas fórmulas temos uma liquidez seca em 31/12/2008 de 0,95 e uma liquidez corrente em 31/12/2009 de 1,25.

Gabarito "D"

(Analista judiciário - Contabilidade/TER-RN – 2011 – FCC) Calculando-se o prazo de rotação de estoques e de recebimento de clientes com base na média das contas patrimoniais e considerando-se o ano comercial de 360 dias, os valores obtidos são, em número de dias, respectivamente,

(A) 180 e 120.

(B) 144 e 136.

(C) 144 e 120.

(D) 120 e 180.

(E) 120 e 136.

O prazo médio de rotação do estoque é dado pela seguinte fórmula:
PMRE = (Estoque Médio/CMV) x 360 dias
Substituindo os dados da questão teríamos:
PMRE = (200.000/500.000) x360
PMRE = 144
O prazo médio de recebimento de clientes é dado pela seguinte fórmula:
PMRC = (Saldo médio da conta clientes/Receita de Vendas) x 360 dias
Substituindo os dados da questão teríamos:
PMRE = (481.250/1.443.750)x360
PMRE = 120

Gabarito "C"

(Analista judiciário - Contabilidade/TRT 3a Região – 2009 – FCC) Considere os indicadores financeiros da empresas AA e BB, no quadro a seguir.

Informação	Empresa AA	Empresa BB
Liquidez Corrente	1,5	2
Grau de Endividamento (participação de capitais de terceiros)	200%	150%
Composição do Endividamento	80%	40%
Retorno sobre o Patrimônio Líquido	20%	18%
Ativo Circulante	240	300

Com base nessas informações, é correto afirmar que

(A) a empresa AA possui maior montante de recursos de terceiros.

(B) a maior parte das dívidas da empresa BB vence no longo prazo.

(C) o lucro líquido da empresa AA é maior do que o lucro líquido da empresa BB.

(D) o Passivo Circulante da empresa AA é menor do que o Passivo Circulante da empresa BB.

(E) o Patrimônio Líquido da empresa BB é menor do que o Patrimônio Líquido da empresa AA.

A: A partir dos valores de liquidez corrente e Ativo Circulante é possível apurar que o Passivo Circulante das empresas AA e BB é, respectivamente, R$ 160 e R$ 150. Já sabendo o valor do Passivo Circulante é possível a partir dos valores da composição do endividamento calcular que o passivo exigível das empresas AA e BB é, respectivamente, R$ 200 e R$ 375; B: A composição do endividamento compara as dívidas de curto prazo em relação ao total de dívidas. Sendo assim, apenas 40% das dívidas da empresa BB são de curto prazo, vencendo a maior parte no longo prazo; C: A partir dos valores apurados no item "A" para o passivo exigível é possível colocar esses valores na fórmula do grau de endividamento e encontrar o valor do Patrimônio Líquido, que é de R$ 100 para a empresa AA e R$ 250 para a empresa BB. Aplicando sobre o valor do Patrimônio Líquido os percentuais apresentados para o retorno sobre o PL temos que o lucro de AA foi R$ 20 e de BB R $45; D: Conforme já apurado no item "A", o Passivo Circulante de BB é menor que o de AA; E: Conforme já apurado no item "C", o Patrimônio Líquido de AA é menor que o de BB.

Gabarito "B"

Atenção: Considere os dados abaixo para responder às próximas duas questões.

Em um determinado período foram extraídos dos registros contábeis da Cia. Floresta os seguintes dados:

Bancos	R$ 10.000,00
Clientes	R$ 35.000,00
Capital Social	R$ 120.000,00
Fornecedores	R$ 35.000,00
Estoques	R$ 25.000,00
Reserva de Lucros	R$ 25.000,00
Veículos	R$ 30.000,00
Intangíveis	R$ 45.000,00
Máquinas e Equipamentos	R$ 85.000,00
Empréstimos de Longo Prazo	R$ 35.000,00

(Analista judiciário - Contabilidade/TRE-AL – 2010 – FCC) A liquidez corrente é de:

(A) 0,5

(B) 1,0

(C) 1,5

(D) 2,0

(E) 2,5

A liquidez corrente é dada pela seguinte fórmula:

$$\text{Liquidez Corrente} = \frac{\text{Ativo Circulante}}{\text{Passivo Circulante}} = \frac{70.000,00}{35.000,00} = 2$$

Gabarito "D"

(Analista judiciário - Contabilidade/TRE-AL – 2010 – FCC) A composição do endividamento é de:

(A) 0,5

(B) 1,5

(C) 1,0

(D) 2,5

(E) 2,0

A composição do endividamento compara as dívidas de curto prazo em relação ao total de dívidas e é dado pela fórmula a seguir:

$$\text{Composição do Endividamento} = \frac{\text{Passibo Circulante}}{\text{Passivo Exígivel}} = \frac{35.000,00}{70.000,00} = 0,5$$

Gabarito "A"

(Analista judiciário - Contabilidade/TRE-AM – 2009 – FCC) A análise das demonstrações financeiras da empresa JK indicou que o quociente de participação de terceiros sobre os recursos totais é 0,7 e que a composição do endividamento é 55%. Se o ativo total da empresa é de R$ 800.000,00, o seu passivo não circulante (exigível a longo prazo) é, em reais,

(A) 252.000,00

(B) 308.000,00

(C) 320.000,00

(D) 440.000,00

(E) 560.000,00

Se a participação de terceiros é 0,7 e o ativo é igual R$ 800.000,00, o valor do passivo exigível (circulante + não circulante) é igual a R$ 560.000,00 (70% de R$ 800.000,00). Se a composição do endividamento é 55%, significa dizer que 55% da dívida é de curto prazo, o equivalente a R$ 308.000,00 (55% de R$ 560.000,00). Se o Passivo Circulante é R$ 308.000,00 então o passivo não circulante é R$ 252.000,00 (R$ 560.000,00 – R$ 308.000,00).

Gabarito "A"

Atenção: Com base nos dados da tabela a seguir, responda as próximas 3 questões.

Contas	Saldo (em R$)
Disponibilidades	100.000,00
Aplicações financeiras de Curto Prazo	52.000,00
Veículos	123.000,00
Intangível	13.000,00
Empréstimos Adquiridos de Longo Prazo	140.000,00
Fornecedores	130.000,00
Empréstimos de Curto Prazo (concedidos)	80.000,00
Clientes	128.000,00
Capital Social	200.000,00
Reserva de Lucros	120.000,00
Salários a Pagar	38.000,00
Dividendos a Pagar	12.000,00
Depósitos Judiciais de Longo Prazo	120.000,00

(Analista judiciário - Contabilidade/TJ-SE – 2009 – FCC) O cociente de Liquidez Corrente é

(A) 0,50

(B) 1,00

(C) 1,50

(D) 2,00

(E) 2,50

Para resolver as questões que se seguem é necessário classificar as contas apresentadas, conforme demonstrado a seguir:

Contas	Saldo (em R$)	Grupo Contábil
Disponibilidades	100.000,00	Ativo Circulante
Aplicações Financeiras de Curto Prazo	52.000,00	Ativo Circulante
Veículos	123.000,00	Ativo Permanente
Intangível	13.000,00	Ativo Permanente
Empréstimos Adquiridos de Longo Prazo	140.000,00	Passivo Não Circulante
Fornecedores	130.000,00	Passivo Circulante
Empréstimos de Curto Prazo (concedidos)	80.000,00	Ativo Circulante
Clientes	128.000,00	Ativo Circulante
Capital Social	200.000,00	Patrimônio Líquido
Reserva de Lucros	120.000,00	Patrimônio Líquido
Salários a Pagar	38.000,00	Passivo Circulante
Dividendos a Pagar	12.000,00	Passivo Circulante
Depósitos Judiciais de Longo Prazo	120.000,00	Ativo Realizável a Longo Prazo

A liquidez corrente é apresentada pela seguinte fórmula:

$$\text{Liquidez Corrente} = \frac{\text{Ativo Circulante}}{\text{Passivo Circulante}} = \frac{360.000,00}{180.000,00} = 2$$

Gabarito "D"

(Analista judiciário - Contabilidade/TJ-SE – 2009 – FCC) O cociente de Liquidez Geral é

(A) 0,50

(B) 1,00

(C) 1,50

(D) 2,00

(E) 2,50

A liquidez geral é apresentada pela seguinte fórmula:

$$\text{Liquidez Geral} = \frac{\text{Ativo Circulante} + \text{Ativo Realizável a longo prazo}}{\text{Passivo Circulante} + \text{Passivo Não Circulante}} = \frac{360.000,00 + 120.000,00}{180.000,00 + 140.000,00} = 1,5$$

Gabarito "C"

(Analista judiciário - Contabilidade/TJ-SE – 2009 – FCC) O grau de endividamento é

(A) 0,50

(B) 1,00

(C) 1,50

(D) 2,00

(E) 2,50

O grau de endividamento é apresentado pela seguinte fórmula:

$$\text{Grau de endividamento} = \frac{\text{Passivo Circulante + Passivo Não Circulante}}{\text{Patrimônio Líquido}} = \frac{180.000,00 + 140.000,00}{320.000,00} = 1$$

Gabarito "B"

(Auditor Fiscal da Receita Federal – 2010 – ESAF) A seguir, são apresentados dados do balanço patrimonial da empresa Comercial Analisada S.A., simplificados para facilidade de cálculos:

Caixa	R$ 10.000,00
Duplicatas a Receber (a longo prazo)	R$ 8.000,00
Duplicatas a Pagar	R$ 13.000,00
Bancos c/Movimento	R$ 22.000,00
Títulos a Pagar (a longo prazo)	R$ 9.000,00
Capital Social	R$ 60.000,00
Mercadorias	R$ 30.000,00
Financiamentos Bancários	R$ 31.000,00
Contas a Receber	R$ 15.000,00
Reservas de Lucros	R$ 7.000,00

Elaborando a análise das demonstrações financeiras dessa empresa, o Contador encontrará os seguintes elementos:

(A) Liquidez Seca = 1,07.

(B) Liquidez Corrente = 1,45.

(C) Liquidez Imediata = 1,75.

(D) Liquidez Geral = 0,71.

(E) Grau de Endividamento = 0,57.

Os indicadores financeiros elencados na questão estão detalhados a seguir:

$$\text{Liquidez corrente} = \frac{\text{Ativo circulante}}{\text{Passivo Circulante}}$$

$$\text{Liquidez seca} = \frac{\text{Ativo circulante - Estoques}}{\text{Passivo Circulante}}$$

$$\text{Liquidez imediata} = \frac{\text{Disponibilidades}}{\text{Passivo Circulante}}$$

$$\text{Liquidez geral} = \frac{\text{Ativo Circulante + Ativo não Circulante}}{\text{Passivo Circulante + Passivo não Circulante}}$$

$$\text{Grau de endividamento} = \frac{\text{Passivo exigível}}{\text{Patrimônio Líquido}}$$

A classificação das contas-contábeis está apresentada a seguir:

Ativo Circulante	**R$ 77.000,00**
Caixa	R$ 10.000,00
Bancos c/Movimento	R$ 22.000,00
Mercadorias	R$ 30.000,00
Contas a Receber	R$ 15.000,00
Ativo Não-circulante	**R$ 8.000,00**
Duplicatas a Receber (a longo prazo)	R$ 8.000,00
Passivo Circulante	**R$ 44.000,00**
Financiamentos Bancários	R$ 31.000,00
Duplicatas a Pagar	R$ 13.000,00
Passivo Não-circulante	**R$ 9.000,00**
Títulos a Pagar (a longo prazo)	R$ 9.000,00
Patrimônio Líquido	**R$ 67.000,00**
Capital Social	R$ 60.000,00
Reservas de Lucros	R$ 7.000,00

Sendo assim, temos os seguintes indicadores financeiros para a Comercial Analisada S.A.:
Liquidez corrente – 1,75
Liquidez seca – 1,07
Liquidez imediata – 0,73
Liquidez geral – 1,60
Grau de endividamento – 0,79
Gabarito "A"

(Técnico da Receita Federal – 2006 – ESAF) Para manter a margem de lucro bruto de 10% sobre as vendas, a empresa Méritus e Pretéritus Limitada, cujo custo é composto de CMV de R$ 146.000,00 e ICMS sobre Vendas de 17%, terá de obter receitas brutas de vendas no montante de

(A) R$ 182.500,00.

(B) R$ 185.420,00.

(C) R$ 187.902,00.

(D) R$ 193.492,00.

(E) R$ 200.000,00.

A margem de lucro é apurada dividindo o Lucro Bruto pela Receita Bruta. A resolução da questão exige que seja encontrado o valor da Receita Bruta que após subtraída do ICMS e do Custo da Mercadoria Vendida apresente Lucro Bruto equivalente a 10% da Receita Bruta. Dentre as alternativas apresentadas apenas a que define o Lucro Bruto de R$ 200.000,00 atende o comando da questão, conforme apresentado a seguir:

Receita Bruta	200.000,00
(-) ICMS (17% de R$200.000)	- 34.000,00
(=) Receita Líquida	166.000,00
(-) CMV (dado da questão)	- 146.000,00
(=) Lucro Bruto	20.000,00

Gabarito "E"

(Auditor Fiscal/CE – 2006 – ESAF) Uma empresa com dificuldades de saldo no caixa negocia a quitação de parte de suas dívidas, para com seus fornecedores de curto prazo, com a dação de um de seus equipamentos em uso. O registro desse evento gera

(A) uma despesa operacional.

(B) um aumento no capital circulante líquido.

(C) um débito em conta de imobilizado.

(D) uma diminuição de disponibilidade.

(E) um ingresso de recursos.

A operação descrita quita uma dívida de curto prazo com a venda de um Ativo Permanente. A referida operação reduz o Passivo Circulante sem afetar o Ativo Circulante, aumentando o capital circulante líquido, que é apurado pela seguinte fórmula: Ativo Circulante – Passivo Circulante.

Gabarito "B"

(Auditor Fiscal/CE – 2006 – ESAF) Se o estoque de mercadorias médio de uma empresa é R$ 50.000, seu índice de liquidez seca é 0,60, seu Ativo Circulante é R$ 350.000 e o Passivo Exigível a Longo Prazo é R$ 800.000, pode-se dizer que o valor do Capital de Terceiros dessa empresa é de

(A) R$ 1.300.000

(B) R$ 1.200.000

(C) R$ 1.100.000

(D) R$ 1.000.000

(E) R$ 900.000

O índice de liquidez seca é representado pela seguinte fórmula:

$$Liquidez\ seca = \frac{Ativio\ Circulante}{Passivo\ Circulante}$$

Substituindo os dados da questão na fórmula obtemos o seguinte resultado:

$$0,6 = \frac{350.000,000 - 50.000}{Passivo\ Circulante}$$

Passivo Circulante = (350.000 – 50.000) ÷ 0,6

Passivo Circulante = 500.000

Como a questão informou que o valor do passivo exigível a longo prazo é igual a R$ 800.000, é possível concluir que o capital de terceiros (Passivo Circulante + exigível a longo prazo) é igual a R$ 1.300.000.

Gabarito "A"

Com base nos dados do quadro a seguir, responda as 3 questões que se seguem:

Contas	Período	
	2000	2001
Fornecedores	23.000	32.000
CMV	800.00	1.300.000
Compras	750.000	1.200.000
Vendas	2.500.00	6.500.000
Despesas Antecipadas	15.000	240.000
Despesas Totais do Período	1.200.000	4.000.000
Depreciações do Período	320.000	540.000

(**Auditor Fiscal da Receita Federal – 2002.2 – ESAF**) O valor pago pelas compras no ano de 2001 foi:

(A) 1.300.000

(B) 1.200.000

(C) 1.191.000

(D) 1.101.000

(E) 1.091.000

Como o saldo da conta Fornecedores aumentou R$ 9.000 (R$ 32.000 – R$ 23.000) no período, é possível concluir que do total de compras (R$ 1.200.000) não foi pago R$ 9.000. Sendo assim, o valor pago pelas compras no período foi de R$ 1.191.000 (R$ 1.200.000 – R$ 9.000).

Gabarito "C"

(**Auditor Fiscal da Receita Federal – 2002.2 – ESAF**) Se o valor do estoque final for R$ 90.000, o estoque inicial será:

(A) 190.000

(B) 180.000

(C) 120.000

(D) 100.000

(E) 90.000

Como em 2001 a empresa adquiriu R$ 1.200.000 em mercadorias e vendeu o equivalente a R$ 1.300.000, seria necessário um estoque inicial de R$190.000 para que após as transações de compra e venda o saldo final ficasse igual a R$ 90.000, conforme apresentado a seguir:

Estoque		
Saldo inicial	190.000	1.300.000 CMV
Compras	1.200.00	
SALDO Final	90.000	

Gabarito "A"

(**Auditor Fiscal da Receita Federal – 2002.2 – ESAF**) Considerando que o Passivo Circulante da empresa era formado unicamente pela rubrica fornecedores e o Balanço Patrimonial não evidenciava a existência de Realizável a Longo Prazo, pode-se afirmar que o valor das despesas pagas no período é:

(A) 3.220.000

(B) 3.445.000

(C) 3.460.000

(D) 3.685.000

(E) 4.000.000

Do total de R$ 4.000.000 de despesas no período, R$ 540.000 referem-se a depreciação do período, o que representa uma despesa que não foi paga. Além disso, as despesas antecipadas, definidas como de longo prazo, aumentaram em R$ 225.000 (R$ 240.000 – R$ 15.000) no período, indicando que essas despesas foram pagas, mas não foram ainda computadas no total de despesas do período. Sendo assim, é possível concluir que as despesas pagas no período foram no total de R$ 3.685.000 (R$ 4.000.000 – R$ 540.000 + R$ 225.000).

Gabarito "D"

(Auditor Fiscal da Previdência Social – 2002 – ESAF) A empresa Rotetok Ltda. ostenta, orgulhosamente, demonstrações financeiras com os seguintes dados:

Contas	Saldos
Disponibilidades	R$ 1.000,00
Créditos	R$ 6.000,00
Estoques	R$ 3.000,00
Fornecedores	R$ 1.500,00
Duplicatas a Pagar	R$ 2.500,00
Exigível a Longo Prazo	R$ 1.000,00
Realizável a Longo Prazo	R$ 1.000,00
Imobilizado	R$ 1.000,00
Capital Social	R$ 10.000,00
Reservas	R$ 1.000,00
Lucros Acumulados	R$ 2.000,00
Receitas de Vendas	R$ 18.000,00
Custo da Mercadoria Vendida	R$ 12.000,00
Despesas Operacionais	R$ 4.000,00
O Estoque Inicial de Mercadorias era de	R$ 3.000,00.

Analisando os elementos que compõem a demonstração acima, pode-se dizer, em relação a essa empresa que

(A) o estoque tem rotação no prazo médio de 90 dias.
(B) o coeficiente de rotação dos estoques é 5,00.
(C) a liquidez seca não chega a 3/5 da liquidez corrente.
(D) o quociente de imobilização de capitais equivale a 50%.
(E) o rendimento do capital nominal chega a 30%.

A rotação do estoque é apresentada pela seguinte fórmula:

Rotação do estoque = Estoques / Custo da Mercadoria Vendida x 360 dias

Rotação do estoque = 3.000 / 12.000 x 360

Rotação do estoque = 90 dias

Gabarito "A"

Com os saldos finais das contas da Cia. Tocantins referentes aos exercícios de 1999 a 2001, responder às cinco questões seguintes.

Saldos Finais	1999	2000	2001
Amortizações Acumuladas	3.000	4.000	5.000
Aplicações Financeiras Temporárias	18.000	23.000	16.000
Caixa e Bancos	5.000	8.000	10.000
Capital Social	50.000	50.000	60.000
Clientes	30.000	57.000	63.000
Contas a Pagar	14.000	25.000	15.000
Créditos de Coligadas	10.300	28.570	29.870
Custo das Mercadorias Vendidas	430.000	741.000	850.000
Depreciações Acumuladas	7.000	16.000	27.300
Despesas de Amortizações	1.000	1.000	1.000
Despesas de Variação Cambial	0	20.000	3.000
Despesas Administrativas	260.000	312.000	521.000
Despesas c/ Devedores Duvidosos	300	570	630
Despesas de Depreciação	7.000	9.000	11.300
Despesas de Juros	8.000	28.000	10.000
Despesas de Vendas	150.700	168.430	324.070
Dividendos a Pagar	2.000	3.500	2.500
Duplicatas Descontadas	20.000	40.000	50.000
Edificações	20.000	20.000	25.000
Empréstimos de Longo Prazo	25.000	52.000	55.000
Estoques	16.000	13.000	28.060
Fornecedores	23.000	18.500	28.500
Gastos Pré-Operacionais	6.000	6.000	6.000
Instalações	4.000	6.000	8.000
IR e Contribuição Social Provisionados	2.000	5.500	2.500
Juros a Pagar	4.000	11.500	8.000
Lucros/Prejuízos Acumulados	4.000	7.000	10.000
Participações Societárias	10.000	30.000	29.000
PDD	300	570	630
Provisão p/ IR e Contribuição Social	2.000	5.500	2.500
Receita de Juros	15.000	22.000	2.000
Reserva de Lucro	0	10.000	2.000
Reserva de Reavaliação	0	5.000	5.000
Resultado de Equivalência Patrimonial	0	10.000	1.000
Terrenos	35.000	40.000	45.000
Títulos a Pagar de Curto Prazo	20.000	15.000	28.500
Veículos	20.000	32.000	40.000
Vendas	850.000	1.270.000	1.730.000

Outras Informações:

I. Imposto de Renda e Contribuição Social calculados pela alíquota de 25%

II. Os Lucros Líquidos apurados nos períodos explicitados são, respectivamente:

1999	2000	2001
6.000	16.500	7.500

(Fiscal de Tributos/PA – 2002 – ESAF) O valor Capital Circulante Líquido do exercício de 2001 é

(A) menor que o de 1999.

(B) 10% maior que o de 2000.

(C) de valor idêntico ao de 1999.

(D) igual ao apurado em 2000.

(E) menor que o apurado em 2000.

O capital circulante líquido é apurado subtraindo do Ativo Circulante o Passivo Circulante, conforme apurado a seguir:

Contas do Ativo Circulante	1999	2000	2001
Aplicações Financeiras Temporárias	18.000	23.000	16.000
Caixa e Bancos	5.000	8.000	10.000
Clientes	30.000	57.000	63.000
Duplicatas Descontadas	(20.000)	(40.000)	(50.000)
Estoques	16.000	13.000	28.060
PDD	(300)	(570)	(630)
Total do Ativo Circulante	**48.700**	**60.430**	**66.430**

Contas do Passivo Circulante	1999	2000	2001
Contas a Pagar	14.000	25.000	15.000
Dividendos a Pagar	2.000	3.500	2.500
Fornecedores	23.000	18.500	28.500
IR e Contribuição Social Provisionados	2.000	5.500	2.500
Juros a Pagar	4.000	11.500	8.000
Títulos a Pagar de Curto Prazo	20.000	15.000	28.500
Total do Passivo Circulante	**65.000**	**79.000**	**85.000**
Capital circulante líquido	**(16.300)**	**(18.570)**	**(18.570)**

Observa-se que além do capital circulante líquido de 2001 ser igual ao de 2000, conforme definido no item "D" da questão, ele também é menor que o de 1999, conforme definido no item "A"da questão. Tal situação seria suficiente para anular a questão visto que existem duas respostas corretas.

Gabarito "D"

(Fiscal de Tributos/PA – 2002 – ESAF) O valor do índice de Liquidez Seca para os períodos em análise é:

	1999	2000	2001
(A)	0,45	0,65	0,40
(B)	0,50	0,60	0,45
(C)	0,55	0,55	0,50
(D)	0,60	0,50	0,55
(E)	0,65	0,45	0,60

O índice de liquidez seca é representado pela seguinte fórmula:

$$\text{Liquidez seca} = \frac{\text{Ativo Circulante - Estoques}}{\text{Passivo Circulante}}$$

Apresentamos a seguir o elenco de contas que formam a liquidez seca e o respectivo cálculo da fórmula:

Contas do Ativo Circulante	1999	2000	2001
Aplicações Financeiras Temporárias	18.000	23.000	16.000
Caixa e Bancos	5.000	8.000	10.000
Clientes	30.000	57.000	63.000
Duplicatas Descontadas	(20.000)	(40.000)	(50.000)
PDD	(300)	(570)	(630)
Total do Ativo Circulante (exceto estoque)	**32.700**	**47.430**	**38.370**

Contas do Passivo Circulante	1999	2000	2001
Contas a Pagar	14.000	25.000	15.000
Dividendos a Pagar	2.000	3.500	2.500
Fornecedores	23.000	18.500	28.500
IR e Contribuição Social Provisionados	2.000	5.500	2.500
Juros a Pagar	4.000	11.500	8.000
Títulos a Pagar de Curto Prazo	20.000	15.000	28.500
Total do Passivo Circulante	**65.000**	**79.000**	**85.000**
Índice de Liquidez Seca	**0,50**	**0,60**	**0,45**

Gabarito "B"

(Fiscal de Tributos/PA – 2002 – ESAF) O valor da Margem Líquida apurada em 2001 é

(A) inferior ao apurado em 1999.

(B) o maior dos três períodos.

(C) 10% maior que o do ano 2000.

(D) igual ao apurado no ano de 1999.

(E) superior em 30% ao de 2001.

FABRÍCIO DE OLIVEIRA BARROS

Apresentamos a seguir a lista de contas que compõem o Resultado do Exercício e o respectivo cálculo da margem líquida para os 3 anos de análise:

	1999	2000	2001
Vendas	850.000	1.270.000	1.730.000
Custo das Mercadorias Vendidas	(430.000)	(741.000)	(850.000)
Despesas de Amortizações	(1.000)	(1.000)	(1.000)
Despesas de Variação Cambial	0	(20.000)	(3.000)
Despesas Administrativas	(260.000)	(312.000)	(521.000)
Despesas c/ Devedores Duvidosos	(300)	(570)	(630)
Despesas de Depreciação	(7.000)	(9.000)	(11.300)
Despesas de Juros	(8.000)	(28.000)	(10.000)
Despesas de Vendas	(150.700)	(168.430)	(324.070)
Provisão p/ IR e Contribuição Social	(2.000)	(5.500)	(2.500)
Receita de Juros	15.000	22.000	2.000
Resultado de Equivalência Patrimonial	0	10.000	1.000
Lucro Líquido	**6.000**	**16.500**	**9.500**
Margem líquida (Lucro Líquido/Vendas)	**0,71%**	**1,30%**	**0,55%**

Gabarito "A"

(Fiscal de Tributos/PA – 2002 – ESAF) O prazo médio de recebimento de clientes em 2000 é:

(A) 10 dias

(B) 12 dias

(C) 13 dias

(D) 14 dias

(E) 16 dias

O prazo médio de recebimento de clientes é representado pela seguinte fórmula:

Prazo médio de recebimento de clientes = $\dfrac{\text{Clientes}}{\text{Vendas}}$ x 360

O preenchimento da fórmula com os dados da questão está a seguir apresentado:

Prazo médio de recebimento de clientes = $\dfrac{57.000}{1.260.000}$ x 360 = 16,15

Gabarito "E"

(Fiscal de Tributos/PA – 2002 – ESAF) O prazo médio de renovação dos estoques em 2001 é:

(A) 10 dias

(B) 12 dias

(C) 13 dias

(D) 14 dias

(E) 16 dias

O prazo médio de renovação dos estoques é representado pela seguinte fórmula:

$$\text{Prazo médio de renovação dos estoques} = \frac{\text{Estoques}}{\text{CMV}} \times 360$$

O preenchimento da fórmula com os dados da questão está a seguir apresentado:

$$\text{Prazo médio de renovação dos estoques} = \frac{28.060}{850.000} \times 360 = 12,04$$

Gabarito "B"

(Agente Fiscal/Teresina – 2002 – ESAF) No cálculo do valor do Capital Circulante Líquido, **NÃO** são incluídos os valores referentes aos itens:

(A) provisão para pagamento do Imposto de Renda e provisão para pagamento de 13º salário.

(B) recebíveis com mais de 360 dias e provisão para perdas permanentes em investimentos.

(C) provisão para ajuste ao valor de mercado de estoques e recebíveis em 360 dias.

(D) despesas antecipadas de seguro anual e provisão para créditos vencidos não liquidados.

(E) antecipações de salários e ordenados e financiamentos bancários de curto prazo.

A: Entra no cálculo do capital circulante líquido visto que se trata de Passivo Circulante; B: Não entra no cálculo do capital circulante líquido visto que se trata de Ativo Não-Circulante; C: Entra no cálculo do capital circulante líquido visto que se trata de conta redutora do Ativo Circulante; D: Entram no cálculo do capital circulante líquido visto que se trata de Ativos Circulantes; E: Entram no cálculo do capital circulante líquido visto que se trata de contas do Ativo e Passivo Circulante, respectivamente.

Gabarito "B"

Com base nos dados fornecidos, responder às duas questões que seguem, considerando apenas duas casas após a vírgula e efetuando o arredondamento, se for o caso.

A CIA. Sete Cidades apresentava em suas Demonstrações Contábeis os seguintes saldos:

Contas	1998	1999	2000
Estoques	10.000	12.000	15.000
Disponibilidades	4.000	6.000	5.000
Clientes	28.000	32.000	60.000
Imobilizados Líquidos	70.000	81.000	150.000
Despesas Antecipadas	12.000	15.000	18.000
Participações Societárias	26.000	39.000	39.000
Realizáveis a Longo Prazo	20.000	22.000	24.000
Financiamentos de Longo Prazo	42.000	45.000	80.000
Patrimônio Líquido	65.000	95.000	156.000
Contas a Pagar	38.000	25.000	40.000
Fornecedores	25.000	42.000	35.000

(Agente Fiscal/Teresina – 2002 – ESAF) O saldo do Ativo Circulante em 2000 apresenta um crescimento nominal em relação a 1998 de:

(A) 0,20

(B) 0,32

(C) 0,51

(D) 0,64

(E) 0,81

Apresentamos a seguir a composição do Ativo Circulante em 1998 e 2000:

Contas	1998	2000
Estoques	10.000	15.000
Disponibilidades	4.000	5.000
Clientes	28.000	60.000
Despesas Antecipadas	12.000	18.000
Total do Ativo Circulante	**54.000**	**98.000**

Como é possível observar, houve um aumento de R$ 44.000 (R$ 98.000 – R$ 54.000) no Ativo Circulante no período. Esse aumento representa 0,81 (81%) em relação aos R$ 54.000 de 1998.

Gabarito 'E'

(Agente Fiscal/Teresina – 2002 – ESAF) O índice de Liquidez Corrente da empresa em 2000 é:

(A) 0,70

(B) 0,86

(C) 0,97

(D) 1,11

(E) 1,31

Apresentamos a seguir a apuração do índice de liquidez corrente da CIA. Sete Cidades no ano 2000:

Contas	Valor
Estoques	15.000
Disponibilidades	5.000
Clientes	60.000
Despesas Antecipadas	18.000
Total do Ativo Circulante	**98.000**
Contas a Pagar	40.000
Fornecedores	35.000
Total do Passivo Circulante	**75.000**
Índice de Liquidez Corrente (Ativo Circulante ÷ Passivo Circulante)	**1,31**

Gabarito "E"

(Agente Tributário Estadual/MS – 2001 – ESAF) O chapeleiro Sr. Francisco de Paula, fabricante dos chapéus Frapa, está planejando uma promoção de vendas em que possa oferecer a todos os clientes um desconto-padrão de 20%, mas precisa obter uma margem bruta sobre vendas também de 20%. Sabendo-se que o custo unitário dos chapéus é R$ 80,00, qual será o preço bruto a ser marcado para cada unidade?

(A) R$ 112,00

(B) R$ 115,20

(C) R$ 120,00

(D) R$ 125,00

(E) R$ 133,20

A margem bruta é apurada pela seguinte fórmula: Lucro Bruto ÷ Receita Líquida. Conforme descrito pela questão o objetivo do chapeleiro é obter a seguinte Demonstração do Resultado.

Receita líquida	100
(-) CMV	(80)
(=) Lucro Bruto	20

Ocorre que antes da venda ele necessitará precificar seu produto de forma que, após dar um desconto de 20%, obtenha os R$ 100 pela venda da mercadoria. Sendo assim, o preço do produto deverá ser de R$ 125, pois ao oferecer 20% de desconto o preço de venda será igual aos R$ 100 desejados.

Gabarito "D"

(Agente Fiscal/PI – 2001 – ESAF) A firma Mercadinho do Bairro ME apresenta em 31 de dezembro o seguinte patrimônio:

Ativo Circulante	R$ 400.000,00
Disponibilidades	R$ 80.000,00
Estoques	R$ 220.000,00
Créditos	R$ 100.000,00
Ativo Permanente	R$ 600.000,00
Passivo Circulante	R$ 500.000,00
Patrimônio Líquido	R$ 500.000,00
Capital Social	R$ 380.000,00
Reservas	R$ 100.000,00
Lucros Acumulados	R$ 20.000,00

O balanço patrimonial foi assim publicado, mas, na análise de balanços mandada proceder pela Direção da entidade, foi simulada a seguinte indagação: Se a empresa tivesse vendido a totalidade de seus estoques a preço de custo, sendo 50% a vista e 50% a prazo de 60 dias, poderíamos afirmar, com certeza absoluta, que

(A) a liquidez imediata teria sido mantida em 16%

(B) a liquidez imediata teria aumentado para 56%

(C) a liquidez seca (acid test) teria sido mantida em 36%

(D) a liquidez corrente teria sido mantida em 80%

(E) a liquidez seca (acid test) teria aumentado para 60%

Com base nos dados apresentados pela questão é possível montar o seguinte quadro resumo com os indicadores de liquidez da firma Mercadinho do Bairro ME:

	Fórmula	Sem Vender o Estoque	Após Vender o Estoque
Liquidez Imediata	Disponibilidades / Passivo Circulante	16%	38%
Liquidez Seca	(Ativo Circulante - Estoques) / Passivo Circulante	36%	124%
Liquidez Corrente	Ativo Circulante / Passivo Circulante	80%	80%

Gabarito "D"

(Fiscal de Rendas/RJ – 2008 – FGV) Avalie as afirmativas a seguir:

I. A compra, à vista, de mercadorias (que se espera revender no curto prazo) acarreta aumento do CCL e é evidenciada na DOAR como origens de terceiros.

II. A compra de bens para o imobilizado, a prazo (para pagamento no curto prazo), acarreta redução do CCL e é evidenciada na DOAR como aplicação.

III. A integralização do capital social em bens do imobilizado não acarreta alteração do CCL, mas é evidenciada na DOAR como aplicação e como origem dos sócios.

IV. O pagamento antecipado de dívidas exigíveis a longo prazo acarreta aumento do CCL e é evidenciada na DOAR como aplicação.

Assinale:

(A) se somente as afirmativas I e II estiverem corretas.

(B) se somente as afirmativas I e IV estiverem corretas.

(C) se somente as afirmativas II e III estiverem corretas.

(D) se somente as afirmativas III e IV estiverem corretas.

(E) se todas as afirmativas estiverem corretas.

I: Incorreta, pois essa operação movimenta duas contas dentro do Ativo Circulante fazendo o CCL permanecer inalterado; II: Correta, pois a saída de recursos do caixa para a aquisição do imobilizado reduz o CCL; III: Correta, pois a referida operação não afeta o CCL já que movimenta apenas contas do Patrimônio Líquido e ativo imobilizado; IV: Incorreta, pois a referida operação acarreta na redução do CCL pois sairá dinheiro do caixa (Ativo Circulante) para pagamento de uma dívida de longo prazo.

Gabarito "C"

Responda às quatro questões que seguem com base unicamente nos dados fornecidos abaixo:

Os dados relativos ao biênio 20x1/20x2 da Cia. Comercial Iracema eram os seguintes:

A - Balanços Patrimoniais:

ATIVO	20x1	20x2	Passivo + Patrimônio Líquido	20x1	20x2
CIRCULANTE	223.950	506.200	**PASSIVO CIRCULANTE**	375.700	457.000
Disponibilidade	138.950	100.000	Fornecedores	375.700	170.00
Estoques	50.000	250.000	Financiamentos	-	150.00
Clientes	35.000	153.000	Contas a pagar	-	137.00
Despesas Antecipadas	-	3.200			
			PASSIVO EXIGÍVEL A LONGO PRAZO	-	500.000
PERMANENTE	204.250	538.300	Empréstimos		500.000
Investimentos	-	357.800			
Imobilizado	237.500	237.500	**PATRIMÓNIO LÍQUIDO**	52.500	87.500
(-) Depreciação	(33.250)	(57.000)	Capital Social	40.000	500.000
			Lucros Acumulados	12.500	37.500
TOTAL	428.200	1.044.500	**TOTAL**	428.200	1.044.500

B - Informações adicionais relativas ao período de 20x2.

I. O imobilizado é depreciado à taxa de 10% a.a.;

II. A quantidade de ações representativas do capital ao final de 20x2 é de 50.000 ações;

III. Os financiamentos de curto prazo foram contratados em 2 de janeiro de 20x2, com início de pagamento das amortizações previsto para 2 de janeiro de 20x3, com juros de 5% a.a.;

IV. Nos empréstimos de longo prazo, contratados em 31.12.20x2, com vencimento previsto para 5 anos, incidem juros semestrais de 4%;

V. O saldo de fornecedores corresponde a 10% das compras de mercadorias efetuadas em 20x2;

VI. A empresa tem por política financeira realizar todas as operações de compras/vendas de mercadorias a prazo. Em 20x2 o valor total das vendas foi de R$ 2.500.000;

VII.O total das despesas administrativas e com vendas em 20x2 foi de R$ 943.750.

(Auditor do Tesouro Municipal/Fortaleza-CE – 2003 – ESAF) O valor do resultado apurado em 20x2 foi

(A) R$ 38.750,00

(B) (R$ 37.500,00)

(C) R$ 33.000,00

(D) (R$ 25.000,00)

(E) R$ 25.000,00

Com base nos dados apresentados pela questão é possível apurar a seguinte Demonstração do Resultado:

Receita de vendas	2.500.000
(-) CMV	(1.500.000)
(=) Lucro bruto	**1.000.000**
(-) Depreciação	(23.750)
(-) Despesa de juros (financiamento)	(7.500)
(-) Despesas administrativas	(943.750)
(=) Lucro líquido	**25.000**

Gabarito "E"

(Auditor do Tesouro Municipal/Fortaleza-CE – 2003 – ESAF) O valor do lucro por ação em 20x2 é

(A) R$ 0,450

(B) R$ 0,500

(C) R$ 0,660

(D) R$ 0,750

(E) R$ 0,975

Apresentamos a seguir a Demonstração do Resultado da Cia. Comercial Iracema e o respectivo lucro por ação:

Receita de Vendas	2.500.000
(-) CMV	(1.500.000)
(=) Lucro Bruto	1.000.000
(-) Depreciação	(23.750)
(-) Despesa de Juros (financiamento)	(7.500)
(-) Despesas Administrativas	(943.750)
(=) Lucro Líquido	**25.000**
Lucro por ação (R$ 25.000 ÷ 50.000 ações)	0,50

Gabarito "B"

(Auditor do Tesouro Municipal/Fortaleza-CE – 2003 – ESAF) O valor do CMV é

(A) R$ 1.745.000

(B) R$ 1.650.000

(C) R$ 1.500.000

(D) R$ 1.350.000

O CMV é apurado pela seguinte fórmula;

CMV = Estoque inicial + Compras – Estoque final

O valor das compras pode ser apurado através da informação "V", que define que o saldo de fornecedores (R$ 170.000) equivale a 10% das compras, o que permite concluir que as compras foram de R$ 1.700.000.

Substituindo os valores na fórmula do CMV teremos:

CMV = 50.000 + 1.700.000 – 250.000

CMV = R$ 1.500.000

Gabarito "C"

(Auditor do Tesouro Municipal/Fortaleza-CE – 2003 – ESAF) O valor da variação do CCL é

(A) R$ 200.950

(B) R$ 199.900

(C) R$ 150.700

(D) (R$ 135.000)

(E) (R$ 140.700)

O capital circulante líquido (CCL) é apurado pela seguinte fórmula:

CCL = Ativo Circulante – Passivo Circulante

Apresentamos a seguir a apuração do capital circulante líquido de cada exercício e variação no período:

	20x1	20x2
Ativo Circulante	223.950,00	506.200,00
Passivo Circulante	375.700,00	457.000,00
Capital Circulante Líquido	(151.750,00)	49.200,00
Variação no Capital Circulante Líquido		200.950,00

Gabarito "A"